인간, 신을 닮은 짐승
[성경의 인간 이해 및 삶의 지혜]

정순혁

차례

서문

"인생무상(人生無常) 삶의 회의"

열여덟 살 신학교 1학년 때 '인생무상 삶의 회의'라는 말을 처음 배웠습니다. 동양철학을 배우며 들은 말인데 '산다는 게 허무하니 왜 사는지 모르겠네' 정도로 이해했습니다. 이 말이 외우기 쉽고 또 뭔가 지혜로운 것 같아서 한동안 입버릇처럼 말하고 다녔습니다. 이 말을 하면 인생을 통달한 사람처럼 느껴졌습니다. 그리고 이제 예순을 훌쩍 넘겨 '인생무상 삶의 회의'를 몸으로 느끼는 나이가 되었습니다. 성경에도 '모든 육체는 풀과 같고 그 모든 영광은 풀의 꽃과 같으니 풀은 마르고 꽃은 떨어지되'라는 말씀이 있습니다.(벧전 1:24)

그러나 다행스러운 일은 열여덟 살 이후 수십 년을 살면서 '인생무상 삶의 회의'가 아닌 '인생무상 삶의 지혜'를 성경에서 배운 것입니다. 인생에 분명히 허무한 측면이 있지만, 그런 인생을 지혜롭게 살 수 있다는 뜻입니다. 저는 성경을 통해 인생무상이라는 허무의 강을 건넜습니다. 성경은 인생이 덧없고 허무한 것이 아니라 영원한 기쁨으로 이어지는 여정임을 가르칩니다. 성경에 영원한 생명과 상급에 대한 하나님의 지혜가 있습니다. 이를 알고 믿는 사람이 진정 복 있는 사람입니다.

"인간이란 무엇인가?"

사람은 누구나 한 번쯤 '인간이란 무엇인가?'라고 묻습니다. 그러나 아무도 이 질문에 정답을 제시하지 못합니다. 수많은 철학자, 사상가, 종교인도 마찬가지입니다. 인간의 지혜와 경험에 한계가 있기 때문이며, 인간의 본질 자체가 이중적이고 모순적이기 때문입니다.

세계적 석학 재레드 다이아몬드(Jared Diamond)가 "인간이 동물과 전혀 다른 존재라는 것은 의문의 여지가 없다. 동시에 인간은 신체 구조나 신체 분자의 가장 미세한 부분까지 대형 포유류의 한 종류라는 것도 틀림없는 사실이다. 이러한 모순이야말로 인간이라는 종(種)이 지닌 가장 흥미로운 특징일 것이다. 그것은 누구나 잘 아는 사실인데도 정작 어떻게 해서 그렇게 되었는지, 또 그것이 무엇을 의미하는지 여전히 파악하기 어려운 일이다"라는 말을 했습니다.(『제3의 침팬지』, 재레드 다이아몬드, 김정흠 역, 문학사상, 1996, 17쪽) 인간의 모순적 본질을 흥미로운 특징이라고 말하면서 그 이유와 의미는 알 수 없다고 말한 것입니다.

그런데 성경이 '인간이란 무엇인가?'라는 문제에 명확한 답을 줍니다. 그 답은 '인간은 하나님의 형상을 가진 피조물'이라는 것입니다. 이를 '하나님을 닮은 짐승'이라고 표현할 수도 있습니다. 인간은 하나님의 본질 일부를 가져 하나님을 닮은 유일한 피조물입니다. 성경은 이 사실을 '흙과 생기로 된 생령'이라고 합니다.(창 2:7) 인간의 이중적, 모순적 본질을 이렇게 설명한 것입니다.

인간은 흙으로 지어진 존재이기에 반드시 죽어야 합니다. 그러나 동시에 하나님의 생기를 받아 영원히 살 수 있는 존재이기도 합니다. 하나님은 인간을 처음부터 이렇게 창조하셨습니다. 이것이 재레드 다이아몬드가 던진 의문에 대한 간결하면서도 명확한 성경의 답입니다. 이을 알고 믿는 사람이 지혜로운 사람입니다.

"하나님은 정말 살아 계실까?"

인간은 생각하는 존재여서 끊임없이 질문합니다. 삶의 의미, 존재의 이유, 죽음 후의 세계 등 많은 철학적, 종교적 질문을 던집니다. 대답이 어려워 영원한 화두라고 불리는 질문도 있습니다. 그러나 인간의 모든 질문 중에서 가장 근원적인 질문은 '하나님은 정말 살아계실까?'라는 것입니다. 정확히 말하면 '성경이 말하는 삼위일체 하나님이 실제로 존재하실까?'라는 물음입니다. 이것이 모든 사람, 나아가 인류 전체에게 있어 가장 중요한 질문입니다.

만약 삼위일체 하나님이 살아계신다면 성경의 모든 말씀은 진리입니다. 하나님의 창조, 예수 그리스도의 구원, 성령의 역사, 재림과 심판, 성도의 부활과 영원한 생명이 모두 참이고 진실입니다. 그리고 천국과 지옥이 실재합니다. 그러나 만약 하나님이 존재하지 않으신다면 앞에서 언급한 모든 것이 거짓입니다. 성경은 허구이며 교회는 모래 위에 세워진 공동체에 불과합니다. 그리고 기독교인은 세상에서 가장 불쌍한 사람입니다. (고전 15:19)

"나는 여호와라 나 외에 다른 이가 없나니 나 밖에 신이 없느니라"(사 45:5)

그런데 삼위일체 하나님은 분명히 살아계십니다. 그 증거는 성경에 있는 하나님의 지혜입니다. 전지전능하신 창조주만이 밝히실 수 있는 지혜가 성경에 계시되어 있습니다. 인간은 생각할 수도 없고 상상할 수도 없는 신의 지혜가 성경에 있습니다. 그런 지혜를 통해 하나님의 존재하심을 확인할 수 있습니다. 신의 지혜가 있다면 신의 존재 또한 확실하기 때문입니다.

성경에 인생을 위한 모든 지혜가 담겨 있습니다. 일상의 지혜, 고난의 지혜, 죽음의 지혜, 그리고 구원의 지혜가 성경 안에 있습니다. 그러므로 성경을 믿고 말씀에 순종하는 사람이 참으로 지혜로운 사람입니다. 그는 '인생무상 삶의 회의'와 죽음이 주는 두려움을 이기고 영원한 생명과 기쁨을 얻습니다. 이 책은 그렇게 사람을 은혜의 삶과 구원의 길로 인도하는 하나님의 지혜를 전하고자 쓴 책입니다.

바쁘신 중에도 이 책의 출판을 위해 힘써 주신 장성환 목사님의 변함없는 사랑과 수고에 진심으로 감사드립니다. 또한 창의진교회 성도님들의 지속적인 기도와 격려에 깊은 감사를 드립니다. 그리고 강남교회 성도님들의 따뜻한 사랑과 기도, 사랑하는 가족들의 귀한 헌신과 후원에 마음 깊이 감사를 드립니다. 무엇보다 이 모든 일을 주관하시고 인도하신 하나님의 놀라운 은혜와 섭리에 찬양과 영광을 올려드립니다.

2025년 11월 정순혁 목사

1장.
인간이란 무엇인가

모든 사람의 답 없는 질문

인간의 근원적, 원초적 질문

"나는 누구인가? 왜 존재하는가? 어디서 왔고 어디로 가는가?

나는 왜 사는가? 어떻게 살아야 하고 무엇을 위해 살아야 하는가?

나는 왜 죽어야만 하는가? 죽음 후에 어떻게 되며 무엇이 남는가?

죽음은 왜 두려운가? 좋은 죽음이 있는가?"

인간이 묻는 근원적, 원초적 질문들이 있다.(여기서 '근원적'은 문제의 뿌리를 파고드는 '학문적, 철학적, 분석적, 이성적'인 것을 의미하고, '원초적'은 문제의 뿌리에 대한 '본능적, 감각적, 감정적, 직관적'인 것을 의미한다) 사람이 인식하고 경험하는 모든 존재와 현상에 대한 본질적이고 본능적인 물음들이다.

첫째, '나'에 대한 근원적, 원초적 물음이 있다. 사람은 누구나 '나는 누구이며 왜 존재하는가? 어디서 와서 어디로 가는가?'라고 묻는다. 삶의 의미를 깨닫고 싶은 것이다. 그리고 '나는 왜 살아야 하는가? 어떻게 살고 무엇을 위해 살아야 하는가?'라고 묻는다. 삶의 방향을 찾고 싶은 것이다. 또 '나는 왜 죽어야 하는가? 죽음 후에는 무엇이 남는가?'라고 묻는다. 피할 수 없는 죽음의 의미와 그 이후를 알고 싶은 것이다.

이는 단순한 호기심이 아니라 자신을 알고자 하는 존재론적 갈망에서 비롯된 것이다. 참된 자신을 발견하고 인간의 본질을 규명하려는 시도다. 이런 물음은 인간 존재에 대한 깊은 사유를 자극하면서, 삶의 의미와 방향을 찾기 위한 정신적 탐구의 출발점이 된다. 이는 인생의 의미와 목적을 묻는 인간 고유의 지성적 행위로, 인간 존재의 근원적 의미와 원초적 깊이를 들여다보게 만드는 계기가 된다.

자의식을 가진 인간은 누구나 '자기 자신'에 대해 묻는다. 그 질문의 수준이 태산처럼 높을 수도 있고 동산처럼 낮을 수도 있다. 그 기간이 강산이 변하는 긴 세월일 수도 있고 계절이 바뀌는 짧은 시간일 수도 있다. 그 무게가 죽음을 생각하는 지독한 허무일 수도 있고 그저 스쳐 지나가는 가벼운 고민일 수도 있다. 사람마다 다르다. 그러나 정도의 차이는 있을지언정 이를 피할 수는 없다.

사람은 누구나 인생의 시작과 끝을 성찰하며 존재의 이유와 삶의 방향을 탐구한다. 그리고 죽음의 의미와 그 이후를 알고 싶어 한다. 이는 자의식을 가진 모든 사람의 필연적 관심이다. 그래서 '나'에 대한 물음은 모두가 묻고 모두가 답을 원하는 질문이다.

"너는 누구인가? 너는 왜 존재하며 나와 무슨 관계인가?

우리는 어떻게 살아야 하며 무엇을 위해 사는가?

우리는 왜 함께 살며 서로 사랑하고 미워하는가?

우리는 어디로 가야 하는가?"

둘째, '너'에 대한 근원적, 원초적 물음이 있다. 이는 타인의 의미와 인간관계의 본질을 묻는 질문이다. 다른 사람을 알고자 하는 존재론적 질문이다. '나는 누구인가?'라는 물음은 곧 '너는 누구인가?'라는 질문으로 이어진다. 사람은 절대 혼자 살 수 없기 때문이다.

모든 사람에게 가족이 있고 친구와 이웃이 있다. 그러므로 타인과의 관계는 필연적이며 피할 수 없는 현실이다. 따라서 인간은 너에 대해 묻지 않을 수 없다. 부모, 형제, 배우자, 자녀, 친척, 친구, 동료, 이웃 등 '나' 외의 모든 이가 곧 '너'다. 나는 너를 알아야 살아갈 수 있다. 너를 알아야 내가 살 수 있기 때문에 모든 사람이 너에 대해 궁금해 한다.

그리고 너에 대한 질문은 자연스럽게 '우리'에 대한 질문으로 이어진다. 나와 너가 우리가 되어 공동체를 이루고, 우리가 함께 사는 사회와 세상을 이루기 때문이다. 그래서 인간은 '사회는 왜 존재하는가? 개인과 사회는 어떤 관계이며 무엇이 우선인가? 정의로운 사회란 무엇인가? 개인의 자유와 사회의 질서는 어떻게 조화를 이루는가?' 등의 질문을 한다. 사회와 세상에 대한 질문 역시 필수적이다. 그래서 '너'에 대한 물음 역시 모두가 묻고 모두가 답을 원하는 질문이다.

"자연이란 무엇인가? 왜 존재하며 인간과 무슨 관계인가?
자연과 더불어 어떻게 살아야 하는가?
자연은 스스로 존재하는가 아니면 누가 만든 것인가?
인간은 자연의 일부인가 아니면 자연을 초월하는 존재인가?

자연은 신적 존재인가 아니면 단순히 물질일 뿐인가?

자연의 질서에 목적이 있는가 아니면 우연의 결과인가?"

셋째, '자연'에 대한 근원적, 원초적 물음이 있다. 이는 자연의 본질과 의미를 묻는 존재론적 질문이며 인간과 자연의 관계를 묻는 본질적 물음이다. 인간은 자연 안에서 살아가며 자연을 떠나 존재할 수 없다. 그러므로 나와 너 그리고 우리에 대한 성찰은 곧 자연에 대한 탐구로 이어진다. 자연에 대해 묻는 것은 단순한 외적 세계에 대한 호기심이 아니다. 인간 존재의 조건과 본질을 탐구하는 것이다. 인간과 자연의 관계는 필연적이기 때문에 인간은 자연에 관해 묻지 않을 수 없다. 사람은 누구나 자연을 알고 싶어 하고 또 알아야 한다. 특히 오늘날처럼 기후와 환경 문제가 심각할 때는 더욱 그렇다.

그리고 자연에 대한 질문은 자연스럽게 우주에 대한 질문으로 이어진다. 자연을 확장한 것이 우주이기 때문이다. 사람은 우주에 대해서 지적 호기심을 가진다. 모든 존재의 근원을 알고 싶은 것이다. 그래서 '우주는 언제, 어떻게 시작되었는가? 우주는 스스로 생겨난 것인가 아니면 창조된 것인가? 우주에는 궁극적 목적이 있는가? 시간과 공간은 무엇인가? 자연의 법칙은 왜 일정하게 작동하는가?' 등의 질문을 한다. 세계적 물리학자들도 예외는 아니다. 그들 역시 '우주는 유일한가? 아니면 다중우주인가? 우주는 설계된 것인가? 아니면 자연적으로 생겨난 것인가?' 등의 질문을 한다.(『시간의 기원』, 토마스 헤르토흐, 박병철, RHK, 2023, 30쪽) 이처럼 '자연'에 대한 물음 역시 모두가 묻고 모두가 답을 원하는 질문이다.

"신은 어떤 존재인가? 신은 존재하는가, 아니면 상상의 결과일 뿐인가?

신이 존재한다면 나와 무슨 관계인가?

신은 초월적 존재인가 아니면 내재적 존재인가?

신이 세상을 창조했는가? 그렇다면 그 이유는 무엇인가?

신이 인간의 생사화복을 섭리하고 역사를 주관하는가?

신은 자비로운 존재인가 아니면 두려운 존재인가?"

넷째, '신'에 대한 근원적, 원초적 물음이 있다. 이는 초월적 존재에 대한 물음이다. 신을 알고자 하는 존재론적 탐구이고 인간과 신의 관계를 묻는 본질적 질문이다. 자신과 타인, 자연에 대한 의문은 결국 신에 대한 질문으로 이어진다. 인간의 존재 이유와 삶의 목적을 신에게서 찾으려는 것이다. 자연과 우주의 근원을 신에게서 발견하려는 것이다.

여기에는 실질적인 이유도 있다. 인간의 삶이 고달프고 한계가 있기 때문이다. 모든 인생에 고통과 고난이 있다. 누구나 자신의 생로병사를 경험하고 타인의 생로병사를 지켜본다. 병에 걸리고 사고를 당하며 예기치 못한 비극을 경험한다. 내일을 모르고 무엇보다 죽음 이후를 알 수 없다. 그리고 인간은 때로 자연재해를 경험한다. 예상치 못한 폭우나 태풍, 지진, 화산, 해일 등으로 돌이킬 수 없는 피해를 입는다. 그럴 때 인간 존재의 무력감을 느끼며 신의 존재를 묻는다. 신을 통해 재난의 이유를 알고 재난을 극복하고 싶은 것이다.

인간은 초월적 존재를 통해 자신의 무지와 한계를 극복하고, 신의 사랑과 자비를 통해 평안과 위로를 얻으려한다. 신을 통해 존재 이유와 삶의 목적을 확인하며 생로병사의 한계를 넘어서기 원한다. 미래에 대한 불안을 극복하고 평안을 얻기 원한다. 죽음의 공포를 이기고 죽음 이후의 일을 알기 원한다. 자연을 다스리고 자연재해를 피하고 싶어 한다. 신을 통해 인간의 문제를 해결하고 싶은 것이다. 그래서 '신'에 대한 물음 역시 모두가 묻고 모두가 답을 원하는 질문이다.

"인간이란 무엇인가?"

사람은 성장 과정에서 자의식이 생기고, 자의식이 생기면 '나는 누구인가?'라고 묻게 된다. 자아에 대한 질문이며 개인의 정체성과 존재 이유에 대한 물음이다. 이는 지극히 자연스러운 현상이다. 그러나 인간의 사유는 거기서 멈추지 않고 '너는 누구인가?'라고 묻는다. 타자에 대한 질문으로 인간관계와 사회성에 대한 물음이다. 인간은 홀로 살 수 없기에 '너'에 대한 관심은 필연적이다. 이렇게 인간은 나와 너, 즉 우리에 관해 관심을 가지면서 자신이 속한 사회와 더 큰 세상을 성찰한다. 인간은 사회적 동물이 분명하다.

하지만 인간의 사고는 여기서 더 확장된다. 그래서 '자연이란 무엇인가?'라고 묻는다. 인간을 둘러싼 세계에 대한 질문으로 지구적 자연 환경과 우주적 배경에 대한 물음이다. 인간은 자연 속에서 살기 때문에 자연에 대한 관심 역시 필수적이다. 그리고 인간은 더 나아가 '신은 어떤 존재인가?'라고 묻는다. 초월적 존재에 대한 질문으로 만물의 기원과 인간의 운명에 대한 물음이다. 인간은 이렇게 사유 능력의 확장에 따라 자신과 타인, 자연과 신을 성찰하고 탐구한다. 모든 인간이 그렇다.

그런데 이 모든 질문들을 수렴하면 '인간이란 무엇인가?'라는 하나의 큰 물음이 된다. '나와 너와 자연과 신'에 대한 모든 근원적, 원초적 질문이 하나의 질문으로 귀결되는 것이다. '인간이란 무엇인가?'라는 질문은 단순히 인간의 자아나 정체성, 인간의 본질에 대한 자기 성찰이 아니다. 이는 인간이 인식하고 경험하는 모든 실재와 현상과 관계에 대한 종합적인 질문이다.

그 이유는 첫째, '나와 너와 자연과 신'에 대해 질문하는 주체가 인간이기 때문이다. 인간이 모든 성찰과 탐구의 출발점이다. 둘째, '나와 너와 자연과 신'에 대한 물음이 결국 인간의 경험과 관계에 대한 질문이기 때문이다. 나와 너에 대한 질문은 물론이고 자연과 신에 대한 질문 역시 인간의 경험과 인간과의 관계에 대한 질문이다. 인간이 경험한 자연과 신에 대해 묻는 것이고, 인간과 자연, 인간과 신의 관계를 묻는 것이다. 셋째, '나와 너와 자연과 신'에 대한 모든 물음이 인간을 통해 해석되기 때문이다. 자신을 이해하는 방법, 타인을 인식하는 틀, 자연을 바라보는 시선, 신을 이해하는 방식 등 전부가 인간의 해석을 통해 그 의미가 드러난다.

'나는 누구인가?', '너는 누구인가?', '자연은 무엇인가?', '신은 어떤 존재인가?'라는 질문은 각기 다른 방향에서 출발한 것처럼 보인다. 그러나 결국은 '인간이란 무엇인가?'라는 질문으로 수렴된다. 인간이 묻고 인간이 답하고 인간과의 관계를 모색하기 때문이다. 인간이 무엇인가를 아는 것이 곧 나와 너, 그리고 자연과 신에 대한 이해의 문을 여는 열쇠가 된다.

그런 의미에서 '인간이란 무엇인가?'라는 물음은 인간 사유의 시작과 끝이라고 할 수 있다. 이 질문에서 모든 철학적 사유, 종교적 신앙, 사회적 성찰, 그리고 존재론적 탐구가 시작된다. 그리고 이 질문으로 되돌아온다. 사람은 끊임없이 '인간이란 무엇인가?'라고 묻고 그 답을 찾으며 그 과정을 통해 인간답게 산다. 이 질문은 모든 존재에 대한 근원적, 원초적 의문을 아우르는 큰 물음이다. 모두가 묻고 모두가 답을 원하는 진정한 물음이다.

> "사람이 무엇이기에 주께서 그를 생각하시며 인자가 무엇이기에 주께서 그를 돌보시나이까"(시 8:4)
> "여호와여 사람이 무엇이기에 주께서 그를 알아주시며 인생이 무엇이기에 그를 생각하시나이까"(시 144:3)

시편에 같은 맥락의 질문이 있다. 시편 8:3-9는 창조주를 찬양한다. 시인은 하나님이 하늘과 달과 별을 지으신 것을 노래한다. 그리고 인간을 특별히 존귀한 존재로 세우시고 만물을 다스릴 권한을 주신 것을 찬양한다. 그러면서 '사람이 무엇이기에 주께서 돌보시나이까'라고 묻는다.(시 8:4)

시편 144편은 구원과 번영을 간구하는 시다. 시인은 지나가는 인생을 도우시는 하나님을 의지하며 구원을 간구한다. 그는 하나님이 전쟁에서 승리케 하시고 환난 중에 피난처가 되심을 고백하면서(시 144:1-2), '사람이 무엇이기에 주께서 알아주시며 인생이 무엇이기에 주께서 생각하시나이까'라고 묻는다.(시 144:3) 하나님과 인간의 관계를 묻는 질문으로 '인간이란 무엇인가?'에 속하는 물음이다.

> "인간은 신비롭습니다. 인간이라는 신비를 풀 수만 있다면 전 생애를 바쳐 풀 수만 있다면 시간이 전혀 아깝지 않을 것입니다. 인간이 되고 싶어서 인간의 신비를 탐구하려고 합니다."(도스토예프스키)

러시아의 소설가 표도르 도스토예프스키는 1839년에 형 미하일에게 보낸 편지에서 '인간의 신비'라는 표현을 쓴다. 이 편지에서 그는 인간이 신비로운 존재이며 자신이 그 신비를 풀고 싶다고 했다.(『무엇이 인간인가』, 오종우, 어크로스, 2016, 7쪽) 이유는 단순하다. '인간이 되고 싶어서'이다. 그는 인간이 되고 싶어서 인간의 신비를 풀고 싶다는 말을 했다.

이 말은 단지 인간을 설명하려는 것이 아니다. 인간다움에 이르고자 하는 깊은 열망을 담고 있다. 도스토예프스키에게 '인간이란 무엇인가?'라는 물음은 단순한 사유가 아니라, 참된 인간이 되기 위한 절실한 탐구였다. 그의 말처럼 인간은 신비로운 존재다. 인간은 알고 싶은 존재이며 또 알아야 할 존재다. 그래서 누구나 '인간이란 무엇인가?'라고 묻는 것이다.

그런 이유로 인간은 학문과 종교의 중심 주제다. 철학이 직접적으로 인간의 본질과 삶의 의미를 묻고 대답한다면, 문학과 종교는 이를 상징과 서사, 신앙 등을 통해 간접적으로 드러낸다. 학문마다 접근 방식은 다르지만 반복해서 인간을 다루는 것이다. 종교도 마찬가지다.

철학에서 인간은 핵심 주제다. 독일 철학자 임마누엘 칸트는 철학의 근본 문제를 세 가지 질문으로 정리한다. '우리는 무엇을 알 수 있는가? 우리는 무엇을 할 수 있는가? 우리는 무엇을 믿을 수 있는가?'라는 질문이다. 그는 이 세 가지 질문을 각각 세 비판서인 『순수이성비판』, 『실천이성비판』, 『판단력비판』에서 다룬다. 그런데 이 모든 탐구는 결국 하나의 질문으로 귀결된다. 바로 '인간이란 무엇인가?'이다. 칸트 철학의 통일된 과제는 이 질문에 대한 총체적 성찰이었다.(『성령론적 조직신학』, 전성용, 세복, 2008, 299쪽)

문학도 인간을 중심 주제로 삼는다. '문학의 대상은 인간이며 인간을 떠나 문학은 존재하지 않는다'라는 말이 있는 것처럼 문학은 인간 탐구에서 출발한다. 인간의 삶과 죽음, 존재의 의미는 시대와 문화를 넘어 문학의 보편적 토대가 된다. 문학은 인간이 자신을 이해하려는 사유의 장이자 방법이다. 작가의 시선을 통해 해석된 인간의 삶이며, 인간의 다층적 모습을 통합적으로 조망하려는 시도도. 그래서 문학은 언제나 인간을 말한다.

종교 역시 인간을 중요한 주제로 다룬다. 종교는 근본적으로 신을 추구하지만 그 초월자를 찾는 주체가 인간이다. 종교란 인간과 무관한 신을 탐구하는 것이 아니라 인간과 관계를 맺고 있는 신을 찾는 것이다. 인간에게 의미가 있는 초월자를 향한 물음이기에 종교 역시 인간을 중심 주제로 삼는다.

독일 신학자 칼 바르트는 성경을 '인간의 신학이 아니라 하나님의 인간학'이라 한다.(『성령론적 조직신학』, 전성용, 세복, 2008, 300쪽) 이는 성경의 주제가 하나님이지만, 그 하나님이 끊임없이 찾으시는 대상이 인간임을 뜻한다. 그래서 기독교 신학 속에 인간 탐구가 포함된다. 불교를 비롯한 다른 종교들도 마찬가지다. 인간의 고통, 구원, 깨달음, 해탈 등 모든 주제는 결국 인간의 문제와 삶의 의미를 둘러싼 것이다. 인간은 모든 종교의 보편적 주제가 분명하다.

그렇지만 인간에 대한 물음은 철학자, 문학가, 종교인만의 전유물이 아니다. 의사, 심리학자, 물리학자, 천문학자, 화학자, 고고학자, 생물학자, 사회학자, 인류학자, 법학자 등 다양한 분야의 전문가들 역시 각자의 관점에서 '인간이란 무엇인가?'라는 질문을 던진다.

의사는 질병과 고통, 그리고 죽음의 시선에서 인간을 이해한다. 물리학자는 원자나 양자와 같은 물질의 기본 단위로 인간을 설명한다. 생물학자는 인간을 동물의 한 종으로 보면서 생물학의 보편적 원리로 해석한다. 인류학자는 화석을 근거로 진화의 관점에서 인간을 조망한다. 법학자는 법과 정의의 기준으로 인간을 이해한다. 이처럼 모든 학문은 저마다의 방법으로 인간을 탐구하고 설명하려 한다.

원자 물리학자 김상욱 교수는 『하늘과 바람과 별과 인간』이라는 책에서 '하늘, 바람, 별, 그리고 인간, 존재하는 모든 것을 이해하고 싶었다'라고 말한다.(『하늘과 바람과 별과 인간』, 김상욱, 바다출판사, 2023, 7쪽) 이 책의 부제는 '원자에서 인간까지'이다. 그는 물리학자로서 물질의 가장 작은 단위인 원자에서 출발했지만, 결국 인간을 이해하고자 했던 것이다. 인간은 모든 탐구의 마지막에 다시 나타나는 존재다.

> "다윗 왕이 여호와 앞에 들어가 앉아서 이르되 주 여호와여 나는 누구이오며 내 집은 무엇이기에 나를 여기까지 이르게 하셨나이까"(삼하 7:18)

사무엘하 7:18-29에 다윗의 감사기도가 있다. 이는 다윗이 나단을 통해 하나님의 약속을 들은 후에 드린 기도다. 다윗은 왕이 된 후 성전 건축을 계획했다. 그러나 하나님은 그 일을 허락하지 않으시고 다윗이 아들 중 하나가 성전을 지을 것이라고 말씀하셨다. 그리고 다윗 왕조가 영속되리라고 약속하셨다.(삼하 7:12, 15-16)

그 약속을 들은 다윗은 하나님께 감사하면서 '나는 누구이오며 내 집은 무엇이기에 나를 여기까지 이르게 하셨나이까'라고 기도한다.(삼하 7:18) 이는 단순한 겸손의 표현을 넘어 하나님과의 관계를 깊이 성찰하는 물음이다. 하나님의 은혜를 체험한 인간의 진솔한 질문이다.

이 물음은 다윗만의 것이 아니다. 하나님의 은혜를 경험한 모든 성도의 질문이며, 더 나아가 모든 인간의 질문이기도 하다. 왜냐하면 하나님의 은혜에서 완전히 벗어난 인간은 없기 때문이다. 모든 사람이 하나님이 주신 생명을 받아 하나님의 섭리 아래 산다. 그리고 하나님이 창조하신 자연 속에서 살아간다. 그래서 사무엘하 7:18의 다윗의 고백은 시대를 초월해 모든 인간이 던지는 질문이다. 동시에 '인간이란 무엇인가?'라는 근원적 물음과 맞닿아 있다.

하나의 질문 수많은 대답

"나는 다른 사람에게 비하면 짐승이라 내게는 사람의 총명이 있지 아니하니라"(잠 30:2)
"그러나 이 사람들은 본래 잡혀 죽기 위하여 난 이성 없는 짐승 같아서 그 알지 못하는 것을 비방하고 그들의 멸망 가운데서 멸망을 당하며"(벧후 2:12)
"이 사람들은 무엇이든지 그 알지 못하는 것을 비방하는도다 또 그들은 이성 없는 짐승 같이 본능으로 아는 그것으로 멸망하느니라"(유 1:10)

인간은 단순한 동물이 아니라 이를 넘어서는 정신적, 영적 존재다. 인간은 다른 동물과 달리 이성과 감정과 의지를 가지고 있다. 그래서 단순히 배가 부르고 등이 따뜻하다고 해서 만족하지 않는다. 인간을 육체의 만족과 편안만으로 설명할 수는 없다. 인간은 육적인 만족을 넘어서는 정신적 만족, 나아가 영혼의 만족을 원한다. 그리고 의미 있는 삶을 추구한다. 도덕적이고 윤리적인 삶을 살기 원하고, 사회와 인류를 위해 선한 일을 이루고자 한다. 또한 죽음을 인식하고 대비하며 유한한 삶 속에서 영원한 가치를 묻는다. 이런 점에서 인간은 다른 동물과 분명히 구별된다. 성경에도 인간과 동물의 차이를 언급하는 말씀들이 있다.(잠 30:2, 벧후 2:12, 유 1:10)

'인간이란 무엇인가?'라는 물음은 이런 본질적 차이로 인한 것이다. 이는 바람직한 삶을 위한 근본적인 물음이다. 올바르고 치열하게 살고자 하는 갈망이며 행복하게 살고자 하는 소망이다. 정신적, 영적 만족을 향한 열망이다. 동시에 이 세상 모든 것에 대한 지적 탐구의 출발점이다. '나와 너, 자연과 신'을 향한 인식의 문을 여는 질문인 것이다. 이는 한 가지 차원을 넘어서는 포괄적 질문으로 모든 것을 향한 물음이다.

그래서 이 물음을 가리켜 인류가 자신에 대해 사유하기 시작하면서 주어진 질문이라 말하는 사람이 있다.(『철학, 인간을 사유하다』, 이명곤, 세창, 2014, 13쪽) 또 어떤 이는 이를 영원한 화두라고 한다.(『인간이란 무엇인가』, 이대희, 정림사, 2009, 6쪽) 이 두 견해를 합치면 '인간이란 무엇인가?'라는 질문은 인류의 시작과 함께 시작되어 인류의 역사와 함께 이어져 갈 물음이 된다. 인류는 처음부터 이 질문을 던져왔고 앞으로도 그럴 것이라는 말이다. 인류가 존재하는 한 이 질문은 사라지지 않을 것이다. 모든 사람의 물음이기 때문이다.

"인간은 이성적 동물이다."(아리스토텔레스)

"이성은 정념의 노예이며, 정념을 섬기고 복종해야 한다."(데이비드 흄)

"마음에는 이성이 모르는 이유가 있다."(블레즈 파스칼)

사람은 누구나 '인간이란 무엇인가?'라는 물음에 대답할 자격과 능력이 있다. 그 이유는 모든 인간에게 인간으로서의 경험과 이해가 있기 때문이다. 그래서 초등학생조차 나름대로 대답할 수 있다. 그 대답이 유치하거나 단편적일 수는 있어도 틀렸다고 할 수는 없다. 자신이 경험하고 이해한 인간의 모습이 있기 때문이다. 모든 사람이 저마다의 경험에 기초한 인간 이해를 갖고 있다. 그 경험은 고유하며 그래서 가치가 있다. 개인의 경험은 정교한 이론만큼이나 깊이 있는 통찰이 될 수 있다. 단순한 개인적 감상을 넘어 정당한 응답이 될 수 있는 것이다.

그래서 모든 시대, 지역, 문화, 종교, 철학, 사상, 환경에 따라 각기 다른 인간론이 존재한다. 이를테면 이성적 인간관, 생물학적 인간관, 기독교적 인간관, 불교적 인간관, 유교적 인간관, 철학적 인간관, 과학적 인간관 등이 있다. 각각의 인간론은 특정한 경험과 이론에 기초한 것이기 때문에 나름 대로 옳다. 모든 인간론이 경험과 깨달음을 바탕으로 인간을 해석하고 설명한 것이기 때문에 그 어떤 인간론도 틀렸다고 할 수 없다. 그의 경험과 깨달음이 그런 것이다.

그러나 이런 결론에는 문제가 있다. 개인적 경험과 사유에 기초한 인간 이해는 타인을 설득하거나 만족시키기 어렵기 때문이다. 사람마다 삶의 경험과 생각이 다르다. 나의 경험과 너의 경험이 다르고 나의 생각과 너의 생각이 다르다. 따라서 개인적 경험과 사유에 기초한 어떤 인간 이해도 유일한 정답이 될 수 없다. 그것은 인간 전체를 설명하기보다 일부를 비춘 것에 불과하다. 틀린 답은 아니지만 완전한 답도 아니다. 그저 수많은 응답 가운데 하나일 뿐이다. 모두가 묻고 모두가 대답하지만 그 답은 언제나 다르다. 그런 의미에서 '인간이란 무엇인가?'라는 질문은 영원한 화두가 맞다. 아무리 반복해도 누구도 최종의 답에 도달할 수 없기 때문이다.

사람들은 개인의 경험과 사유라는 평범한 답보다는 모두의 경험을 담은 보편적이고 비범한 답을 원한다. 그래서 철학과 종교를 찾고 현자와 선인의 가르침을 의지한다. 인간의 본질에 대한 깊고도 심오한 통찰을 기대하는 것이다. 그러나 모든 결과는 언제나 같은 한계에 부딪힌다. 어떤 인간론도 완전하지 않고 모두 부분적이며 단편적일 뿐이다.

인간의 인간 이해는 마치 장님이 코끼리를 더듬는 것과 같다. 코를 잡은 이는 코끼리가 뱀 같다고 하고, 꼬리를 잡은 이는 밧줄 같다고 한다. 다리를 잡은 이는 기둥 같다고 한다. 각자의 말은 부분적으로 옳지만 전체를 보면 아니다. 인간의 인간 이해도 이와 같다. 누구나 한계를 지닌 채 부분만 인식할 뿐이다. 이는 모든 인간의 경험과 깨달음 자체에 본질적 한계가 있기 때문이다. 결국 사람은 인간의 한 측면만을 강조하는 데 그치고 만다. 그런데 이는 온전한 모습도 아니고 완전한 이해도 아니다.

"인간의 삶은 고독하고 가난하고 잔인하다. 그리고 짧다."(토머스 홉스)
"나, 너희에게 초인을 가르치노라. 인간은 스스로를 극복해야 할 그 무엇이다."(프리드리히 니체)

영국의 정치철학자 토머스 홉스(Thomas Hobbes)는 '인간의 삶은 고독하고 가난하고 잔인하다. 그리고 짧다'고 말한다.(『세상에서 가장 흥미로운 철학 이야기(근현대 편)』, 이동희, 휴머니스트, 2010, 39쪽) 독일의 철학자 프리드리히 니체(Friedrich Nietzsche)는 '나, 너희에게 초인을 가르치노라. 인간은 스스로를 극복해야 할 그 무엇이다'라고 선언한다.(같은 책, 231쪽)

예일대 철학과 교수 셸리 케이건(Shelly Kagan)은 영혼의 존재를 부정한다. 그는 '영혼은 존재하지 않는다. 인간은 기계에 불과하다. 죽음은 우리의 머리로 이해할 수 없는 거대한 신비가 아니다. 죽음은 컴퓨터가 고장 나는 것과 다를 바 없다. 모든 기계가 망가지듯 인간도 결국 죽는다'라고 말한다. 그는 죽음을 두려워할 이유가 없으며, 살아있는 것이 언제나 좋은 것도 아니라고 주장한다. 나아가 영생은 축복이 아니라 저주에 가깝다고 한다.(『죽음이란 무엇인가』, 셸리 케이건, 박세연, 웅진, 개정판, 2023, 500-501쪽)

영국의 정치철학자 존 그레이(John Gray)는 인간 중심적 사고를 강하게 비판한다. 그는 '인간은 다른 동물보다 우월하지 않다. 굳이 다른 점을 꼽

자면, 이성이나 도덕성보다는 유독 파괴적이고 약탈적인 종이라는 사실일 것'이라고 말한다.(『하찮은 인간, 호모 라피엔스』, 존 그레이, 김승진, 이후, 2010, 273쪽)

이 외에도 인간의 본질에 대한 다양한 철학적 이해가 있다. 영국의 철학자 로저 트리그(Roger Trigg)는 『인간 본성에 관한 10가지 철학적 성찰』에서 여러 관점을 소개한다. 그 목차만 보아도 흥미롭다. '타인의 결함을 보고 웃는 존재(홉스), 이성보다는 감정에 지배되는 존재(흄), 생존경쟁에서 우연히 살아남은 호모 사피엔스(다윈), 동물과 초인 사이에 놓인 밧줄(니체), 사회에 의해 만들어지는 인간(마르크스), 오이디푸스의 후예(프로이트), 어둠 속에서 빛을 추구하는 존재(플라톤), 이성적 동물(아리스토텔레스), 죄를 지을수록 더 많은 죄를 짓는 존재(아퀴나스), 언어에 의해 창조되는 인간 본성(비트겐슈타인)' 등이다.(『인간 본성에 관한 10가지 철학적 성찰』, 로저 트리그, 최용철, 자작나무, 1996) 이처럼 인간 본성에 대한 철학적 관점은 다양하다.

철학자 미하엘 하우스켈러(Michael Hauskeller) 역시 『왜 살아야 하는가』라는 책에서 열 명의 사상가를 소개한다. 그들은 아르투어 쇼펜하우어, 쇠렌 키르케고르, 허먼 멜빌, 표도르 도스토예프스키, 레오 톨스토이, 프리드리히 니체, 윌리엄 제임스, 마르셀 프루스트, 루트비히 비트겐슈타인, 알베르 카뮈다. 흥미로운 점은 각 장의 제목이 모두 다르다는 것이다. 예를 들어, 키르케고르는 '나로 존재하지 못한다는 절망'이고, 톨스토이는 '피할 수 없는 모든 것의 끝'이다. 니체는 '위험한 삶이 가져다주는 즐거움'이라는 제목으로 소개된다. 이는 곧 '인간이란 무엇인가?'라는 질문에 대한 그들의 대답이 서로 다르다는 사실을 보여준다.(『왜 살아야 하는가』, 미하엘 하

우스켈러, 김재경 역, 추수밭, 2021, 18-21쪽)

모든 인간 이해는 참인 동시에 거짓이다. 참인 이유는 그것이 부분적으로 진실을 담고 있기 때문이며, 거짓인 이유는 결코 전체를 담아내지 못하기 때문이다. 각자의 경험과 깨달음에 기초했기에 일정 부분 타당하지만 언제나 부분적이고 불완전하다. 인간에 대한 수많은 이해를 모은다 해도 그것이 곧 온전한 인간의 모습은 아니다. 전체를 아우르는 온전한 진실이라 할 수 없다. 이는 마치 여러 조각을 억지로 꿰맨 누더기 같은 것이다. 옷의 형태와 기능을 온전히 갖추지 못한 불완전한 연결일 뿐이다. 모든 인간 이해는 부분적이고 단편적이며 불완전하고 불충분하다.

> "전도자가 이르되 헛되고 헛되며 헛되고 헛되니 모든 것이 헛되도다 해 아래에서 수고하는 모든 수고가 사람에게 무엇이 유익한가"(전 1:2-3)

'인간이란 무엇인가?'라는 질문을 가볍게 넘기는 사람이 있다. 잠시 의문을 품었다가 스스로 내린 답에 수긍하고 지나가거나, 아예 대답을 포기하고 '모르겠다' 하며 질문을 접는 것이다. 시간이 흐르고 나이가 들면서 질문 자체를 잊어버리기도 한다.

그러나 이 질문에 심하게 앓는 사람도 있다. 자신이 내린 답에 만족하지 못하고 다른 사람의 대답에도 동의하지 못한다. 그래서 끊임없이 '인간이란 무엇인가?'라고 묻는다. 그 질문에 이끌려 철학자가 되거나 수도자의 길을 걷는다. 그만큼 절박한 것이다. 그리고 드물기는 하지만 삶을 포기하는 경우도 있다. 자신이 누구인지 알 수 없다는 절망과 허무가 극단적 선택으로 이어지는 것이다.

삶의 의미와 목적을 진지하게 탐구하다 보면 필연적으로 '허무'라는 단어와 마주한다.(전 1:2-3) 인간의 본질을 찾는 사람은 반드시 '허무의 늪'을 지나게 된다. 어떤 사상사 연구자는 『인생의 허무를 어떻게 할 것인가』라는 제목의 책을 썼다. 이 책의 프롤로그가 '허무를 직면하다'이고, 에필로그는 '목적이 없어도 되는 삶을 위하여'이다.(『인생의 허무를 어떻게 할 것인가』, 김영민, 사회평론, 2022)

인간은 특히 죽음 앞에서 허무를 느낀다. 차가운 시신 앞에서 인간의 한계와 무력감을 절실히 느끼는 것이다. 이 '죽음의 골짜기'에서 길을 잃는 사람들이 있다. 스스로 길을 찾지 못하고 외부의 빛도 발견하지 못해 절망하는 것이다. 그래서 생을 마감하기도 한다. 인생이 결국 허무하다면 차라리 일찍 끝내겠다는 판단이다. 그러나 그것은 인생을 오해한 비극적 결론이다.

물론 인생 자체에 허무한 측면이 있다. 인생에 실제로 허무한 순간이 있고 어떤 부분은 허무하게 느껴질 수도 있다. 그러나 인생 전체가 허무한 것은 아니다. 오히려 의미 있는 순간이 훨씬 더 많다. 따라서 인생 자체를 허무로 규정하는 것은 큰 오해다. 그런데 이런 오해에 빠져 비극을 선택하는 이들이 있다. 그래서 '인간이란 무엇인가?'라는 질문에 올바른 답을 찾는 일이 중요하다. 인간의 본질이 허무가 아님을 아는 사람은 결코 그런 비극적 결과를 선택하지 않는다. 허무의 늪에 빠지지 않고 죽음의 골짜기에서 헤매지 않는다.

실제로 인생은 결코 허무하지 않다. 오히려 지극히 귀하고 소중하다. 짧은 인생을 통해 영원한 삶을 얻을 수 있기 때문이다. 인생의 여정에서 허무로 순간이 영원한 영광으로 이어질 수 있다. 이것이 인간의 본질이고 본

모습이다. 그러므로 반드시 '인간이란 무엇인가?'라는 물음에 올바른 답을
찾아야 한다. 그래야 인생의 허무를 극복하고 삶의 참된 의미를 깨달을 수
있다.

인간의 한계

"어리석은 자는 그의 마음에 이르기를 하나님이 없다 하는도다 그들은 부패하고 그 행실이 가증하니 선을 행하는 자가 없도다"(시 14:1)

"백성 중의 어리석은 자들아 너희는 생각하라 무지한 자들아 너희가 언제나 지혜로울까"(시 94:8)

"어리석은 자들아 너희는 명철할지니라 미련한 자들아 너희는 마음이 밝을지니라"(잠 8:5)

"이 세상 지혜는 하나님께 어리석은 것이니 기록된 바 하나님은 지혜 있는 자들로 하여금 자기 꾀에 빠지게 하시는 이라 하였고"(고전 3:19)

'인간이란 무엇인가?'라는 질문에 대한 답이 어려운 이유는 인간의 본질적 한계 때문이다. 인간의 지식과 경험과 사유에 분명한 한계가 있기 때문에 완전한 설명이 불가능한 것이다. 첫째, 인간의 지식과 지혜에 본질적 한계가 있다. 그래서 인간이 알고 싶어도 알 수 없는 것들이 세상에 있다. 우선 인간은 자기 자신에 대해 다 알지 못한다. 인간은 자신의 출생 이전을 모른다. 알려고 해도 알 수가 없다. 정자와 난자가 만나기 전 자신이 철저히 무(無)였는지, 아니면 어떤 준비나 무슨 의미가 있었는지 모른다. 또한 자신이 태어난 것이 단순한 우연인지, 혹은 어떤 인연이나 계획에 따른 것인지 알 수 없다. 부모, 성별, 국적, 시대, 외모, 재능 등 모든 조건이 어떻게 정해졌는지 누구도 알 수 없다. 이를 불가해한 신비라고 할 수도 있지만 철저한 무지라고 할 수도 있다.

인간은 죽음 이후의 세계에 대해서도 알지 못한다. 죽음으로 모든 것이

무(無)로 돌아가는지, 아니면 무엇인가가 남는지 모른다. 육체는 분명히 사라지지만 영혼의 존속 여부는 누구도 단언할 수 없다. 죽음 이후의 세계가 있는지 아니면 없는지 아무도 모른다. 안다고 말할 수는 있겠지만 그것을 객관적으로 증명할 수는 없다. 확실한 증거는 물론이고 희미한 증거조차 없는 것이다.

이런 무지는 타인에 대해서도 마찬가지다. 자신이 어디서 와서 어디로 가는지 모르는 것처럼 타인 역시 어디서 와서 어디로 가는지 알 수 없다. 결국 인간은 '나'도 모르고 '너'도 모르는 것이다. 겉으로는 지혜로운 것 같지만 실제로는 어리석은 존재다. 성경도 인간의 무지를 가르친다.(시 14:1, 94:8, 잠 8:5, 고전 3:19)

인간은 자연 역시 완전히 알지 못하고 있다. 우주의 시작과 끝을 정확히 파악하지 못한다. 빅뱅이 우주의 시작이라면 그 이전에는 무엇이 있었는지 모른다. 또 빅뱅의 원인은 무엇이었는지 알 수 없다. 자연이 우연의 산물인지, 혹은 어떤 의도와 목적을 따라 존재하게 되었는지 모른다. 자연 법칙이 무작위적 결과인지 아니면 정교한 설계의 산물인지 확정지을 수 없다.

신에 대해서도 마찬가지다. 인간은 신의 존재 유무를 확인할 수 없다. 신이 한 분인지 여러 분인지 모른다. 당연히 신의 본성과 속성을 모른다. 신이 전지전능한 존재인지 아닌지, 영원한 존재인지 아닌지 모른다. 신이 우주와 인간을 창조했는지 아닌지, 인간의 생사화복과 역사를 주관하는지 아닌지 모른다. 자비롭고 사랑이 많은 분인지 아니면 냉정하고 두려운 분인지 모른다. 상상하고 추정하고 고백할 수는 있지만 증명할 수는 없고 증거도 없다.

"주께서 그들을 홍수처럼 쓸어가시나이다 그들은 잠깐 자는 것 같으며 아침에 돋는 풀 같으니이다 풀은 아침에 꽃이 피어 자라다가 저녁에는 시들어 마르나이다"(시 90:5-6)

"우리의 연수가 칠십이요 강건하면 팔십이라도 그 연수의 자랑은 수고와 슬픔뿐이요 신속히 가니 우리가 날아가나이다"(시 90:10)

"헛된 생명의 모든 날을 그림자 같이 보내는 일평생에 사람에게 무엇이 낙인지를 누가 알며 그 후에 해 아래에서 무슨 일이 있을 것을 누가 능히 그에게 고하리요"(전 6:12)

둘째, 인간의 경험에도 본질적 한계가 있다. 우선 인간의 수명에 한계가 있다.(시 90:5-6, 10, 전 6:12) 시편 90:10은 인간의 수명을 칠십이라고 하고 강건해야 팔십이라 한다. 오늘날 백세 시대라고 하지만 수명은 여전히 한정되어 있다. 그래서 사람이 죽기 전에 경험하는 일에 한계가 있다. 인류가 기록을 남긴 시간은 수천, 수만 년에 이르고, 인류 자체의 시간은 수십 만, 수백 만 년에 이른다. 자연과 우주의 시간은 그보다 훨씬 더 길다. 이처럼 방대한 시간 속에서 고작 백 년 남짓한 삶으로는 경험으로 이해하는 일에 분명히 한계가 있다.

그리고 모든 인간에게 성별의 한계가 있다. 인간은 남자 아니면 여자로 태어나는데, 남자와 여자는 경험하는 일이 다르다. 성별에 따라 가정과 사회에서 겪는 일이 다르고 그에 따라 삶의 이해도 다르다. 그래서 남자의 인간 이해와 여자의 인간 이해는 다를 수밖에 없다.

또한 모든 인간에게 시대적 한계가 있다. 고대, 중세, 근세, 현대의 삶은 아주 다르다. 시대마다 발견과 발명이 이루어지고 그에 따른 세계관도 달라졌다. 예를 들어, 15-17세기 대항해 시대 이전과 이후의 인간의 정신세계는 아주 다르다. 세계에 대한 경험이 크게 달라진 것이다. 코페르니쿠스와 갈릴레이의 과학적 발견 이전과 이후의 인간 이해는 다르다. 인간이 우주 속 자신의 위치를 이해하는 방식이 바뀐 것이다. 다윈의 진화론이 가져온 생물학적 혁명을 경험하기 이전과 이후의 인간 이해도 다르다. 다윈은 인간을 진화의 산물로 인식하게 만들었다. 프로이트로 인해 시작된 심리학적 연구를 경험하기 전과 후의 인간 이해는 다를 수밖에 없다. 프로이트는 인간 내면에 대한 통찰의 시대를 열었다. 오늘날 인공지능의 기술적 충격 또한 인간 이해를 새롭게 바꾸어 놓고 있다.

결국 인간은 자신이 속한 시대의 한계를 벗어날 수 없다. 같은 한국인이라 해도 고려시대, 조선시대, 대한민국의 삶이 서로 다르다. 대한민국 사람이라 해도 1950년대, 1980년대, 2010년대 태어난 사람의 삶이 다르다. 전혀 다른 문화와 환경을 경험하는 것이다. 이처럼 같은 땅에 살아도 시대가 다르면 경험이 다르고 그래서 인간 이해가 달라질 수밖에 없다.

인간에게는 공간적, 문화적, 사회적 한계도 있다. 같은 시대를 산다고 해도 국적과 문화, 지역에 따라 삶의 경험은 크게 달라진다. 한국인과 영국인, 일본인과 미국인의 삶은 다르다. 유럽과 아프리카, 아시아와 미주 지역에서 자란 사람의 삶은 아주 다르다. 같은 아시아 안에서도 도시, 시골, 고산지대에서 자란 사람의 경험이 서로 다르다. 자유민주주의, 공산주의, 회교 국가, 왕조 국가에서 자란 사람의 삶이 다 다르다. 그래서 서로 다른 세계관과 가치관을 가지게 된다. 당연히 인간 이해도 달라진다.

종교 또한 인간 이해에 큰 영향을 미친다. 기독교, 불교, 유대교, 회교, 무종교 가정에서 자란 사람은 전혀 다른 세계관을 갖게 된다. 보고 듣고 배운 것이 달라서 삶을 이해하고 해석하는 방식에서 큰 차이가 있다. 종교는 인간 이해에 깊은 영향을 끼친다. 모든 사람에게 종교적 한계가 있다.

이와 더불어 인간을 바라보는 관점의 차이도 있다. 철학자, 종교인, 사회학자, 경제학자, 신경생물학자, 고인류학자가 보는 인간상은 서로 다르다. 같은 질문을 던져도 답은 달라진다. 바라보는 시각에 따라 답이 다른 것이다. 관점의 한계 또한 있기 마련이다.

> "무지한 말로 이치를 가리는 자가 누구니이까 나는 깨닫지도 못한 일을 말하였고 스스로 알 수도 없고 헤아리기도 어려운 일을 말하였나이다"(욥 42:3)
> "내가 이같이 우매 무지함으로 주 앞에 짐승이오나"(시 73:22)

요약해서 인간은 모든 것을 알 수 없고 경험할 수 없다. 어떤 인간도 전지전능하지 않다. 그래서 인간은 자신이 어리석고 무지한 존재임을 인정할 수밖에 없다.(욥 42:3, 시 73:22) 아무리 지적 능력이 뛰어나도 인간의 인식과 판단에는 한계가 있으며, 아무리 많은 경험을 한다 해도 제한적이다. 특정한 시대와 공간과 조건 속에서 살아가기 때문이다. 따라서 모든 인간 이해는 항상 부분적일 뿐이다. 완전할 수 없다.

질문은 하나다. '인간이란 무엇인가?' 그러나 그 답은 무수히 많은데 그답이 다 맞는 것도 아니고 다 틀린 것도 아니다. 모든 인간 이해는 각자의 시대, 지식, 공간, 문화, 사회, 관점, 세계관, 종교적 조건에 의해 제약을 받기 때문에 누구도 완전한 답을 내릴 수 없다. 이것이 인간 이해의 어려움이다. 결국 알고 싶은데 알 수 없고 아는 것 같지만 실은 모르는 것이 인간이다.

그래서 '인간이란 무엇인가?'라는 질문에 대해 '인간이란 규정될 수 없는 존재'라는 답이 있다. 인간을 어떻게 규정하든 그 규정에 맞지 않는 이가 존재하기 때문이다.(『철학, 인간을 사유하다』, 이명곤, 세창, 2014, 13쪽) 그래서 인간을 가리켜 '내가 누구인지 나도 모르는 존재'라고 말할 수 있다. 파스칼은 '인간이 무엇인지 알기 위해서는 모든 인간을 다 보면 된다'고 말했다.(같은 책, 13쪽) 이는 곧 인간을 완전히 알 수 없다는 선언이다. 모든 인간을 다 볼 수는 없기 때문이다. 그럼에도 사람들은 여전히 '인간이란 무엇인가'라고 묻는다. 알 수 없음을 인정하면서도 알고 싶은 것이다. 이것이 이 질문이 가진 아이러니다.

"삶의 목적은 무엇일까? (중략) 죽음을 면치 못함에도 의미 있는 삶을 사는 것이 가능할까? 이런 질문들은 전혀 새로울 것이 없다. 사람들이 이미 오래 전부터 물어온 질문들이다. 이런 질문들은 소위 '궁극의 의문'에 해당하거나 포함된다."(미하엘 하우스켈러)

미하엘 하우스켈러는 삶과 죽음의 의미를 다루는 질문을 '궁극의 의문'이라고 부른다. 그에 따르면 궁극의 의문은 단순한 호기심의 차원을 넘어서 인간 존재의 핵심을 파고드는 가장 근원적인 질문이다. 그래서 궁극적이다. 동시에 가장 답하기 어려운 질문이라는 점에서도 궁극적이다.(『왜 살아야 하는가』, 미하엘 하우스켈러, 김재경 역, 추수밭, 2021, 7쪽)

그는 궁극의 의문에 대한 궁극의 해답을 기대해서는 안 된다고 말한다.(같은 책, 14쪽) 삶에 관한 궁극의 의문은 누군가가 대신 답을 해줄 수 있는 문제가 아니며, '삶이라는 질문은 정답이 아닌 표현을 기다린다'고 한다.(같은 책, 7쪽) 이는 인간에 대한 질문에 정답은 없지만, 그 답을 구하려는 노력 자체에 의미가 있음을 시사한다. 해답을 알 수 없다고 해서 질문의 가치가 줄어드는 것이 아니며, 오히려 질문하고 성찰하는 노력 안에 의미가 있다는 것이다.

그러나 하우스켈러가 알지 못한 사실이 있다. 바로 '궁극의 의문'에 대한 '궁극의 해답'이 성경에 있다는 것이다. 인간의 삶과 죽음, 존재의 의미와 목적에 대한 정답이 성경에 있다. '인간이라는 무엇인가?'라는 물음에 대한 유일하고 확실한 답이 성경에 있는 것이다.

이 답은 인간의 지혜나 경험에서 나온 것이 아니다. 인간을 창조하신 하나님이 계시하신 것이다. 하나님은 성경을 통해 '인간이 누구인지, 어떻게 살아야 하는지, 죽음은 무엇인지, 역사는 어디로 가는지, 자연은 왜 존재하며 신은 어떤 존재인지'를 알려주신다. 성경은 '궁극의 의문'에 대한 명확한 답을 준다. 그 답은 사람이 말하는 하나의 견해가 아니라 하나님이 계시하신 유일한 정답이다. 성경은 '인간이란 이것이다'라고 선포하는데 모든 사람이 이 답을 알아야 한다.

성경의 유일한 정답

신의 존재를 부정

"종교는 환상이다"(지그문트 프로이트)

"신은 불가사의를 설명하기 위해 만들어진다. 사람들은 이해되지 않는 것들을 설명하기 위해 신을 만들었다. 하지만 마침내 세상이 움직이는 원리를 알게 된다면, 신으로부터 벗어나는 방법을 터득하게 될 것이며, 더 이상 신은 필요 없다"(리처드 파인만)

"나는 지금까지 인류가 겪은 것 중 가장 끔찍한 재앙은 일신교라고 생각한다. 유대교와 기독교 혹은 이슬람교에서는 인간에게 도움이 되는 미덕을 전혀 찾아볼 수 없다"(고어 비달)

"종교는 그저 당신이 믿는 어떤 원리일 뿐이다. 인간은 신이 만들어낸 것보다 훨씬 더 많은 기적들을 이루어냈다"(로드 스타이거)

"만약 신에게 이야기를 건넨다면 당신은 기도하고 있는 것이고, 신이 당신에게 이야기를 한다면 당신은 정신분열증을 겪고 있는 것이다"(토머스 사스)

"나는 천국과 지옥, 각 개인들의 내세나 인격신이라는 종교이론을 뒷받침하는 과학적 증거를 조금도 본 적이 없다"(토머스 에디슨)

종교를 거부하는 사람들이 있다. 무신론자, 불가지론자들이 그렇다. 위에서 인용한 글들이 이런 입장을 반영한다. (『우주에는 신이 없다』, 데이비드 밀스, 권혁 역, 돋을새김, 2010, 속지와 28쪽) 특히 과학자들 중에 그런 무신론자, 불가지론자들이 많다. 과학적으로 연구해 보고 관찰해 보니 신은 없더라는 입장이다 1998년 7월 23일자 《네이처》에 실린 한 연구에 따르면, 미국 국립과학아카데미의 회원 중 단지 7%만이 어떤 형태이든 신의 존재를 믿는다고 한다.(같은 책, 23쪽) 대부분의 과학자들이 인간의 지혜와 경험을 강조하면서 신의 존재를 부정하고 종교를 거부한다.

한편, 종교를 비판하는 사람들도 있다. 칼 마르크스(Karl Marx)는 '종교는 억압받는 인간들의 신호이고, 가슴 없는 세상의 감성이고, 영혼 없는 조건의 영혼이다. 그것은 사람들의 아편이다'라고 말한다.(『우리는 누구인가』, 이효성, 시간의 물레, 2020, 306쪽) 공산주의자들도 비슷한 이유로 종교를 혐오하고 금지하고 탄압한다. 그들은 종교가 억압적인 현실을 적극적으로 개선하지 않고 오히려 회피하려 한다고 비판한다.

프리드리히 니체(Friedrich Nietzsche)는 『즐거운 학문』(1982)에서 '신은 죽었다. 신은 죽은 채로 있다. 그리고 우리가 그를 죽였다'라고 선언한다. 신의 죽음을 선포한 이 말은 이후 하나의 예언처럼 회자되면서 100년이 지난 오늘날에도 여전히 기억되고 있다. 니체가 말한 '신의 죽음'은 초월적 신에 대한 믿음과 그 믿음을 토대로 세워진 모든 가치와 규범이 차례로 붕괴하고 파멸하며 전복되는 것을 뜻한다.(『세상에서 가장 흥미로운 철학 이야기(근현대편)』, 휴머니스트, 2010, 227-229쪽) 니체의 선언은 기독교의 신뿐만 아니라, 사람들이 신처럼 받들던 합리주의와 그 가치들마저 더 이상 의미를 지니지 못하게 되었음을 의미한다.

버트런드 러셀(Bertrand Russell) 역시 신의 존재를 부정하며 종교를 비판한다. 그는 『나는 왜 기독교인이 아닌가』(1927)라는 책에서 모든 종류의 '하나님의 존재 증명'을 반박한다. 제1원인론, 자연법칙론, 목적론, 도덕론, 불의(不義) 치유론 등 전통적인 신의 존재 논증을 하나하나 반박하면서 신은 존재하지 않는다고 주장한다.(『나는 왜 기독교인이 아닌가』, 버트런드 러셀, 송은경 역, 사회평론, 2005, 22-31쪽)

또한 러셀은 예수 그리스도의 도덕적 결함을 지적한다. 불신자가 지옥에 간다는 주장은 도덕적으로 심각한 문제가 있다는 것이다. 그리고 그는 예수가 지혜나 도덕성 측면에서 역사에 길이 남을 인물이 아니라고 한다.(같은 책, 34-37쪽) 군대 귀신을 돼지 떼에 들어가게 한 사건이나(마 8:28-34), 철 이른 열매가 없다는 이유로 무화과나무를 저주한 사건을 보면 그렇다는 것이다.(마 21:18-19)

리처드 도킨스(Richard Dawkins)는 『만들어진 신』(2006)에서 무신론을 과학적으로 변증하려고 시도한다. 그는 신의 존재를 옹호하는 모든 논거를 반박하면서 신은 존재하지 않을 가능성이 거의 확실하다고 주장한다.(『만들어진 신』, 리처드 도킨스, 이한음 역, 김영사, 2007, 194, 246쪽) 또한 그는 성경을 '기이한 책'이라 부르며, 현대 문명인이라면 누구나 불쾌하게 여길 도덕 체계를 조장한다고 비판한다.(같은 책, 356쪽) 그는 롯의 두 딸의 임신(창 19장), 레위인의 첩의 죽음(삿 19장), 아브라함의 이삭 제물 사건(창 22장), 입다의 서원과 딸의 죽음(삿 11장) 등을 예로 들면서 구약을 잔혹한 '도깨비 책'

으로 묘사한다.(같은 책, 377쪽) 도덕적 관점에서 볼 때 그렇다는 것이다.

도킨스는 구약의 하나님을 다른 신들에 대해 광적인 질투를 보이는 비극적 익살극의 주인공으로 여긴다.(같은 책, 371쪽) 또한 기독교의 핵심 교리인 원죄와 속죄를 아브라함의 이삭 번제 사건만큼이나 도덕적으로 혐오스럽다고 한다. 그리고 신약이 구약보다 더 심각한 가학적, 피학적 요소를 담고 있다고 비난한다.(같은 책, 379쪽) 심지어 그는 속죄 교리를 개 짖는 소리에 비유하며 조롱한다.(같은 책, 381쪽)

데이비드 밀스(David Mills)는 공개적으로 자신이 무신론자라고 밝히며 신이라는 개념 자체를 거부한다. 그의 저서 『우주에는 신이 없다』(2004)는 출간 직후 큰 반향을 일으켜 아마존닷컴의 400여 종 무신론 관련 도서 중 베스트셀러가 되었다. 그러나 그 대가로 일부 보수 기독교인들에게서 '사탄의 대변인, 인간 존엄성의 망신거리, 얼간이, 새우 대가리'라는 조롱을 받았다.(『우주에는 신이 없다』, 데이비드 밀스, 권혁 역, 돋을새김, 2010, 21쪽)

밀스는 현재의 물리법칙에 따르면 빅뱅으로부터 시작된 우주의 질량에너지가 빅뱅 이전부터 이미 존재했다고 주장한다. 다시 말해 질량에너지로 이루어진 우리의 우주는 현재의 팽창 기간보다 훨씬 오래, 심지어 무한히 오래전부터 존재해 왔다는 것이다.(같은 책, 107-108쪽) 이는 신에 의한 무로부터의 창조가 아니라는 의미다. 그는 또한 우주가 창조주의 설계를 보여주는 초자연적 증거는 전혀 없다고 단언한다. 창조론은 과학과 무관하며 오히려 인간의 심리나 감정에 근거한 신념일 뿐이라고 비판한다.(같은 책, 143-144쪽)

밀스는 지옥이 존재하지 않으며 지옥은 단지 신화일 뿐이라고 한다.(같은 책, 58, 266쪽) 그는 로버트 잉거솔(Robert Ingersoll)의 말을 인용하면서,

지옥이라는 개념은 '인간이 마음속에 품을 수 있는 모든 비열함, 모든 복수심, 모든 이기주의, 모든 잔인함, 모든 증오, 모든 파렴치한 행위들을 드러내는 것'이라고 설명한다. 밀스에 따르면 신은 인간 자신의 모습을 투영해 인간이 만든 존재다.(같은 책, 267쪽) 우주에는 신이 없으며 종교는 전적으로 인간이 만들어낸 것이다. 그런 이유로 밀스는 창조론과 지적설계론을 거부한다. 지적설계론은 결코 신의 존재를 과학적으로 증명할 수 없다는 것이다.(같은 책, 362-363쪽)

종교학자 카렌 암스트롱(Karen Armstrong) 역시 '신이란 단순히 인간의 필요와 욕구의 투영일 뿐'이라고 한다. 흥미롭게도 그녀는 신이 실제로 존재하지 않는다고 하면서도, '자신을 위해 신에 대한 감각을 의식적으로 창조하려는 태도'가 필요하다고 말한다. 암스트롱은 '신은 실제로 존재하지 않지만 세상에서 가장 중요한 실재'라고 말한다.(『신의 역사』, 카렌 암스트롱, 배국원, 유지황 역, 교양인, 2023, 23-24쪽) 신은 인간이 창조한 개념이지만 그 개념이 인간의 삶에서 매우 중요한 역할을 한다는 뜻이다.

"인간은 자신의 형상으로 신을 창조한 후 자기를 자신의 창조물에 종속시킨다."(루트비히 포이어바흐)

종교에 대한 루트비히 포이어바흐(Ludwig Feuerbach)의 비판은 아주 신랄하다. 그는 '인간은 자신의 형상으로 신을 창조한 후 자기를 자신의 창조물에 종속시킨다'라고 말한다.(『우리는 누구인가』, 이효성, 시간의 물레, 2020, 308쪽) 그의 주장에 따르면 신은 인간 내적 본성의 외적 투사일 뿐이다. 인간의 상상력이 신을 만들었으며 세상의 모든 신은 존재하지 않는다. 인간이 신을 창조했고 인간은 그렇게 자신이 만든 신을 섬긴다는 것이다. 포이 어바흐의 관점에서 보면 인간이 창조주이고 신이 피조물이다. 성경의 하나님 역시 인간이 창조한 결과물이다. 따라서 성경은 철저히 사람의 말이며 결코 하나님의 말씀이 아니다. 하나님 자체가 실재하지 않기 때문이다. 그는 이런 전제를 바탕으로 인본주의적 관점에서 기독교 신앙을 재구성한다.(같은 책, 308쪽)

신의 존재를 확인

"이제는 나 곧 내가 그인 줄 알라 나 외에는 신이 없도다"(신 32:39)

"어리석은 자는 그의 마음에 이르기를 하나님이 없다 하는도다 그들은 부패하고 그 행실이 가증하니 선을 행하는 자가 없도다"(시 14:1)

"이스라엘의 왕인 여호와, 이스라엘의 구원자인 만군의 여호와가 이같이 말하노라 나는 처음이요 나는 마지막이라 나 외에 다른 신이 없느니라"(사 44:6)

"나 외에 신이 있겠느냐 과연 반석은 없나니 다른 신이 있음을 내가 알지 못하노라"(사 44:8)

"나는 여호와라 나 외에 다른 이가 없나니 나 밖에 신이 없느니라"(사 45:5)

"너희는 옛적 일을 기억하라 나는 하나님이라 나 외에 다른 이가 없느니라 나는 하나님이라 나 같은 이가 없느니라"(사 46:9)

"주 하나님이 이르시되 나는 알파와 오메가라 이제도 있고 전에도 있었고 장차 올 자요 전능한 자라 하시더라"(계 1:8)

앞에서 언급한 것처럼 신의 존재를 부정하는 사람들이 있다. 그러나 성경은 분명히 삼위일체 하나님의 존재하심을 선포한다. 성경이 말하는 하나님은 유일하시고 거룩하시며 전지전능하신 창조주 하나님이시다. 성경은 이 사실을 반복해서 강조한다.(신 32:39, 시 14:1, 사 44:8, 45:5, 46:9, 계 18) 그런데 성경이 옳으며 하나님은 실제로 존재하신다. '하나님 분명히 살아계신다'라는 성경의 선포가 사람의 마음에 들든 안 들든 이것이 진실이며 흔들리지 않는 진리다.

"사람이 절대 생각해 낼 수 없는 진리가 있다면 그것은 신의 지혜다.

사람이 절대 알 수 없는 지식이 있다면 그것은 신의 지혜다.

사람이 절대 말할 수 없는 주장이 있다면 그것은 신의 지혜다.

사람이 절대 상상할 수 없는 예언이 있다면 그것은 신의 지혜다.

사람이 절대 설파할 수 없는 논리가 있다면 그것은 신의 지혜다.

신의 지혜가 있다면 신이 존재한다는 뜻이다."

사람이 신의 존재를 확인할 수 있는 방법이 있다. 그것은 세상에서 사람의 지혜가 아닌 것을 파악하는 것이다. 사람의 지혜가 아니라면 신의 지혜다. 다른 길은 없다. 그리고 신의 지혜가 있다면 신이 존재한다는 뜻이다. 신이 존재해야 신의 지혜가 있을 수 있기 때문이다. 그러므로 신의 지혜는 곧 신의 존재에 대한 증거가 된다. 신의 지혜가 있다면 보이지 않고 들리지 않아도 신이 존재한다. 객관적, 과학적, 수학적, 실험적 증명이 없어도 신의 존재를 확인할 수 있다. 신의 지혜가 통해 신의 존재를 확인하는 객관적 증거인 것이다.

사람이 삼위일체 하나님의 존재하심을 확인할 수 있는 방법이 있다. 그것은 성경에 나타난 하나님의 지혜를 발견하는 것이다. 만약 성경에 사람의 지혜가 아닌 것이 있다면 그것은 하나님의 지혜다. 그렇게 하나님의 지혜가 존재한다면, 그것은 하나님이 존재하신다는 뜻이다. 이것이 삼위일체 하나님의 존재하심을 확인할 수 있는 방법이다. 유일하고 객관적인 방법이다.

신을 직접 보여주거나 들려줄 수는 없다. 신의 모습을 촬영하거나 신의 음성을 녹음할 수도 없다. 실험실에서 검증하거나 망원경이나 현미경으로 관찰할 수도 없다. 천국과 지옥의 물건을 가져올 수도 없다. 그러나 성경에서 인간의 지혜가 아닌 것을 발견한다면, 그리고 그것을 겸손히 하나님의 지혜로 인정한다면, 사람은 하나님의 존재하심을 믿을 수 있다.

그런데 성경에 사람의 지혜를 초월하는 말씀이 실제로 있다. 사람이 결코 알 수 없는 예언의 말씀이 있고, 사람의 지혜로는 설명할 수 없는 진리의 말씀이 있다. 그래서 성경을 하나님의 계시라고 부른다. 성경이 하나님의 지혜라는 뜻이다.

성경에서 하나님의 대표적 지혜 네 가지를 발견할 수 있다. 첫째는 하나님의 본질에 대한 삼위일체의 지혜. 둘째는 하나님이 세상과 인류를 창조하셨다는 창조의 지혜. 셋째는 죄의 용서와 영원한 생명이 있다는 구원의 지혜. 넷째는 역사의 종말과 마지막 심판이 있다는 종말의 지혜. 신학적으로 이 네 가지를 삼위일체론, 창조론, 구원론, 종말론이라 부른다.

사람의 지혜로 보면 이 네 가지 모두 믿기 어려운 주장이다. 삼위일체론은 비논리적으로 보인다. 한 분이 세 분이고 세 분이 한 분이라고 하기 때문이다. 창조론은 말장난처럼 들린다. '말씀'으로 우주를 창조했다는 것을 인간의 이성은 쉽게 받아들일 수가 없다. 구원론은 비합리적으로 보인다. 오직 예수를 믿기만 하면 모든 죄가 사라지고 영생을 얻는다는 것은 인간의 계산법이 아니다. 종말론은 소설처럼 보인다. 아무도 확인할 수 없는 내용을 예언하기 때문이다. 그러나 바로 이 점이 중요하다. 이 네 가지는 인간의 지혜와 경험으로는 만들어낼 수 없고 설명할 수도 없는 내용인 것이다. 그래서 하나님의 지혜다. 그리고 그 지혜가 곧 삼위일체 하나님의 존재하심에 대한 증거가 된다.

"십자가의 도가 멸망하는 자들에게는 미련한 것이요 구원을 받는 우리에게는 하나님의 능력이라"(고전 1:18)

"하나님의 지혜에 있어서는 이 세상이 자기 지혜로 하나님을 알지 못하므로 하나님께서 전도의 미련한 것으로 믿는 자들을 구원하시기를 기뻐하셨도다"(고전 1:21)

"우리는 십자가에 못 박힌 그리스도를 전하니 유대인에게는 거리끼는 것이요 이방인에게는 미련한 것이로되"(고전 1:23)

"하나님의 어리석음이 사람보다 지혜롭고 하나님의 약하심이 사람보다 강하니라"(고전 1:25)

"너희 믿음이 사람의 지혜에 있지 아니하고 다만 하나님의 능력에 있게 하려 하였노라"(고전 2:5)

사람의 눈으로 볼 때 하나님의 지혜는 낯설고 일방적이며, 비합리적이고 불가능한 것으로 보인다. 심지어 어리석고 미련하게 보이기까지 한다.(고전 1:18, 23) 그 이유는 하나님의 지혜가 근본적으로 사람의 지혜와 다르기 때문이다.(고전 1:25) 그것은 마치 사람의 지혜가 원숭이의 지혜와 전혀 다른 것과 같다. 사람의 지혜와 원숭이의 지혜는 같은 차원이 아니다.

첫째, 하나님의 지혜는 영원하고 전지전능하신 창조주의 지혜다. 반면 사람의 지혜는 일시적이고 유한한 피조물의 지혜다. 유한한 지혜로 무한한 지혜를 판단하려 하니 당연히 미련하게 보인다. 모든 것을 창조하실 수 있고, 모든 것을 아시고 행하실 수 있는 창조주의 지혜와, 창조할 수 있는 능력이 없고 모든 것을 알 수 없고 행할 수 없는 피조물의 지혜는 다를 수밖에 없다. 유한이 무한을 품을 수는 없다.

둘째, 하나님의 지혜는 죄로 물들지 않은 거룩한 지혜다. 반면 사람의 지혜는 죄로 물든 속된 지혜다. 죄로 물든 지혜로 거룩한 지혜를 바라보니 그것이 어리석게 보이는 것이다. 하나님은 사람을 향해 '너는 죄인이다'라고 말씀하신다. 그래서 하나님의 지혜는 사람의 죄를 사하시는 방향으로 작용한다. 그러나 사람은 자신이 죄인이 아니라고 주장하며 하나님께 반항한다. 선악과의 영향 아래 사는 인간에게 하나님의 거룩한 지혜는 늘 미련하게 보인다.

셋째, 하나님의 지혜는 영원한 생명과 상급을 약속하는 영원한 지혜다. 반면 사람의 지혜는 죽음이라는 한계 안에 갇혀 있다. 죽음의 관점에서 보니 영원한 지혜가 불가능하게 느껴지는 것이다. 하나님은 사람에게 영원한 것을 약속하신다. 그런 지혜로 사람을 영원으로 이끄신다. 하지만 사람은 영원한 것이 없다고 믿는다. 불가능하다는 것이다. 그래서 이 땅에서 잘 먹고 잘 입고 건강하게 사는 것을 지상 목표로 삼는다. 그렇지만 하나님은 사람 눈에 불가능해 보이는 지혜로 사람을 구원하신다.(고전 1:25, 2:5)

"하나님이 모세에게 이르시되 나는 스스로 있는 자이니라 또 이르시되 너는 이스라엘 자손에게 이같이 이르기를 스스로 있는 자가 나를 너희에게 보내셨다 하라"(출 3:14)

하나님의 존재 여부는 성경의 진리 여부를 결정짓는 핵심이다. 만약 하나님이 존재하신다면 성경은 참이다. 정말 하나님의 지혜가 담긴 진리다. 그러나 하나님이 존재하지 않으신다면 성경은 허구이며 거대한 사기에 불과하다. 예를 들면 천국과 지옥이 없는데 있다고 하기 때문이다. 성경의 모든 가르침과 기독교의 모든 교리가 그렇다. 이처럼 하나님의 존재 문제가 성경의 진리 여부를 결정한다. 그래서 하나님 스스로 자신의 존재하심을 강조하신다.

하나님은 시내산에서 모세를 불러 사명을 주셨다. 이집트에서 노예 생활을 하는 이스라엘 백성을 구하라는 사명이었다. 그때 모세는 하나님의 이름을 물었다. 그는 이스라엘 백성에게 가서 '바로 이 신(神)이 나를 당신들에게 보내셨다'라고 말하려 했던 것이다. 그때 하나님은 모세에게 '나는 스스로 있는 자니라'고 말씀하신다.(출 3:14) 여기에서 하나님의 히브리어 이름 '야웨'(Yahweh)가 비롯되었다.

야웨의 뜻을 '존재자'라고 할 수 있다. 야웨의 어근은 히브리어 동사 '하야'(hayah)인데, 이는 '있다, 존재하다'라는 뜻이다. 따라서 야웨라는 이름은 하나님이 스스로 밝히신 자신의 존재 선언이라고 할 수 있다. 하나님은 자신의 존재하심을 강조하기 위해 그 이름을 주신 것이다. 엄밀히 말해 야웨는 단순한 호칭이 아니라 하나님의 '존재하심'을 드러내는 계시적 선언이다.

✳ 야웨

구약에 '나는 여호와다 이것이 내 이름이다'라는 말씀이 있다.(사 42:8) 여기서 '여호와'는 한국식 표기이며 원래 히브리어 발음은 '야웨'였을 것으로 추정한다. '하야'(있다, 존재하다)라는 히브리어 동사에서 파생된 '야웨'는 문자적으로 '그는 존재하신다'라는 뜻이다. 이를 신의 이름에 걸맞게 번역하면 '존재자'가 되는 것이다. 그렇게 볼 때 '나는 여호와다 이것이 내 이름이다'라는 말씀은 곧 '나는 존재자다 이것이 내 이름이다'라는 의미가 된다.

야웨라는 이름은 하나님의 존재하심을 드러낸다. 하나님은 자신의 이름을 통해 자신의 존재를 계시하신 것이다. 그러므로 야웨라는 이름은 우연히 생긴 게 아니라 가장 중요한 사실을 계시하기 위해 특별히 선택된 이름이다. 하나님은 자신의 이름을 야웨라 계시하시며 '나는 존재한다. 그러므로 성경은 참된 진리다'라고 선포하신 것이다. 에스겔서에 '사람들이 내가 여호와인 줄 알게 될 것이다'라는 말씀이 58번 반복된다. 이는 곧 '사람들이 내가 참으로 존재한다는 것을 알게 될 것이다'라는 의미다.

성경, 하나님의 말씀

"모세가 여호와의 모든 말씀을 기록하고 이른 아침에 일어나 산 아래에 제단을 쌓고 이스라엘 열두 지파대로 열두 기둥을 세우고"(출 24:4)

"여호와께서 두 돌판을 내게 주셨나니 그 돌판의 글은 하나님이 손으로 기록하신 것이요 너희의 총회 날에 여호와께서 산상 불 가운데서 너희에게 이르신 모든 말씀이니라"(신 9:10)

"이스라엘의 하나님 여호와께서 이와 같이 말씀하여 이르시기를 내가 네게 일러 준 모든 말을 책에 기록하라"(렘 30:2)

"이에 예레미야가 네리야의 아들 바룩을 부르매 바룩이 예레미야가 불러 주는 대로 여호와께서 그에게 이르신 모든 말씀을 두루마리 책에 기록하니라"(렘 36:4)

성경은 하나님의 말씀이다. 하나님께서 사람들을 통해 자신의 말씀을 기록하게 하셨기 때문이다.(출 24:4, 신 9:10, 렘 30:2, 36:4) 물론 성경의 전부가 하나님의 말씀을 직접 받아 적은 것은 아니다. 어떤 부분은 사람의 말과 행동, 인간의 사건들을 기록한 것이다. 그러나 그런 내용들까지도 하나님의 뜻 안에서 기록되었다. 하나님의 주권 아래 그렇게 된 것이다. 그러므로 성경 전체가 하나님의 말씀이다. 기독교인에게 있어 이 사실은 절대 명제로 이 사실을 의심하거나 거부한다면 믿는 자라고 할 수 없다.

"모든 성경은 하나님의 감동으로 된 것으로 교훈과 책망과 바르게 함과 의로 교육하기에 유익하니 이는 하나님의 사람으로 온전하게 하며 모든 선한 일을 행

할 능력을 갖추게 하려 함이라"(딤후 3:16-17)

성경은 하나님의 감동으로 기록된 책이다.(딤후 3:16-17) 사람이 하나님의 뜻을 따라 성경을 완성했다는 뜻이다. 분명히 사람이 성경을 쓰고 전하고 모으고 경전으로 결정했지만 그 모든 과정이 하나님의 뜻 안에서 이루어졌다. 그래서 성경은 사람의 생각을 모아놓은 책이 아니라 하나님의 지혜를 기록하고 보존한 책이다. 신학적으로 이를 계시(啓示)라고 한다. 하나님께서 자신을 뜻을 사람들에게 드러내신 것이라는 뜻이다. 성경은 그 계시의 결과이며 그래서 하나님의 말씀이다. 성경 전체가 그렇다. 이것이 성경의 본질이고 성경의 일관된 증언이다.

> "감추어진 일은 우리 하나님 여호와께 속하였거니와 나타난 일은 영원히 우리와 우리 자손에게 속하였나니 이는 우리에게 이 율법의 모든 말씀을 행하게 하심이니라"(신 29:29)
> "또 내가 하나님의 모든 행사를 살펴보니 해 아래에서 행해지는 일을 사람이 능히 알아낼 수 없도다 사람이 아무리 애써 알아보려고 할지라도 능히 알지 못하나니 비록 지혜자가 아노라 할지라도 능히 알아내지 못하리로다"(전 8:17)

하나님이 사람에게 알려주신 하나님의 비밀이 있다.(신 29:29) 하나님이 그렇게 하신 이유는 인간 스스로는 영원한 진리를 절대 깨달을 수 없기 때문이다.(전 8:17) 하나님의 뜻은 신비 그 자체로 인간이 알 수 없다. 신명기 29:29는 이를 '감추어진 일'이라고 부른다. 비밀로 하시는 일이라는 뜻이다. 그런데 하나님은 이 비밀 중 일부를 계시해 주시고 사람은 그 계시를 통해 하나님의 뜻을 안다. 그 뜻을 믿고 그 뜻에 순종하는 것이 인간의 본분이며 지혜로운 삶의 길이다. 신명기 29:29는 성경의 본질을 밝히는 동시에 인간의 순종을 요구한다.

> "여호와의 율법은 완전하여 영혼을 소성시키며 여호와의 증거는 확실하여 우둔한 자를 지혜롭게 하며 여호와의 교훈은 정직하여 마음을 기쁘게 하고 여호와의 계명은 순결하여 눈을 밝게 하시도다"(시 19:7-8)
> "가서 성전에 서서 이 생명의 말씀을 다 백성에게 말하라 하매"(행 5:20)
> "생명의 말씀을 밝혀 나의 달음질이 헛되지 아니하고 수고도 헛되지 아니함으로 그리스도의 날에 내가 자랑할 것이 있게 하려 함이라"(빌 2:16)

성경은 생명의 말씀이어서 사람을 살리는 능력이 있다.(시 19:7-8, 행 5:20, 빌 2:16) 그 말씀은 스스로 생명을 품고 있어 듣고 믿는 자에게 영원한 생명을 준다. 또한 말씀은 사람의 깊은 내면을 꿰뚫어 생각과 뜻을 판단하고 그 영혼을 소성시키며 지혜를 준다.(시 19:7-8) 성경의 권위가 바로 여기에 있다. 하나님의 말씀을 믿으면 생명을 얻고 지혜를 얻는다. 반대로 이를 거부하면 생명을 잃고 지혜를 얻을 수 없다.

> "그들을 진리로 거룩하게 하옵소서 아버지의 말씀은 진리니이다"(요 17:17)
> "이 섬긴 바가 자기를 위한 것이 아니요 너희를 위한 것임이 계시로 알게 되었으니 이것은 하늘로부터 보내신 성령을 힘입어 복음을 전하는 자들로 이제 너희에게 알린 것이요 천사들도 살펴보기를 원하는 것이니라"(벧전 1:12)

성경은 완전한 진리이자 유일한 진리다.(요 17:17, 고후 6:7, 엡 1:13 등) 그래서 천사들도 이 진리를 알고 싶어 한다.(벧전 1:12) 믿는 자는 천사들조차 알고 싶어 하는 완전한 진리를 알고 있는 것이다. 이 진리는 하늘 높이 있거나 바다 깊숙이 감추어져 있지 않다. 성도의 입술과 마음속에 있다.(신 30:11-14) 하나님은 믿는 자가 그 진리를 알고 행할 수 있도록 은혜를 베푸신 것이다. 성경은 이미 완전한 진리이기 때문에 더 이상 새로울 필요가 없다. 그저 믿고 순종하면 된다. 물론 해석이 필요한 경우는 분명히 있다.

믿는 자는 세상 철학과 사상 앞에서 주눅이 들 이유가 전혀 없다. 그것들이 새롭고 첨단인 것처럼 보여도 성경은 이미 완전한 진리를 담고 있다. 성경 이야기를 한다는 것은 진부한 반복이나 시대에 걸맞지 않는 옛날이야기를 하는 것이 아니다. 그것은 유일한 진리를 거듭 되새기는 일이다.

"내가 이 두루마리의 예언의 말씀을 듣는 모든 사람에게 증언하노니 만일 누구든지 이것들 외에 더하면 하나님이 이 두루마리에 기록된 재앙들을 그에게 더하실 것이요 만일 누구든지 이 두루마리의 예언의 말씀에서 제하여 버리면 하나님이 이 두루마리에 기록된 생명나무와 및 거룩한 성에 참여함을 제하여 버리시리라"(계 22:18-19)

요한계시록 22:18-19는 사람이 성경에서 한 구절도 더 하거나 뺄 수 없음을 강조한다. 성경이 하나님의 말씀이기 때문이다. 이는 단지 요한계시록에만 적용되는 원칙이 아니다. 창세기에서부터 요한계시록까지 성경 전체에 해당된다. 인간은 결코 하나님의 말씀에 무엇을 더하거나 하나님의 말씀에서 무엇을 뺄 수 없다.

"예수께서 이르시되 너희는 아래에서 났고 나는 위에서 났으며 너희는 이 세상에 속하였고 나는 이 세상에 속하지 아니하였느니라"(요 8:23)

　　요한복음 8:23은 성경과 다른 경전의 차이를 설명하는 데 유익하다. 성경은 위에서 난 것, 즉 하늘에 속한 계시의 말씀이다. 다른 경전은 아래서 난 것, 즉 세상에 속한 지혜에 불과하다.(요 8:43-47 참고) 다른 종교의 경전은 하나님의 계시가 아니라 인간의 지혜를 기록한 것이다. 거기에 진리의 조각은 있을 수 있다. 하나님이 주신 영혼으로 인간도 진리의 일부를 깨달을 수 있다. 그러나 인간의 지혜로는 온전한 진리를 알 수 없고 자신을 스스로 구원할 수도 없다. 인간에게 죄를 사하고 영생을 줄 수 있는 능력은 없는 것이다. 그래서 하나님의 계시가 필요하고 이것이 성경을 주신 이유다.

　　성경은 하나님께서 일하신 결과물이다. 성경의 기록, 수집, 전수, 편집, 정경화의 모든 과정에 하나님께서 간섭하셨다. 그리고 성경의 내용 전부가 하나님의 지혜로 인한 것이다. 그래서 성경은 구원에 이르는 지혜를 주고 교훈과 책망과 바르게 함과 의로 교육하기에 유익하다.(딤후 3:16) 사람을 온전케 하여 모든 선한 일을 행하게 하는 능력을 준다.(딤후 3:17) 그러므로 성경은 반드시 하나님의 말씀으로 읽어야 한다.

　　세상에는 무신론적 주장이 있다. 신은 존재하지 않는다는 것이다. 반기독교적 주장도 있다. 신이 있어도 유일신은 아니며 삼위일체 하나님은 더더욱 아니라는 것이다. 그들은 성경도 많은 진리 중 하나일 뿐이라고 주장한다. 그러나 이는 모두 거짓이다. 삼위일체 하나님은 실제로 존재하시며 성경은 분명히 하나님의 말씀이다. 이것이 변하지 않는 진리고 진실이다.

"공의로 판단하시며 사람의 마음을 감찰하시는 만군의 여호와여"(렘 11:20)

"하나님의 말씀은 살아 있고 활력이 있어 좌우에 날선 어떤 검보다도 예리하여 혼과 영과 및 관절과 골수를 찔러 쪼개기까지 하며 또 마음의 생각과 뜻을 판단하나니"(히 4:12)

히브리서 4:12에 '하나님의 말씀은 살아 있고 활력이 있으며 영을 쪼개고 생각과 뜻을 판단한다'는 말씀이 있다. 이는 인간이 하나님 앞에서 숨길 수 있는 것이 하나도 없음을 의미한다. 하나님은 모든 인간의 모든 생각과 행동을 아시고 판단하신다. 하나님은 사람의 마음까지 감찰하신다.(렘 11:20, 12:3) 그리고 인간이 어떤 존재인지 정확하게 말씀하신다.

"이 사람아 네가 누구이기에 감히 하나님께 반문하느냐 지음을 받은 물건이 지은 자에게 어찌 나를 이같이 만들었느냐 말하겠느냐"(롬 9:20)

그래서 성경의 인간 이해가 완전하고 유일한 정답이다. 성경의 인간 이해는 인간을 창조하신 하나님의 지혜이기 때문이다. 이를 믿고 인정하는 것이 인생의 참된 지혜다.(롬 9:20) 반면에 사람의 모든 인간론은 불완전하다. 사람의 인간 이해는 언제나 부분적이기 때문이다.

사람은 누구나 '어떻게 살아야 잘 사는 것인가? 무엇이 행복이고 무엇이 가치 있는 삶인가? 삶의 의미는 어디에 있는가?'라고 묻는다. 그 답은 단순하다. 성경 말씀을 삶의 궁극적 원리로 믿고 순종하는 것이다. 곧 하나님을 믿고 예수 그리스도를 소망하며 성령의 도우심을 받아 살아가는 것이다. 이것이 인생의 유일한 정답이며 나머지는 모두 틀린 답이다.

✱ 궁극적 원리

모든 사고 체계에는 출발점이 있는데 이를 궁극적 원리라고 한다. 유물론은 물질을, 범신론은 만물이 신이라는 생각을, 다윈주의는 진화를, 세속주의는 인간의 이성을 궁극적 원리로 삼는다. 불신자는 자신의 신념이나 목표를 붙잡는다. 기독교의 경우 성경이 그 출발점이다. 성경에 기초해 참과 거짓, 진리와 비진리를 구분한다. 이 궁극적 원리에 따라 삶의 방향과 가치 판단이 달라진다.

하나님의 형상을 가진 인간

"태초에 하나님이 천지를 창조하시니라"(창 1:1)
"천지와 만물이 다 이루어지니라"(창 2:1)

창세기 1-2장은 창조 이야기다. 하나님께서 천지를 창조하셨다는 선언으로 시작하면서(창 1:1), 하나님께서 우주 만물과 인간을 창조하셨다고 선포한다.(창 2:1) 이 창조 이야기에 '인간이란 무엇인가'라는 질문에 대한 답이 담겨 있다. '나는 누구인가, 너는 누구인가, 자연은 무엇인가, 신은 무엇인가'에 대한 답이 들어 있는 것이다. 그 답은 이렇다. '나는 하나님의 피조물이다. 너도 하나님의 피조물이다. 자연도 하나님의 피조물이다. 신은 오직 한 분 하나님뿐이시다'라는 것이다.

현대 자연주의는 하나님의 창조를 거부하고 자연이 스스로 존재하며 진화했다고 주장한다. 그 사상의 뿌리는 다윈에게 있다. 여기에서 범신론적 진화론과 무신론적 진화론이 나왔다. 그런데 현대 자연주의는 단순한 과학 이론을 넘어 하나의 종교가 되었다. 왜냐하면 자연을 신적 존재로 보기 때문이다. 범신론적 관점에서는 창조주와 피조물이 동일하다. 신과 세계가 하나이기 때문이다.

창세기 1-2장은 현대 자연주의와 진화론에 대한 강력한 경고의 말씀이다. 창조 이야기는 분명하게 선언한다. '여호와 하나님은 유일하신 신으로 만물의 창조주이다. 하나님 외에 다른 신은 없으며, 자연과 인간과 생물은 모두 하나님의 피조물이다.' 인간은 물론이고 자연과 우주 모든 것이 하나님의 피조물일 뿐이다. 이것이 창조 이야기의 핵심이며 변하지 않는 진리다. 그리고 이 사실에 '인간이란 무엇인가'에 대한 유일한 정답이 들어 있다.

그렇지만 창조 이야기를 단순히 문자 그대로 이해해서는 안 된다. 그 안에 담겨 있는 하나님의 깊은 뜻을 파악해야 한다. 창조 이야기의 '하루'는 24시간이 아니라 장구한 세월을 압축한 표현이다. 아담의 갈비뼈로 하와를 만드신 이야기는 해부적 사건이 아니라 은유다. 창조 이야기는 '압축, 은유, 상징, 전환'이라는 네 개념을 통해 이해해야 한다. 이렇게 접근해야만 창조 이야기에 담긴 하나님의 지혜와 영원한 진리를 깨달을 수 있다. 그 지혜와 진리는 현대 과학과 충돌하지 않는다. 이를 모르고 창조 이야기를 문자적, 역사적 언어로만 해석할 때 오해가 생긴다.(『빅뱅에서 아브라함까지』, 정순혁, 대한기독교서회, 2011, 22-34쪽 참고)

> "하나님이 이르시되 우리의 형상을 따라 우리의 모양대로 우리가 사람을 만들고 그들로 바다의 물고기와 하늘의 새와 가축과 온 땅과 땅에 기는 모든 것을 다스리게 하자 하시고"(창 1:26)

창세기 1:26은 인간이 하나님의 형상을 지니고 하나님의 모양을 가졌다는 뜻이다. 쉽게 말하면 인간이 하나님을 닮았다는 것이다. 하나님은 '사람을 우리와 닮은 존재로 만들자'고 말씀하시고 실제로 그렇게 창조하셨다. 그렇지만 성경에 그 닮은 부분에 대한 구체적인 언급은 없다. 하나님의 형상과 모양에 대한 구체적 설명이 없는 것이다. 전통적으로는 하나님의 본질과 속성을 닮은 것이라고 설명한다. 그래서 하나님을 믿고 하나님과 영적으로 교제할 수 있다는 것이다.

모든 피조물 중에서 인간만 하나님의 형상을 가지고 하나님을 닮았다. 이 사실은 인간이 으뜸가는 피조물임을 보여준다. 인간이란 무엇인가? 하나님의 형상을 가져서 하나님을 닮은 유일한 피조물이다. 이것이 성경의 답이며 인간에 대한 가장 근본적이고 핵심적인 사실이다.

물론 더 구체적인 질문들이 뒤따른다. '하나님의 형상은 무엇을 말하는가? 하나님을 닮았다는 것은 무엇을 의미하는가? 하나님을 닮은 피조물의 가장 큰 특징과 속성은 무엇인가?' 등과 같은 질문들이다. 그래서 이에 대한 대답이 필요하다. 그렇지만 모든 설명이 한 가지 사실에서 출발한다. '인간은 하나님의 형상을 가져서 하나님을 닮은 유일한 피조물'이라는 것이다. 이를 아는 것이 올바른 인간 이해의 출발점이다.

하나님의 복을 받은 인간

"하나님이 그들에게 복을 주시며 하나님이 그들에게 이르시되 생육하고 번성하여 땅에 충만하라, 땅을 정복하라, 바다의 물고기와 하늘의 새와 땅에 움직이는 모든 생물을 다스리라 하시니라"(창 1:28)

하나님은 자신을 닮은 인간에게 복을 주셨다. 하나님의 형상을 가진 인간에게 내리신 복이다. 그 복은 크게 두 가지로 하나는 '생육하고 번성하여 땅에 충만하는 복'이고 다른 하나는 '땅을 정복하고 모든 생물을 다스리는 복'이다. 이 중에서 '생육하고 번성하고 땅에 충만하라'는 첫 번째 복은 이해하기 쉽다. 인간도 다른 생물과 마찬가지로 생명을 이어하고 번성하는 존재이기 때문이다.(창 1:22)

두 번째 복은 '땅을 정복하고 모든 생물을 다스리는' 것이다.(창 1:26, 28) 이는 인간이 으뜸가는 피조물임을 의미한다. 하나님은 사람이 자연을 지배하도록 하셨다. 자연이 사람을 지배하는 것이 아니다. 따라서 자연과 생물은 인간의 숭배 대상이 될 수 없다. 이것이 이 말씀의 본질적인 의미다.

물론 자연은 때로 인간을 압도하는 힘을 발휘하며 상상하기 어려운 장엄한 경관을 연출한다. 그럴 때 사람은 자연을 두려워하고 자연에 경외심을 느낀다. 그렇지만 자연은 결코 숭배의 대상이 아니다. 산신령, 용왕, 신성한 짐승과 나무 같은 것은 없다. 그런 개념은 성경에 없다. 그러므로 사람이 자연과 생물을 신성시하거나 섬겨서는 안 된다. 인간은 하나님을 닮은 유일한 피조물로서 자연과 생물보다 훨씬 존귀하고 영광스러운 존재다.

사람은 땅을 정복하고 모든 생물을 다스리는 복을 받았다. 하나님 외에는 아무것도 숭배하지 않는 복이다. 아무것으로부터도 속박되지 않는 복이다. 인간은 하나님이 주신 권세로 자연과 생물을 다스릴 수 있다. 인간이란 무엇인가? 피조세계를 다스리는 복을 받은 유일한 피조물이다.

"하나님이 지으신 그 모든 것을 보시니 보시기에 심히 좋았더라 저녁이 되고 아침이 되니 이는 여섯째 날이니라"(창 1:31)

하나님은 자신을 닮은 인간을 매우 기뻐하셨다. 사람을 창조하신 여섯째 날 하나님은 처음으로 '심히 좋았다'라고 하셨다.(창 1:31) 여기서 '심히'는 히브리어 부사 '메오드'(me'od)를 번역한 것이다. 하나님은 첫째 날부터 다섯째 날까지 창조하신 후 '좋았다'라고 말씀하셨다.(창 1:4, 10, 12, 18, 21) 그러나 여기에는 '심히'(메오드)라는 부사가 없다. 즉, 하나님이 심히 기뻐하신 것은 인간을 창조하신 때가 처음이다. 인간은 하나님의 마음에 특별한 기쁨과 만족을 드리는 존재인 것이다.

하나님은 모든 피조물을 기뻐하셨다. 그래서 창조하실 때마다 끝에 '하나님이 보시기에 좋았더라'는 표현이 있다. 그렇지만 유독 인간을 창조하신 후에는 '심히 좋았더라'고 말씀하신다.(창 1:31) 이는 하나님이 인간을 특별히 기뻐하셨다는 뜻이다. 그 이유는 인간이 다른 피조물과 본질적으로 다르기 때문이다. 인간이란 무엇인가? 하나님이 '심히' 기뻐하신 유일한 피조물이다.

"여호와 하나님이 흙으로 각종 들짐승과 공중의 각종 새를 지으시고 아담이 무엇이라고 부르나 보시려고 그것들을 그에게로 이끌어 가시니 아담이 각 생물을 부르는 것이 곧 그 이름이 되었더라"(창 2:19)

피조물 중 오직 인간만이 하나님의 형상과 모양을 가졌으며 이는 인간을 유일무이한 존재로 만든다. 하나님은 그런 인간에게 모든 동물의 이름을 짓는 권한을 주셨다.(창 2:19) 이 권한은 단순한 명명 행위를 넘어서 피조 세계를 다스리는 권세를 상징한다.

"여호와 하나님이 그 땅에서 보기에 아름답고 먹기에 좋은 나무가 나게 하시니 동산 가운데에는 생명나무와 선악을 알게 하는 나무도 있더라"(창 2:9)
"여호와 하나님이 이르시되 보라 이 사람이 선악을 아는 일에 우리 중 하나 같이 되었으니 그가 그의 손을 들어 생명나무 열매도 따먹고 영생할까 하노라 하시고"(창 3:22)

그리고 하나님은 인간을 영원히 살 수 있는 존재로 창조하셨다. 이것이야말로 인간이 받은 가장 놀라운 복이다. 창세기 2-3장이 이 사실을 잘 보여준다. 에덴동산 한가운데 '생명나무'와 '선악을 알게 하는 나무'가 있었다.(창 2:9) 그리고 사람이 생명나무 열매를 먹으면 영생할 수 있었다. (창 3:22)

아담은 에덴동산의 모든 나무 열매를 먹을 수 있었는데(창 2:16), 여기에는 생명나무 열매도 포함되어 있었다. 하나님은 아담에게 생명나무 열매를 금하지 않으셨던 것이다. 생명나무는 인간의 영원한 생명을 상징한다. 즉, 인간은 처음부터 영생할 수 있는 피조물이었다. 하나님은 단지 선악을 알게 하는 나무의 열매만 먹지 말라고 명령하셨다.(창 2:17) 그리고 그 열매를 먹으면 반드시 죽으리라고 경고하셨다. 에덴동산 중앙의 두 나무는 인간의 영생과 죽음을 상징한다. 인간이란 무엇인가? 영원히 살 수 있는 유일한 피조물이다.

하나님의 벌을 받은 인간

"여호와 하나님이 그 사람에게 명하여 이르시되 동산 각종 나무의 열매는 네가 임의로 먹되 선악을 알게 하는 나무의 열매는 먹지 말라 네가 먹는 날에는 반드시 죽으리라 하시니라"(창 2:16-17)

"동산 중앙에 있는 나무의 열매는 하나님의 말씀에 너희는 먹지도 말고 만지지도 말라 너희가 죽을까 하노라 하셨느니라"(창 3:3)

"여자가 그 나무를 본즉 먹음직도 하고 보암직도 하고 지혜롭게 할 만큼 탐스럽기도 한 나무인지라 여자가 그 열매를 따먹고 자기와 함께 있는 남편에게도 주매 그도 먹은지라"(창 3:6)

하나님은 아담에게 '선악을 알게 하는 나무의 열매를 먹지 말라'고 명령하셨다.(창 2:16-17) 하와도 이 사실을 알고 있었다. 그러나 하와는 뱀의 유혹에 넘어가 먼저 선악과를 먹었고 아담은 하와가 준 열매를 먹었다.(창 3:3, 6) 이는 하나님의 명령에 대한 불순종이었다. '선악을 알게 하는 나무'를 직역하면 '선과 악에 대한 지식의 나무'(the tree of knowledge of good and bad)가 된다. 이 '선과 악에 대한 지식'에 대해서 '성적(性的) 욕망, 도덕적 양심, 일반적 인식, 반대 개념 인식' 등 여러 해석이 있지만 모두 부분적 설명에 그친다.

전체 맥락에서 볼 때 선악과는 하나님의 뜻을 인간이 판단하는 문제와 관련이 있다. 즉, '선과 악에 대한 지식'이란 '하나님 명령의 옳고 그름을 인간의 지혜로 판단하는 것'이다. 인간이 자신의 지혜를 따라 하나님 뜻의 옳고 그름을 따져보는 것이다. 그리고 하나님의 뜻에 대한 순종과 불순종을 결정하는 것이다. 이는 하나님의 명령이 자신에게 선한지 악한지를 인간 스스로 판단하는 것이다.

창세기 3:5에서 뱀은 '너희가 그것을 먹는 날에는 너희 눈이 밝아져 하나님과 같이 될 것'이라고 했다. 이는 인간이 하나님의 수준에 도달해 하나님의 뜻을 평가하는 능력을 가진다는 뜻이다. 인간의 지혜가 하나님의 지혜와 동등한 수준에 도달하는 것이다. 하나님과 동등해지고자 하는 교만, 곧 자기 지혜로 하나님의 뜻을 판단하려는 욕망이 선악과 사건의 본질이다.

선악과는 불순종의 자아, 자기중심의 자아를 깨우는 열매다. 이를 먹은 인간은 하나님을 떠나 하나님 없이 살려 한다. 선악과는 '하나님의 지혜와 뜻에 대한 인간의 자기중심적 가치 판단'을 상징한다. 그것은 인간의 이성적, 이기적, 경험적, 주관적 판단이며 하나님의 뜻에 대한 도전이다. 결국 선악과는 하나님이 정하신 선과 악을 무시하고 인간 스스로 선과 악을 규정하겠다는 선언이다. 하나님의 결정을 인간이 판단하고 대체하려는 태도다. 선악과의 의미는 인간의 교만과 불순종을 드러내는 것이다. 인간이란 무엇인가? 선악과를 먹은 유일한 피조물이다.

"여호와 하나님이 아담을 부르시며 그에게 이르시되 네가 어디 있느냐 이르되 내가 동산에서 하나님의 소리를 듣고 내가 벗었으므로 두려워하여 숨었나이다"(창 3:9-10)

선악과를 먹음으로써 인간이 가진 하나님의 형상이 훼손되고 하나님과의 친밀한 관계가 깨어졌다. 죄를 지은 아담은 스스로 하나님을 피했다.(창

3:9-10) 하나님과 인간은 무척 친밀한 관계였지만 선악과 사건으로 인해 그 관계가 깨지고 아담은 하나님을 두려워하게 되었다. 벌거벗은 몸을 가리는 것만으로도 부족해서 나무 사이에 숨기까지 했다. 죄로 인해 아담 자신이 변한 것이다. 죄의 일차적 결과는 하나님과의 관계 상실이다. 인간은 하나님을 두려워하게 되었고 하나님은 인간을 심판하실 수밖에 없는 관계가 되었다. 인간이 악한 영의 유혹에 빠져 스스로 죄를 지은 결과다.

> "또 여자에게 이르시되 내가 네게 임신하는 고통을 크게 더하리니 네가 수고하고 자식을 낳을 것이며 너는 남편을 원하고 남편은 너를 다스릴 것이니라 하시고"(창 3:16)
> "아담에게 이르시되 네가 네 아내의 말을 듣고 내가 네게 먹지 말라 한 나무의 열매를 먹었은즉 땅은 너로 말미암아 저주를 받고 너는 네 평생에 수고하여야 그 소산을 먹으리라"(창 3:17)

아담과 하와는 선악과 사건 이후 하나님의 복을 잃고 하나님의 벌을 받게 되었다.(창 3:16-17) 하나님께서 여자에게 주신 벌은 첫째 임신과 출산의 고통이다. 여자들이 겪는 임신과 출산의 고통에 대해서는 설명이 따로 필요 없다. 포유류 중 인간만이 출산의 극심한 고통을 경험한다고 한다. 하와가 받은 또 다른 벌은 남편의 지배를 받는 것이다. 창세기 3:16은 여자가 남자를 조종하기 원하지만 실제로는 남자가 여자를 지배할 것임을 뜻한다. 이는 창조 당시의 '돕는 배필'이라는 동등하고 조화로운 관계가 무너졌음을 의미한다. 부부의 관계가 상호 경쟁과 지배 관계로 변질된 것이다.

아담도 하나님의 벌을 받았다. 죄를 지은 자는 예외 없이 모두 벌을 받는다. 아담은 평생 땀 흘려 수고해야만 생계를 유지할 수 있게 되었다.(창 3:17) 아담의 범죄로 인해 하나님은 땅을 저주하셨다.(창 3:17) 이는 인간과 자연의 조화가 무너졌음을 보여준다. 인간의 죄로 인해 인간과 하나님, 인간과 인간, 인간과 자연 등 모든 관계가 깨어졌다. 하나님이 보시기에 좋았던 창조 질서가 인간의 불순종 때문에 완전히 붕괴된 것이다. 이것이 선악과 사건의 경고다. 인간의 불순종은 모든 관계의 파괴를 초래한다.

땅이 받은 저주는 다시 남자의 고통으로 이어진다. 저주받은 땅은 가시 덤불과 엉겅퀴를 내며, 남자는 평생 땀을 흘려야 먹을 것을 얻을 수 있게 되었다.(창 3:18-19) 여기서 한 가정의 생계를 책임지는 남자의 모습이 연상된다. 생계 문제에 관해 하나님께서 인간을 직접 저주하지 않고 땅을 저주하신 것은, 여전히 인간에게 은총의 여지를 남겨두신 것으로 볼 수 있다.

아담은 이제 가족을 위해 끊임없이 수고해야 하는 존재가 되었다. 이것이 가정을 책임지는 남자의 실존적 모습이며 남자라면 피할 수 없는 무거운 짐이다. 아담이 스스로 선악과를 따지 않고 하와가 준 것을 먹었다고 해서 하나님의 심판을 피할 수는 없었다. 불순종은 의도 여부와 상관없이 반드시 벌을 받는다. 성경은 모르고 지은 죄도 죄라고 말한다.(레 5:15, 17, 민 15:24-30, 겔 45:20, 눅 12:47-48)

> "네가 흙으로 돌아갈 때까지 얼굴에 땀을 흘려야 먹을 것을 먹으리니 네가 그 것에서 취함을 입었음이라 너는 흙이니 흙으로 돌아갈 것이니라 하시니라" (창 3:19)

그리고 하나님은 아담에게 흙으로 돌아가는 벌을 내리셨다.(창 3:19) 이는 인간의 유한성과 죽음을 선언하시는 말씀이다. 하나님은 '선악을 알게 하는 나무의 열매를 먹으면 반드시 죽으리라'고 말씀하셨고(창 2:17), 하와도 이 말씀을 알고 있었다.(창 3:3) 그들에게 죽음이 독약처럼 즉시 찾아오지는 않았지만 인간은 선악과를 먹음으로써 영생을 잃어버렸다. 죽어야만 하는 존재가 된 것이다. 하나님이 아담과 하와를 에덴동산에서 쫓아내신 이유도 그들이 생명나무 열매를 먹고 영원히 사는 일을 막기 위함이었다.(창 3:22)

> "이같이 하나님이 그 사람을 쫓아내시고 에덴동산 동쪽에 그룹들과 두루 도는 불칼을 두어 생명나무의 길을 지키게 하시니라"(창 3:24)

하나님은 인간에게서 영원한 생명을 거두셨다.(창 3:22-24) 교만과 불순종으로 인해 하나님의 거룩한 형상이 깨어짐으로써 더 이상 영생을 누릴 수 없게 된 것이다. 성경은 인간의 불순종이 죽음과 직결된다고 가르친다. 생명나무는 '순종과 영생'에 대한 상징이며 선악과는 '불순종과 죽음'에 대한 상징이다. 선악과를 먹은 사람은 생명나무 열매를 먹을 수 없다. 이것이 선악과 사건의 결론이다.

하나님은 아담과 하와를 에덴동산에서 내쫓으신 후 '생명나무의 길'을 지키기 위해 그룹들과 두루 도는 불칼을 두셨다.(창 3:24) 이는 죄를 지은 인간이 영원한 생명에 이르는 길이 철저히 막혔음을 상징한다. 여기서 '그룹'(kerub)은 하나님의 특별한 명령을 수행하는 천상적 존재다. '두루 도는 불칼'이란 '빙빙 도는 불칼'이라는 뜻으로 그룹들이 손에 쥔 무기가 아니다. 스스로 움직이며 길을 지키는 칼로서 무서운 심판의 상징이다. 그룹과 불칼의 이중 경계는 에덴동산에서 쫓겨난 인간이 영생에 이르는 것은 절대 불가능함을 강하게 드러낸다.

이제 인간은 영원히 살아서는 안 되는 존재가 되었다. 하나님처럼 되기를 원했던 인간은 오히려 흙으로 돌아가야 하는 운명에 처했다. 선악과 사건의 최종 결론은 불순종한 인간이 죽음을 피할 수 없게 되었다는 것이다. 이것이 인간이 받은 가장 크고 결정적인 벌이다. 인간이란 무엇인가? 하나님의 벌을 받아 영원한 생명을 잃어버린 유일한 피조물이다.

"하나님이 세상을 이처럼 사랑하사 독생자를 주셨으니 이는 그를 믿는 자마다 멸망하지 않고 영생을 얻게 하려 하심이라"(요 3:16)

"오직 이것을 기록함은 너희로 예수께서 하나님의 아들 그리스도이심을 믿게 하려 함이요 또 너희로 믿고 그 이름을 힘입어 생명을 얻게 하려 함이니라"(요 20:31)

그렇지만 하나님은 생명나무 자체를 없애지는 않으셨다. 만약 영생의 가능성을 완전히 닫으시려 했다면 인간의 접근을 막는 대신 생명나무를 제거하셨을 것이다. 그러나 하나님은 생명나무를 그대로 두셨다. 이는 영원한 생명의 가능성을 인간에게 남겨 두신 것을 의미한다. 하나님은 생명나무가 존속되기를 원하셨던 것이다.

하나님이 막으신 생명나무의 길은 예수 그리스도를 통해 다시 열렸다.(요 3:16, 20:31) 예수 그리스도에 대한 믿음이 생명나무로 가는 유일한 길이다. 예수 그리스도의 대속의 죽음과 부활이 그 길을 다시 연 것이다. 예수님의 못 박힌 손을 붙잡는 자는 그룹들과 불칼의 심판을 받지 않는다.

오히려 담대히 나아가 생명나무 열매를 먹고 영생을 누릴 수 있다. 구약의 생명나무는 이렇게 신약의 예수 그리스도와 연결된다. 인간은 영원히 살 수 있는 존재다. 애초에 하나님이 그런 존재로 지으셨고, 예수 그리스도를 통해 선악과의 죄를 사함 받았기 때문이다.

> "사람이 무엇이기에 주께서 그를 생각하시며 인자가 무엇이기에 주께서 그를 돌보시나이까 그를 하나님보다 조금 못하게 하시고 영화와 존귀로 관을 씌우셨나이다"(시 8:4-5)

'인간이란 무엇인가?'라는 물음의 답이 성경에 있다. 물론 성경이 이 질문 자체를 목적으로 쓰인 책은 아니다. 하나님의 구원 계획을 밝히기 위한 책이다. 그러나 성경은 하나님의 구원 계획을 밝히면서 인간의 정체성도 드러낸다. '인간이란 무엇인가?'라는 질문의 답은 하나님과의 관계 속에서 찾아야 한다. 인간이 하나님의 피조물이기 때문이다. 인간은 하나님 안에서만 존재 이유와 삶의 의미를 찾을 수 있다. 참된 자아를 발견할 수 있다. 성경을 통해 인간의 본질과 운명을 알 수 있는 것이다.

> "예수께서 이르시되, 내가 곧 길이요 진리요 생명이니 나로 말미암지 않고는 아버지께로 올 자가 없느니라"(요 14:6)
> "우리가 흙에 속한 자의 형상을 입은 것 같이 또한 하늘에 속한 이의 형상을 입으리라"(고전 15:49)

성경은 인간의 창조와 타락과 구속과 영광을 가르친다. 인간은 하나님의 형상을 따라 지음 받은 유일한 피조물이다. 하나님은 인간을 영원하고 거룩한 존재로 창조하시고, 모든 피조물 중 가장 귀하게 여기셨다. 인간에게 복을 주시고 만물을 다스릴 권한을 허락하셨다. 그리고 하나님보다 조금 못한 존귀한 지위로 세우셨다.(시 8:4-5) 그러므로 인간은 하나님의 복을 받은 존재로서 하나님을 경외하며 하나님께 영광을 돌리며 살아야 한다.

그러나 인간은 창조주의 명령에 불순종했다. 하나님과 동등해지고자 하는 교만과 불순종이 모든 죄의 시작이었다. 그 결과 인간은 하나님의 벌을 받게 되었다. 고통 속에 살다 결국 죽게 되는 운명에 놓였다. 죽음을 피할 수 없는 존재가 된 것이다. 인간은 존귀하고 영원하게 창조되었지만 죄로 인해 비참하고 죽어야만 하는 존재가 되었다.

그렇지만 인간은 구속의 은혜를 통해 다시 영원히 살 수 있는 존재가 되었다. 사랑이신 하나님의 구원 계획 때문이다. 하나님은 자신의 형상을 따라 지음 받은 인간을 몹시 사랑하셔서, 인간에게 다시 영원한 생명을 주시려는 계획을 세우셨다. 그래서 두 번이나 이 세상에 오셨다. 나사렛 예수와 성령으로 오신 것이다. 그 결과 생명나무의 길이 열리고 인간은 다시 에덴동산 중앙의 생명나무 열매를 먹게 되었다. 요한계시록 22:2에 새 예루살렘에 흐르는 강 좌우에 생명나무가 있다는 말씀이 있다.

다만 인간의 영생은 오직 예수 그리스도를 통해서만 가능하다.(마 11:27, 요 14:6, 롬 5:1-2) 이것이 성경의 분명한 선언이다. 고린도전서 15:49의 '흙에 속한 자'는 아담을 가리키고 '하늘에 속한 이'는 예수 그리스도를 가리킨다. '형상을 입다'라는 말은 그 본질과 상태를 공유한다는 뜻이다. 이 말씀은 인간이 지금은 아담의 형상을 닮았지만 장차 그리스도의 형상으로 변화될 것이라는 뜻이다. 인간은 아담 안에서 죽음과 썩을 몸을 상속받았지만 그리스도 안에서 영생과 부활의 몸을 상속받는다. 이는 믿는 자가 현재의 연약한 존재에서 영광의 존재로 변화할 것을 보장하는 약속의 말씀이다. 하나님은 인간에게 이런 영원한 영광을 약속하셨다. 인간이란 무엇인가? 영원한 생명을 약속받은 유일한 피조물이다.

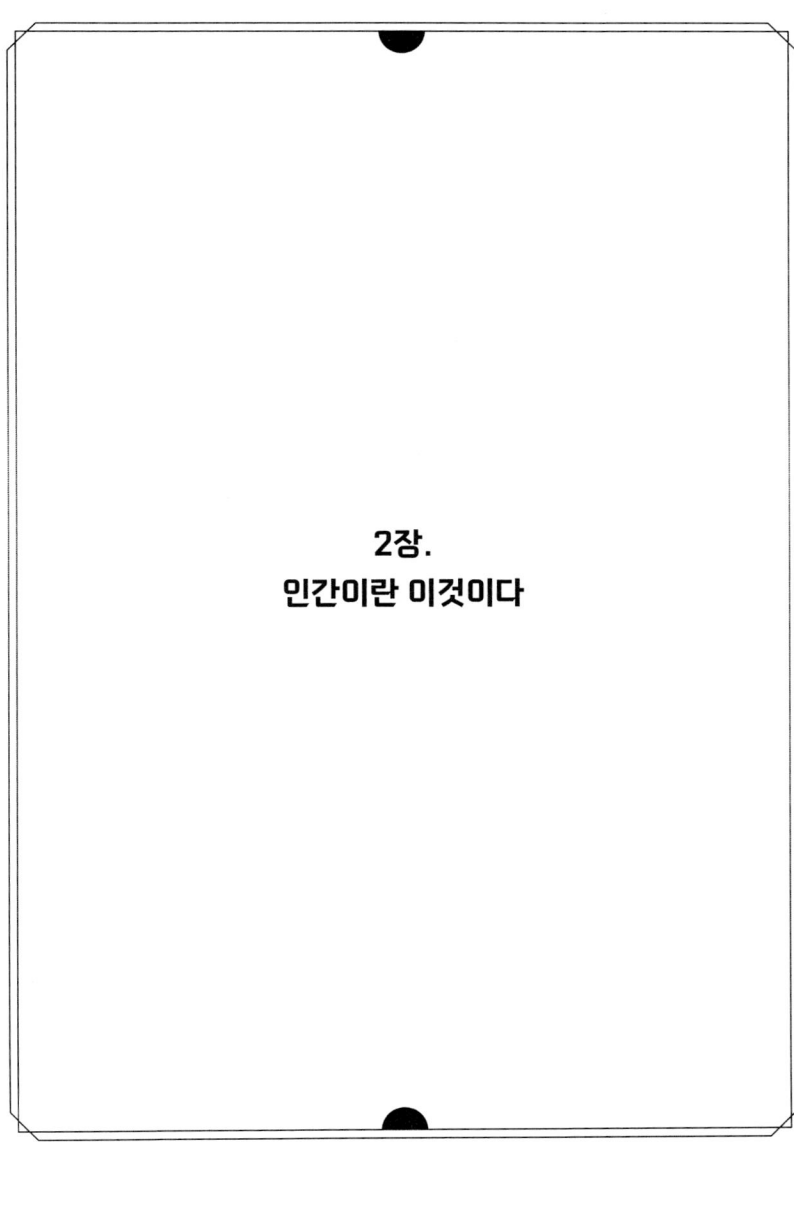

2장.
인간이란 이것이다

흙과 생기로 된 생령

인간의 이중적 본질

"내 영혼이 주를 갈망하며 내 육체가 주를 앙모하나이다"(시 63:1)

"몸은 죽여도 영혼은 능히 죽이지 못하는 자들을 두려워하지 말고 오직 몸과 영혼을 능히 지옥에 멸하실 수 있는 이를 두려워하라"(마 10:28)

"이런 자를 사탄에게 내주었으니 이는 육신은 멸하고 영은 주 예수의 날에 구원을 받게 하려 함이라"(고전 5:5)

"또 너희의 온 영과 혼과 몸이 우리 주 예수 그리스도께서 강림하실 때에 흠 없게 보전되기를 원하노라"(살전 5:23)

'인간이란 무엇인가?'라는 질문의 답이 어려운 근본적 이유는 인간이 피조물이기 때문이다. 만약 인간이 스스로 존재하게 된 능동적 존재였다면 쉽게 정답을 말할 수 있었을 것이다. 스스로 자신의 모습을 가졌기 때문에 자신이 왜 이런 존재가 되었는지 설명할 수 있었을 것이다. 그러나 인간은 하나님에 의해 창조된 피조물이다. 하나님에 의해 창조되었기에 자신이 누구이며 무엇인지 모르는 것이다. 바로 피조물의 한계다. 오직 창조주 하나님만이 인간의 모든 것을 알고 계신다.

이 원리는 타인과 자연, 그리고 신에 대해서도 동일하게 적용된다. 인간은 타인과 자연과 신을 만들지 않았다. 그래서 이에 대해 온전히 알지 못한다. 특히 신은 말할 것도 없다. 피조물인 인간은 창조주 하나님을 온전히 알 수 없다. 하나님이 알려주신 만큼만 알 수 있을 뿐이다.

그런데 '인간이란 무엇인가'라는 질문에 대한 모든 답이 어려운 또 다른 이유가 있다. 그것은 인간의 본질이 이중적이기 때문이다. 인간 안에 영혼과 육신, 영원한 것과 한시적인 것, 썩지 않는 것과 썩는 것, 하나님의 생기와 흙이 결합되어 있다. 이 둘은 마치 얼음과 숯불 같이 본질적으로 어울리지 않는 것들이다. 그런데 하나로 합쳐져 있는 것이다.

얼음과 숯불이 물리적, 화학적으로 결합된 물체는 이 세상에 없다. 본질적으로 섞일 수 없는 성질이기 때문이다. 그런데 인간이 바로 그런 존재다. 영과 육이라는 어울리지 않는 본질이 신비하게 결합된 피조물이다.(시 63:1, 마 10:28, 고전 5:5, 살전 5:23) 인간 스스로는 이 결합의 이유와 목적과 방법과 작동 방식을 모른다. 그것은 인간의 이해 능력을 초월하는 조합이다. 상상조차 불가능한 신비다. 그래서 인간은 '인간이란 무엇인가?'라는 질문에 온전한 대답을 하지 못하는 것이다. 피조물의 한계와 더불어 서로 다른 본질의 결합이라는 이중 장벽이 가로막고 있기 때문이다.

성경이 이 사실을 계시한다. 하나님이 전혀 어울릴 수 없는 두 개의 본질을 합쳐서 인간을 창조하셨다는 것이다. 인간은 애초부터 영혼과 육체라는 이중 본질을 가진 피조물이었다. 이는 오직 인간을 창조하신 하나님만 밝히실 수 있는 진실이다. 그런데 성경이 그 진실을 밝힌 것이다. 오직 성경만이 인간의 본질에 대한 유일한 정답을 준다.

"인간은 양서류다. 반은 영이고 반은 동물이지. 그러니까 인간은 영적 존재로서 영원한 세계에 속해 있는 한편, 동물로서 유한한 시간 안에 살고 있다. 이게 무슨 말인고 하니, 인간의 영혼은 영원한 대상을 향하고 있지만 그 육체와 정욕과 상상력은 시시각각 변한다는 거야. 시간 안에 있다는 건 곧 변한다는 뜻이니까"(C. S. 루이스)

사전은 양서류를 '어류와 파충류의 중간에 위치하며, 어려서는 아가미로, 자라서는 폐로 호흡하는 동물'이라고 설명한다. 쉽게 말해 물에서도 살고 뭍에서도 사는 동물이다. 대표적인 예가 개구리다. 올챙이 때는 물속에서만 살지만 자라면서 폐가 생겨 뭍에서도 산다. 다 자란 개구리는 물과 땅을 오가며 산다. 양서류의 피는 차다.

인간은 생물학적으로 포유류다. 물에서는 살 수 없고 폐로 호흡하며, 피가 따뜻하고 새끼를 낳아 기른다. 그런데 그런 인간을 두고 '인간은 양서류다'라고 말한 존재가 있다. 바로 C. S. 루이스의 책 『스크루테이프의 편지』에 나오는 악마 스크루테이프다. C. S. 루이스는 옥스퍼드와 케임브리지에서 영문학을 가르쳤고 기독교 신앙에 관한 명저를 남겼다. 그의 책 중 하나인 『스크루테이프의 편지』는 마귀의 유혹에 대한 경계를 가르치는 책이다. 이 책은 지옥의 고위 악마 스크루테이프가 인간을 유혹하는 법을 조카 악마 웜우드에게 편지로 전수한다는 설정으로 되어 있다.

스크루테이프는 8번째 편지에서 '인간은 양서류다'라고 한다.(『스크루테이프의 편지』, C. S. 루이스, 김선형 역, 홍성사, 2000, 52-53쪽) 물론 이 비유는 전적으로 영적 의미다. 물과 뭍의 양서류가 아니라 영과 육의 양서류다. '인간의 반은 영이고 반은 동물'이라는 뜻이다. 스크루테이프는 '인간은 영적 존재로서 영원한 세계에 속해 있는 한편, 동물로서 유한한 시간 안에 살고 있다'라고 한다. 그러면서 스크루테이프는 인간을 가리켜 '역겨운 잡종'이라고 부른다. 그리고 악마들이 하나님을 배신한 결정적 이유가 바로 하나님이 이 역겨운 잡종을 창조하셨기 때문이라고 한다.(같은 책, 52쪽)

스크루테이프의 말은 성경에 근거한 것이다. 창세기 2:7에 하나님이 흙으로 사람을 지으시고 그 코에 생기를 불어넣으셨다는 말씀이 있다. 여기서 흙은 인간의 동물적 측면을, 생기는 인간의 영적 측면을 상징한다. 그 결과 사람은 생령이 되었다. 이는 영적인 동물이 되었다는 의미다. 인간은 하나님의 생기를 가진 흙으로 하나님을 닮은 짐승이다. 창조주의 능력으로 인한 이 복합적 본질이 인간의 모습이다.

> "여호와 하나님이 땅과 하늘을 만드시던 날에 여호와 하나님이 땅에 비를 내리지 아니하셨고 땅을 갈 사람도 없었으므로 들에는 초목이 아직 없었고 밭에는 채소가 나지 아니하였으며 안개만 땅에서 올라와 온 지면을 적셨더라" (창 2:4-6)
> "여호와 하나님이 땅의 흙으로 사람을 지으시고 생기를 그 코에 불어넣으시니 사람이 생령이 되니라"(창 2:7)

창세기 2:4-8은 하나님이 아담을 창조하시는 이야기다. 그런데 이 이야기는 유독 '땅'을 강조한다. 창세기 1:1에서는 '하늘과 땅'이었는데 2:4에서는 순서가 바뀌어 '땅과 하늘'이 된다. 그 뒤로도 '땅, 흙, 먼지'라는 단어가 반복된다. 그리고 하나님은 땅의 흙으로 사람을 만드신다.(창 2:7) 그 강조점은 분명하다. 사람이 '땅의 흙에서 와서 결국 흙으로 돌아가는 존재'라는 것이다.(창 3:19) 창세기 2장의 아담 창조 이야기는 인간의 본질과 운명을 선명하게 보여준다. 인간은 흙에서 와서 흙으로 돌아가는 존재다.

창세기 2:7에 '여호와 하나님이 땅의 흙으로 사람을 지으시고 생기를 그 코에 불어넣으시니 사람이 생령이 되니라'는 말씀이 있다. 이 말씀은 창세기 1:26에서 말하는 '하나님의 형상과 모양'에 대한 보충 설명이다. 창세기 1:26의 '하나님의 형상과 모양'을 창세기 2:7의 '하나님의 생기와 생령'과 같은 의미로 이해할 수 있다.

하나님은 인간을 창조하실 때 흙으로만 만들지 않으셨다. 그 코에 '생기'(nishmat ḥaim, 니쉬마트 하임, 살아 있는 숨)를 불어넣으셨고 그 결과 인간은 '생령'(nefesh ḥaya, 네페쉬 하야, 살아 있는 영)이 되었다. 다른 동물들은 흙으로 지음을 받았지만 생기를 받지 못했다.(창 2:19) 인간 외에 하나님의 생기를 가진 생령은 단 하나도 없다. 인간은 분명히 하나님의 생기를 받은 유일한 피조물이다. 그래서 인간은 단순한 생물이 아니라 하나님을 닮은 영적 존재다.

이렇게 성경은 인간을 '땅의 흙'과 '하나님의 생기'로 이루어진 복합적 존재로 묘사한다. 땅에서 온 '몸'과 하늘에서 온 '영'이 하나로 결합된 것이다. C. S. 루이스는 이 사실을 『스크루테이프의 편지』에서 '인간은 양서류다'라고 말한 것이다. C. S. 루이스가 말한 양서류는 땅의 흙과 하나님의 생기가 하나가 된 인간의 실체를 비유로 말한 것이다. 인간은 흙으로 돌아가는 육체와 영원히 존재하는 영혼이 하나로 결합된 존재다. 전혀 어울릴 수 없는 두 본질이 하나님 안에서 하나가 되었다. 하나님으로 인해 땅의 흙과 하늘의 영을 함께 가진 유일한 존재가 된 것이다. 성경은 이 놀랍고 신비한 조합이 우연의 결과가 아니라 창조주의 의도라고 밝힌다.

흙은 귀하지 않다. 사람이 흙으로 지어졌다는 것은 인간이 매우 보잘 것 없고 연약한 존재임을 뜻한다. 인간의 본질 역시 귀하지 않은 것이다. 이는 인간이 다른 동물과 본질적으로 같다는 사실을 보여준다. 그러나 하나님의 생기는 귀하다. 사람이 하나님의 생기를 받았다는 것은 인간이 매우 귀하고 영광스러운 존재임을 뜻한다. 인간의 본질 역시 귀한 것이다. 인간은 흙으로 지어져 하나님의 생기를 받은 생령이다. 귀하지 않은 것과 귀한 것이 결합된 존재다. 그래서 보잘 것 없으면서도 영광스러운 존재다. 이런 이중적 모습이 인간의 본질이다.

인간은 이렇게 이중적 본질을 지니고 있다. 하나님의 형상과 모양을 따라 창조된 영광스러운 존재이지만(창 1:26-27), 한편으로는 흙으로 돌아갈 수밖에 없는 초라한 존재다.(창 3:19) 이 두 말씀은 서로 모순되지 않는다. 오히려 인간의 총체적이고 실재적인 모습을 드러낸다. 성경은 이 이중성을 '하나님의 형상과 모양, 흙과 하나님의 생기로 된 생령'이라는 상징과 은유로 설명한다. C. S. 루이스는 이를 악마 스크루테이프의 입을 통해 '양서류'로 표현한다.

"사람은 존귀하나 장구하지 못함이여 멸망하는 짐승 같도다"(시 49:12)

인간은 흙, 즉 육적인 존재다. 살다가 죽고 죽으면 썩어 흙으로 돌아가 남는 것이 없다. 그러나 동시에 인간은 하나님의 생기, 즉 영적인 존재다.

그래서 죽어도 완전히 사라지지 않고 영원히 남는 것이 있다. 인간은 흙과 생기가 섞인 존재다. 썩는 것 같지만 썩지 않고 죽는 것 같지만 죽지 않는다. 썩는 것이 있고 썩지 않는 것이 있다. 죽는 것이 있고 죽지 않는 것이 있다. 그래서 썩는데 썩지 않고 죽는데 죽지 않는다. 이것은 말장난이 아니라 사실이 그렇다. 시편 49:12의 '사람은 존귀하나 장구하지 못함이여 멸망하는 짐승 같도다'라는 말씀이 이 사실을 간결하게 요약한다.

'인간이란 무엇인가?' 땅의 흙과 하나님의 생기가 하나가 된 생령이다. 여기서 흙은 육신을, 생기는 영혼을, 생령은 하나님의 형상을 상징한다. 인간은 하나님의 형상을 가진 동물, 즉 하나님을 닮은 짐승이다. 그래서 다른 피조물과 확연히 구별된다. 하나님의 시선으로 볼 때 인간은 존귀하고 특별한 유일무이한 피조물이다. 하나님이 그렇게 창조하셨기 때문이다. 그러나 마귀의 눈으로 보면 그렇지 않을 것이다.

나약하고 비참하고 허무한 인간

"예수께서 길을 가실 때에 날 때부터 맹인 된 사람을 보신지라"(요 9:1)
"제 구 시 기도 시간에 베드로와 요한이 성전에 올라갈 새 나면서 못 걷게 된 이를 사람들이 메고 오니 이는 성전에 들어가는 사람들에게 구걸하기 위하여 날마다 미문이라는 성전 문에 두는 자라"(행 3:1-2)

태어날 때부터 장애를 가지는 경우가 있다. 나면서부터 앞을 보지 못하는 사람(요 9:1), 걷지 못하는 사람이 있다.(행 3:2, 14:8) 현대 의학이 놀라울 만큼 발전했지만 여전히 기형적 출산과 선천적 장애가 존재한다. 시각이나 청각 같은 지체 장애뿐만 아니라 자폐증이나 과잉행동장애(ADHD) 같은 정신질환도 있다. 인간은 태어나면서부터 나약한 존재가 분명하다.

"이에 열두 해를 혈루증으로 앓는 중에 아무에게도 고침을 받지 못하던 여자가 예수의 뒤로 와서 그의 옷 가에 손을 대니 혈루증이 즉시 그쳤더라"(눅 8:43-44)
"예수께서 예루살렘으로 가실 때에 사마리아와 갈릴리 사이로 지나가시다가 한 마을에 들어가시니 나병환자 열 명이 예수를 만나 멀리 서서 소리를 높여 이르되 예수 선생님이여 우리를 불쌍히 여기소서 하거늘"(눅 17:11-13)

사람은 불치병이나 난치병에 걸린다. 12년간 혈루증을 앓았던 여인(눅 8:43), 예수님을 찾아온 10명의 나병환자들이 그 예다.(눅 17:12) 의학이 발달한 오늘날에도 완치가 불가능하거나 치료가 매우 어려운 병들이 있다.

인간의 육체와 정신 모두에 한계가 있는 것이다. 인생은 때로 힘들고 허무하다.

"가령 사람이 그 이웃과 함께 벌목하러 삼림에 들어가서 손에 도끼를 들고 벌목하려고 찍을 때에 도끼가 자루에서 빠져 그의 이웃을 맞춰 그를 죽게 함과 같은 것이라 이런 사람은 그 성읍 중 하나로 도피하여 생명을 보존할 것이니라"(신 19:5)

"또 실로암에서 망대가 무너져 치어 죽은 열여덟 사람이 예루살렘에 거한 다른 모든 사람보다 죄가 더 있는 줄 아느냐"(눅 13:4)

인간은 갑작스런 사고와 재해 앞에서 무기력하다. 도끼날이 빠져 생명을 잃는 일(신 19:5), 실로암 망대 붕괴로 인한 참사는 누구에게나 닥칠 수 있다.(눅 13:4) 이는 인간이 무력한 존재임을 보여준다. 복잡한 현대사회에서는 사고와 재해가 끊이지 않는다. 하루에 수십, 수백 건의 교통사고가 일어나며 그로 인해 많은 사람들이 다치거나 생명을 잃는다. 건물 붕괴, 산사태, 화재, 홍수와 같은 재난도 빈번하다. 전 세계적으로 매일 수많은 사람들이 갑작스러운 사고로 죽거나 불구가 된다.

"이삭이 나이가 많아 눈이 어두워 잘 보지 못하더니"(창 27:1)

"이스라엘의 눈이 나이로 말미암아 어두워서 보지 못하더라"(창 48:10)

"내 나이가 이제 팔십 세라 어떻게 좋고 흉한 것을 분간할 수 있사오며 음식의 맛을 알 수 있사오리이까 이 종이 어떻게 다시 노래하는 남자나 여인의 소리를 알아들을 수 있사오리이까"(삼하 19:35)

"다윗 왕이 나이가 많아 늙으니 이불을 덮어도 따뜻하지 아니한지라"(왕상 1:1)

"일평생을 어두운 데에서 먹으며 많은 근심과 질병과 분노가 그에게 있느니라"(전 5:17)

인간은 누구나 늙고 늙어가면서 약해진다. 나이가 들면 시력과 청력이 약해지고 다리에 힘이 빠진다. 그렇게 늙어가면서 즐거움을 잃어버린다. 80세의 바르실래는 맛을 느끼지 못하고 노랫소리를 구분하지 못한다고 고백했다.(삼하 19:35) 다윗은 늙어서 이불을 덮어도 몸이 차가웠고(왕상 1:1), 아비삭의 아름다움도 아무 소용이 없었다.(왕상 1:2-4) 아름다움과 쾌락도 노화 앞에서는 힘을 잃는다. 전도서 5:17은 인간의 일생을 '어둠 속에서 근심과 질병과 분노에 시달리는 삶'이라고 묘사한다. 피할 수 없는 노화는 인간의 약함을 잘 보여준다.

"내가 내 마음속으로 이르기를 인생들의 일에 대하여 하나님이 그들을 시험하시리니 그들이 자기가 짐승과 다름이 없는 줄을 깨닫게 하려 하심이라 하였노라"(전 3:18)

"인생이 당하는 일을 짐승도 당하나니 그들이 당하는 일이 일반이라 다 동일한 호흡이 있어서 짐승이 죽음 같이 사람도 죽으니 사람이 짐승보다 뛰어남이 없음은 모든 것이 헛됨이로다"(전 3:19)

"일평생을 어두운 데에서 먹으며 많은 근심과 질병과 분노가 그에게 있느니라"(전 5:17)

"모든 산 자들 중에 들어 있는 자에게는 누구나 소망이 있음은 산 개가 죽은 사자보다 낫기 때문이니라"(전 9:4)

그리고 사람은 결국 죽는다. 늙어 죽고 병들어 죽고 사고로 죽는다. 죽음을 피할 수 있는 사람은 없다. 죽음 앞에서 인간은 다른 짐승과 다르지 않다.(전 3:18-19) 아름답고 건강한 청년도 죽으면 썩어 악취 나는 시체일 뿐이다. 그래서 전도서 9:4는 '살아 있는 개가 죽은 사자보다 낫다'라고 한다. 죽음은 모든 인간이 반드시 맞닥뜨릴 현실로 인간의 나약함과 유한함을 가장 잘 드러낸다.

"너는 흙이니 흙으로 돌아갈 것이니라 하시니라"(창 3:19)

"나와 그대가 하나님 앞에서 동일하니 나도 흙으로 지으심을 입었은즉"(욥 33:6)

"모든 육체가 다 함께 죽으며 사람은 흙으로 돌아가리라"(욥 34:15)

"이는 그가 우리의 체질을 아시며 우리가 단지 먼지뿐임을 기억하심이로다"(시 103:14)

"주께서 낯을 숨기신즉 그들이 떨고 주께서 그들의 호흡을 거두신즉 그들은 죽어 먼지로 돌아가나이다"(시 104:29)

"그의 호흡이 끊어지면 흙으로 돌아가서 그 날에 그의 생각이 소멸하리로다"(시 146:4)

"다 흙으로 말미암았으므로 다 흙으로 돌아가나니 다 한 곳으로 가거니와"(전 3:20)

"흙은 여전히 땅으로 돌아가고 영은 그것을 주신 하나님께로 돌아가기 전에 기억하라"(전 12:7)

사람은 흙에서 왔다. 하나님은 그런 사람에게 '흙에서 났으니 흙으로 돌아가라'고 말씀하신다.(창 3:19) 이는 인간이 유한하고 보잘 것 없는 존재임을 일깨우는 말씀이다. 죽음은 흙으로의 귀환이다. 아무리 강하고 아름다워도 인간은 결국 흙으로 돌아간다.(욥 33:6, 34:15, 시 103:14, 104:29, 146:4, 전 3:20, 12:7) 욥은 '주께서 내 몸 지으시기를 흙을 뭉치듯 하셨거늘 다시 나를 티끌로 돌려보내려 하시나이까'라고 하면서 인생의 비참함을 토로한다.(욥 10:9)

"내 날이 기울어지는 그림자 같고 내가 풀의 시들어짐 같으니이다"(시 102:11)
"이는 그가 우리의 체질을 아시며 우리가 단지 먼지뿐임을 기억하심이로다 인생은 그 날이 풀과 같으며 그 영화가 들의 꽃과 같도다 그것은 바람이 지나가면 없어지나니 그 있던 자리도 다시 알지 못하거니와"(시 103:14-16)
"부한 자는 자기의 낮아짐을 자랑할지니 이는 그가 풀의 꽃과 같이 지나감이라 해가 돋고 뜨거운 바람이 불어 풀을 말리면 꽃이 떨어져 그 모양의 아름다움이 없어지나니 부한 자도 그 행하는 일에 이와 같이 쇠잔하리라"(약 1:10-11)
"그러므로 모든 육체는 풀과 같고 그 모든 영광은 풀의 꽃과 같으니 풀은 마르고 꽃은 떨어지되 오직 주의 말씀은 세세토록 있도다"(벧전 1:24-25)

인간은 본질적으로 나약하다. 젊고 건강할 때는 스스로 강하다고 생각하지만 그런 시기는 잠깐이다. 나이가 들고 할 수 없는 일들이 쌓이면 결국 자신이 연약한 존재임을 깨닫게 된다. 그래서 성경은 인생을 풀과 풀꽃에 비유한다.(시 102:11, 103:14-16, 약 1:10-11, 벧전 1:24-25) 시편 103:14-16은 '사람은 먼지와 같고 한 때 꽃이 피지만 뜨거운 바람이 불면 흔적도 없이 사라지는 풀'이라고 한다. 들판의 풀은 잠시 푸르다가 금세 마르고, 꽃은 한순간 피었다고 곧 시든다. 이는 인생의 허무함과 유한함을 강조하는 말씀이다. 인생의 아름다움도 이와 같다. 젊음, 건강, 영광이 잠시 빛나지만 곧 사라진다.

"말하는 자의 소리여 이르되 외치라 대답하되 내가 무엇이라 외치리이까 하니 이르되 모든 육체는 풀이요 그의 모든 아름다움은 들의 꽃과 같으니 풀은 마르고 꽃이 시듦은 여호와의 기운이 그 위에 붊이라 이 백성은 실로 풀이로다 풀은 마르고 꽃은 시드나 우리 하나님의 말씀은 영원히 서리라 하라"(사 40:6-8)

이사야 40:6에서 천사는 이사야에게 '인간은 풀과 같다고 외치라'고 명령한다. 이 말씀은 단순히 개인의 연약함만을 가리키는 것이 아니다. 바빌로니아 왕처럼 세상에서 가장 강해 보이는 사람조차 하나님 앞에서는 풀과 같고 꽃처럼 시들어 사라진다는 뜻이다. 하물며 평범한 사람은 말할 필요도 없다. 결국 인간의 권세와 영화와 젊음은 잠시 있다가 사라지는 풀이나 꽃과 같다. 인간의 모든 것이 그렇다.

"주께서 사람을 티끌로 돌아가게 하시고 말씀하시기를 너희 인생들은 돌아가라 하셨사오니 주의 목전에는 천 년이 지나간 어제 같으며 밤의 한 순간 같을 뿐임이니이다 주께서 그들을 홍수처럼 쓸어가시나이다 그들은 잠깐 자는 것 같으며 아침에 돋는 풀 같으니이다 풀은 아침에 꽃이 피어 자라다가 저녁에는 시들어 마르나이다"(시 90:3-6)

시편 90:3-6이 인생을 요약한다. 이 말씀은 인생을 '아침에 피었다가 저녁이면 시드는 풀'에 비유한다. 사람이 살면서 자신이 마른 풀 같은 존재임을 자각할 때가 있다. 큰 병에 걸렸을 때, 사고를 당했을 때, 실직이나 사업 실패를 겪었을 때, 사랑하는 가족을 잃었을 때, 미래가 캄캄할 때 그런 생각을 한다. 자신의 한계를 절감하는 것이다. 그때 사람은 자신이 흙으로 빚어진 존재, 한시적인 생명을 지닌 나약한 피조물임을 인정하게 된다.

"아, 슬프도다 사람은 입김이며 인생도 속임수이니 저울에 달면 그들은 입김보다 가벼우리로다"(시 62:9)

"그들은 육체이며 가고 다시 돌아오지 못하는 바람임을 기억하셨음이라"(시 78:39)

"나의 때가 얼마나 짧은지 기억하소서 주께서 모든 사람을 어찌 그리 허무하게 창조하셨는지요"(시 89:47)

"우리의 연수가 칠십이요 강건하면 팔십이라도 그 연수의 자랑은 수고와 슬픔뿐이요 신속히 가니 우리가 날아가나이다"(시 90:10)

"사람은 헛것 같고 그의 날은 지나가는 그림자 같으니이다"(시 144:4)

시편의 시인은 인간을 슬픈 존재로 묘사한다. 시인은 인생이 입김보다 가볍고 속임수와 같다고 한다.(시 62:9) 사람은 바람과 같아서 왔다가 사라져 아무것도 남지 않는 존재다.(시 78:39) 사람의 일생은 극히 짧고 허무하다.(시 89:47, 90:10) 결국 사람은 죽어 흙으로 돌아가며(시 104:29), 그 일생은 헛것이고 사라지는 그림자와 같다.(시 144:4) 자랑할 것이라고 해봐야 수고와 슬픔뿐이다.(시 90:10) 성경은 인간의 본래 모습이 풀이나 흙, 그림자처럼 보잘 것 없는 존재라고 가르친다. 인간은 늙음과 죽음을 피할 수 없다.

"주께서 나의 날을 한 뼘 길이만큼 되게 하시매 나의 일생이 주 앞에는 없는 것 같사오니 사람은 그가 든든히 서 있는 때에도 진실로 모두가 허사뿐이니이다 진실로 각 사람은 그림자 같이 다니고 헛된 일로 소란하며 재물을 쌓으나 누가 거둘는지 알지 못하나이다"(시 39:5-6)

시편 39편에서 시인은 인생의 허무를 고백한다. 이 고백은 병이나 시련 속에서 죽음을 직면한 시인의 탄식이다. 그는 자신의 일생이 한 뼘에 불과하다고 말한다. 지극히 짧다는 것이다. 하나님 앞에서 인생은 신기루와 같이 사라지고 마는 것이나 다를 바 없다. 이것이 흙으로 빚어진 인간의 짧고 허무한 일생이다. 인간의 본질이 그렇다.

능력 있고 지혜롭고 유능한 인간

"하나님이 이르시되 우리의 형상을 따라 우리의 모양대로 우리가 사람을 만들고 그들로 바다의 물고기와 하늘의 새와 가축과 온 땅과 땅에 기는 모든 것을 다스리게 하자 하시고"(창 1:26)

"여호와 하나님이 땅의 흙으로 사람을 지으시고 생기를 그 코에 불어넣으시니 사람이 생령이 되니라"(창 2:7)

그러나 인간이 나약하고 비참하고 허무하기만 한 존재는 아니다. 하나님은 인간을 창조하실 때 자신의 형상을 따라 창조하시고 만물을 다스리는 권세를 주셨다.(창 1:26) 또한 하나님의 생기를 불어 넣어 생령이 되게 하셨다.(창 2:7) 인간을 다른 피조물과 구별되는 특별한 존재로 세우신 것이다. 인간은 하나님의 형상을 가진 유일한 피조물이며, 하나님의 생기를 받아 생령이 된 유일한 피조물이다.

하나님의 형상을 가진 인간은 모든 생물을 다스릴 수 있는 능력을 가지고 있다. 다른 생물은 영과 혼이 없어 그저 생물학적 본능에 따라 살 뿐이다. 베드로후서 2:12와 유다서 1:10에 '이성 없는 짐승'이라는 표현이 있다. 하나님의 피조물 중에서 오직 인간만 이성을 가진 것이다. 이것은 하나님이 인간에게만 주신 복이다. 인간은 하나님의 형상이 가진 능력으로 모든 자연과 생물을 다스린다.

하나님의 생기는 인간이 영과 혼을 가진 존재라는 사실을 의미한다. 이로 인해 인간은 영원히 살 수 있게 되었고, 또 이성과 자유의지를 가지게 되었다. 영이 있어야 영원히 살 수 있고 하나님 나라 백성이 될 수 있다. 혼이 있어야 이성과 자유의지를 가지고 서로 소통하면서 사회를 이룰 수 있다. 하나님께서 인간에게 생기를 주셨기 때문에 인간은 영원히 살 수 있고 또 지혜롭고 자유로운 존재가 된 것이다.

✱ 인간에 대한 삼분설과 이분설:

사람을 영, 혼, 육으로 나누는 견해를 삼분설이라 하고, 영적 실체와 물질적 실체로만 구분하는 견해를 이분설이라고 한다. 신학자들 사이에 논쟁이 있지만 삼분설이 구원의 은혜를 설명하는 일에 더 적합하다. 왜냐하면 구원의 과정에서 영과 혼의 역할이 분명히 구분되기 때문이다. 성경은 세례를 '그리스도와 함께 죽었다가 살아나는 의식'이라 한다.(로마서 6:3-8) 이때 근본적으로 변화하는 것은 사람의 영이지 혼이 아니다. 세례 전 사람의 영은 진홍같이 붉으나 세례 후에는 눈같이 희어진다.(사 1:18) 그러나 혼은 변하지 않는다. 하나님의 생기인 영은 인간의 영원한 생명과 죽음을 결정한다. 사람의 영은 하나님과 깊은 관계 속에서 은혜로 회복되고 정결케 된다. 사람은 영으로 찬양하고 경배하고 회개하고 감사한다. 하나님의 생기인 혼은 지성과 감성과 의지와 관계된 영역이다. 사람의 혼은 정신과 마음, 생각과 이성, 감정과 의지가 생겨나는 곳이다. 사람은 혼으로 배우고 판단하며 느끼고 결심한다.

"또 말하되 자, 성읍과 탑을 건설하여 그 탑 꼭대기를 하늘에 닿게 하여 우리 이름을 내고 온 지면에 흩어짐을 면하자 하였더니"(창 11:4)

생령이 된 인간은 하나님이 주신 지혜와 능력을 이용해 문화를 일으켰다. 성을 쌓아 도시 문명을 이루었고(창 4:16-17), 가축을 기르고 악기를 만들었으며, 구리와 쇠로 기구를 제작했다.(창 4:20-22) 하나님은 인간에게 모든 생물을 다스릴 수 있는 충분한 능력을 주셨는데 그 능력은 차고 넘칠 정도였다. 그래서 결국 사람은 바벨탑을 세워 하나님의 권능에 도전하기에 이르렀고(창 11:1-4), 하나님께서 인간의 능력을 염려하실 지경이 되었다.(창 11:5-6)

"모세가 이스라엘 자손에게 이르되 볼지어다 여호와께서 유다 지파 훌의 손자요 우리의 아들인 브살렐을 지명하여 부르시고 하나님의 영을 그에게 충만하게 하여 지혜와 총명과 지식으로 여러 가지 일을 하게 하시되"(출 35:30-31)

하나님은 브살렐에게 지혜와 총명과 지식을 주셔서 성막을 세우게 하셨다.(출 35:30-31) 실은 모든 인간에게 지혜와 총명과 지식을 주셨다. 그 결과 인류는 농업혁명, 산업혁명, 과학혁명과 같은 문명의 도약을 이루었다. 르네상스(14-16세기)와 종교개혁(16-17세기)을 거치며 지난 500년 동안 과학과 기술이 폭발적으로 발전했다. 16세기 유럽에서 시작된 과학기술의 진보는 인류 역사에서 유례없는 성취를 이루어냈다.

인간은 나침반과 금속활자, 망원경과 현미경, 전기와 원자력, 비행기와 잠수함, 컴퓨터와 슈퍼컴퓨터에 이르기까지 수많은 도구를 발견하고 발명하며 제작했다. 이러한 성취로 인류는 최근 5백 년 동안 지난 수천, 수만 년의 발전보다 더 큰 변화를 이루었다. 인간은 땅과 하늘과 바다를 정복하고 이제 우주로 나아가고 있다.

21세기에 들어 과학 발전의 속도는 더욱 가속화되었다. 그래서 최근 20-30년은 '지적 혁명의 시대'라 불린다. 우주의 기원과 생명의 탄생, 인류의 기원, 지구과학, 천문학, 물리학, 생물학, 생명공학, 뇌 과학 등에서 비약적인 진보가 이루어졌다. 인공지능의 활용이 본격화되었고 양자 컴퓨터의 개발이 눈앞에 다가왔다. 가까운 미래에 인공지능과 양자 컴퓨터의 결합은 인류를 전혀 새로운 차원으로 이끌 것이다. 이런 모습은 인간이 결코 나약하고 비참하고 허무한 존재만이 아님을 보여준다. 인간은 확실히 능력이 있고 지혜롭고 유능한 존재다.

거룩한 인간

"나는 여호와 너희의 하나님이라 내가 거룩하니 너희도 몸을 구별하여 거룩하게 하고"(레 11:44)

"나는 너희의 하나님이 되려고 너희를 애굽 땅에서 인도하여 낸 여호와라 내가 거룩하니 너희도 거룩할지어다"(레 11:45)

"하나님이 세상을 이처럼 사랑하사 독생자를 주셨으니 이는 그를 믿는 자마다 멸망하지 않고 영생을 얻게 하려 하심이라"(요 3:16)

"오직 너희를 부르신 거룩한 이처럼 너희도 모든 행실에 거룩한 자가 되라 기록되었으되 내가 거룩하니 너희도 거룩할지어다 하셨느니라"(벧전 1:15-16)

인간은 능력이 있고 지혜로운 동시에 거룩한 존재다. 창조 때 하나님의 거룩한 형상을 따라 지음 받았기 때문이다. '하나님의 형상'이 가지는 또 하나의 핵심은 인간의 거룩함이다. 천사를 제외한 모든 피조물 중에서 오직 인간만 하나님의 거룩한 영을 닮았다. 그래서 하나님과 교제할 수 있고 영원히 살 수 있다.(창 2:9, 15-17) 선악과를 먹기 전 아담과 하와가 그랬다. 그들은 거룩했기 때문에 하나님과 동행할 수 있었고 영생을 누릴 수 있었다.

그렇지만 인간은 선악과의 죄로 인해 거룩함을 잃어버렸고(창 3:1-7), 하나님의 저주를 받아 죽음을 피할 수 없게 되었다.(창 3:16-19) 그러나 하나님은 인간의 죄를 용서하시고 구원하실 계획을 세우셨고, 이를 위해 두 번 이 세상에 오셨다. 곧 나사렛 예수와 성령으로 오신 것이다. 인간은 원래 거룩한 형상으로 창조되었기에 거룩함을 다시 회복할 수 있다. 그래서 하나님께서 '내가 거룩하니 너희도 거룩할지어다'라고 명령하신 것이다. 이는 하나님의 거룩한 형상을 회복하라는 명령이다.(레 11:44-45, 19:2, 20:7, 26, 벧전 1:16) 인간은 거룩해질 수 있는 유일한 피조물이다.

> "(너희는) 하나님을 따라 의와 진리의 거룩함으로 지으심을 받은 새 사람을 입으라"(엡 4:24)
> "하나님의 뜻은 이것이니 너희의 거룩함이라 곧 음란을 버리고 각각 거룩함과 존귀함으로 자기의 아내 대할 줄을 알고"(살전 4:3-4)
> "모든 사람과 더불어 화평함과 거룩함을 따르라 이것이 없이는 아무도 주를 보지 못하리라"(히 12:14)

인간 외에 거룩한 피조물은 없다. 천사를 제외하고 오직 인간만이 거룩할 수 있다. 인간은 '거룩'이라는 측면에서도 유일무이한 피조물인 것이다. 성경은 인간의 거룩함을 반복해서 강조한다.(엡 4:24, 살전 4:3-4, 히 12:14) 이처럼 하나님은 분명히 인간을 특별하게 창조하셨다. 그래서 인간은 결코 나약하고 비참하고 허무한 존재에 머무르지 않는다. 인간은 능력 있고 지혜롭고 유능하고 거룩한 존재다. 하나님의 형상을 따라 지음 받은 존재, 하나님의 생기를 가진 생령이기 때문이다.

> "너희는 너희가 하나님의 성전인 것과 하나님의 성령이 너희 안에 계시는 것을 알지 못하느냐"(고전 3:16)
> "너희 몸은 너희가 하나님께로부터 받은 바 너희 가운데 계신 성령의 전인 줄을 알지 못하느냐 너희는 너희 자신의 것이 아니라"(고전 6:19)

'성령의 전'이라는 개념이 인간이 거룩한 존재라는 사실을 확증한다. 성경은 인간을 가리켜 하나님의 성전, 또는 성령의 전이라 한다.(고전 3:16, 6:19, 고후 6:16, 엡 2:22) 이는 인간이 곧 하나님이 거하시는 성전이라는 뜻이다. 인간은 하나님의 생기를 가진 생령일 뿐 아니라 성령께서 거하시는 거룩한 처소다. 이것은 인간의 영광스러움을 극대화한 놀라운 신앙적 개념이다. 이보다 인간을 더 영광스럽게 표현할 수 있는 방법이 없다. 전지전능하신 하나님이 거하시는 존재, 그것이 바로 인간이다.

> "우리가 흙에 속한 자의 형상을 입은 것 같이 또한 하늘에 속한 이의 형상을 입으리라"(고전 15:49)

고린도전서 15:49에 '흙에 속한 자의 형상'과 '하늘에 속한 이의 형상'이라는 표현이 있다. 여기서 '흙에 속한 자의 형상'은 '아담의 몸, 육의 몸, 썩을 것, 천한 것, 약한 것, 육적인 것'을 의미한다. 흙에 해당되는 인간의 본질이다. 반면 '하늘에 속한 이의 형상'은 '그리스도의 몸, 부활의 몸, 썩지 않을 것, 영광스러운 것, 강한 것, 영적인 것'을 의미한다. 생기에 해당되는 인간의 본질이다. 인간은 이 두 본질을 함께 지닌다. 아담의 육적인 몸을 가지면서 그리스도의 부활의 몸을 입는 것이다. 인간은 이 부활의 몸으로 영원히 산다.('부활의 몸'에 관해 7장 2절에서 설명)

> "흙은 여전히 땅으로 돌아가고 영은 그것을 주신 하나님께로 돌아가기 전에 기억하라"(전 12:7)

인간이란 무엇인가? 하나님의 피조물로 흙과 하나님의 생기로 빚어진 생령이다. 하나님의 형상을 가진 동물, 하나님을 닮은 짐승이다. 유한과 무한이 뒤섞인 존재로 육적인 동시에 영적이다. 그래서 초라하면서도 영광스럽고, 썩을 수밖에 없으면서 썩지 않는다. 인간의 본질이 이렇게 이중적이어서 인간은 자신을 온전히 알지 못한다. '인간이란 무엇인가?'라는 물음의 정답에 이를 수 없는 것이다. 오직 인간을 창조하신 하나님만이 답을 알고 계신다. 전도서 12:7은 인간의 이런 이중적 본질을 '인간이 죽을 때 몸은 흙으로 돌아가고 영은 하나님께로 돌아간다'고 설명한다.

첫째 부활, 둘째 사망의 존재

첫째 부활, 둘째 사망

"사람이 죽은 자 가운데서 살아날 때에는 장가도 아니 가고 시집도 아니 가고 하늘에 있는 천사들과 같으니라"(막 12:25)

"죽은 자가 살아난다는 것은 모세도 가시나무 떨기에 관한 글에서 주를 아브라함의 하나님이요 이삭의 하나님이요 야곱의 하나님이시라 칭하였나니 하나님은 죽은 자의 하나님이 아니요 살아 있는 자의 하나님이시라 하나님에게는 모든 사람이 살았느니라 하시니"(눅 20:37-38)

인간에 관해 말할 때 반드시 알아야 할 사실이 있다. 그것은 죽음이 끝이 아니라는 것이다. 사람이 죽으면 몸은 썩어 흙으로 돌아가지만 영과 혼은 소멸되지 않는다. 매장이던 화장이던 몸은 흙이나 재로 돌아가지만 영과 혼은 사라지지 않고 계속 존재한다. 이것이 하나님께서 성경을 통해 가르쳐주신 진리다. 이 사실을 알아야만 '인간이란 무엇인가?'라는 질문에 올바로 답할 수 있다.

성경은 죽은 자가 다시 살아난다고 계시한다. 죽음이 끝이 아니라는 뜻이다. 사람이 마지막 숨을 거둘 때 몸은 죽어도 영과 혼은 죽지 않는다. 죽은 사람의 영혼은 천국에 가거나 지옥에 간다. 그리고 예수님이 재림하실 때 부활의 몸을 입고 최후의 심판을 받는다. 마가복음 12:25와 누가복음 20:37은 이것을 '죽은 자가 살아난다'라고 표현한다.

성경에 따르면 아브라함, 이삭, 야곱은 지금도 살아 있다. 그들은 수천 년 전에 세상을 떠났지만 그들의 영혼은 지금 하나님 나라에 있다. 같은 의미로 폭군 네로와 히틀러, 캄보디아를 살육의 땅으로 만든 폴 포트, 그리고 김일성도 여전히 살아 있다. 그들의 영혼은 지옥에 있다.

우리 주변에 예수를 믿지 않은 채 세상을 떠난 이들이 있다. 많은 사람의 권면에도 불구하고 끝까지 믿음을 거부하고 죽은 사람들도 있다. 그들은 죽는 순간 크게 당황하고 몹시 두려웠을 것이다. 그리고 지금 매순간 진심으로 후회하고 있을 것이다. 지옥이 실제로 있었던 것이다. 그러나 이제는 어떤 방법으로도 지옥에서 벗어날 수 없다. 그러므로 살아 있을 때 예수 믿고 세례 받는 일은 인생에서 가장 중요한 일이다. 자신의 영원한 삶과 죽음을 결정짓는 일이다.

"(그 나머지 죽은 자들은 그 천 년이 차기까지 살지 못하더라) 이는 첫째 부활이라 이 첫째 부활에 참여하는 자들은 복이 있고 거룩하도다 둘째 사망이 그들을 다스리는 권세가 없고 도리어 그들이 하나님과 그리스도의 제사장이 되어 천 년 동안 그리스도와 더불어 왕 노릇 하리라"(계 20:5-6)

요한계시록 20:5-6에 '첫째 부활'과 '둘째 사망'이라는 중요한 개념이 등장한다. 이 개념은 '인간이란 무엇인가?'라는 질문에 또 하나의 결정적인 성경적 해답을 제시한다. 인간은 '흙과 생기로 된 생령'인 동시에 '첫째 부활 또는 둘째 사망을 경험하는 존재'인 것이다. 하나님은 사람이 죽는 바로 그 순간 그의 첫째 부활 또는 둘째 사망을 결정하신다. 하나님의 이 결정은 영원하며 제3의 길은 없다.

이를 다르게 표현하면 천국에서 영원히 살거나 지옥에서 영원히 죽는 존재가 된다는 것이다. 인간의 영혼은 결코 죽음과 함께 소멸되지 않는다. 그래서 인간은 영원히 살거나 영원히 죽는다. 영원히 복을 받거나 영원히 벌을 받는 것이다. 이것이 하나님이 세우신 법이며 피할 수 없는 진리다. 요한계시록 20:5-6의 말씀은 죽음 이후의 일을 이해하는 데 있어 매우 중요하다. 천국과 지옥은 분명히 있으며 그 중간지대는 없다.

남한의 이승만 대통령(1875-1965)과 북한의 김일성 주석(1912-1994)은 같은 시대를 살았다. 나이는 이승만이 37세 더 많았지만 1948년 같은 해에 이승만은 대한민국의 초대 대통령이 되었고, 김일성은 조선민주주의인민공화국의 수상으로 선출되었다. 1950년 김일성은 6.25전쟁을 일으켰고 이승만은 서울에서 피신했다. 이후 두 사람은 정치적으로 서로 다른 길을 걸었으며 이승만은 1965년 90세로 하와이에서 일생을 마쳤고 김일성은 1994년 82세로 묘향산에서 사망했다.

현재 두 사람의 육신은 전혀 다른 상태에 있다. 이승만의 시신은 서울 현충원에 안장되어 흙으로 돌아갔고, 김일성의 시신은 방부 처리되어 평양에서 미라 상태로 보존되고 있다. 그러나 정말 중요한 질문은 이것이다. '지금 이 두 사람의 영혼은 어디에 있으며 어떤 상태에 있는가?'라는 것이다.

사람들은 이런 질문에 대해 다양한 입장을 제시한다. 첫째, 불가지론이 있다. 모른다는 것이다. 알고 싶어도 알 수 없다는 입장이다. 둘째, 소멸론이 있다. 죽음과 함께 무(無)로 돌아간다는 것이다. 셋째, 윤회설이 있다. 불교의 가르침처럼 다른 생명체로 다시 태어난다는 것이다. 넷째, 왜곡된 기독교적 관점이 있다. 믿는 자의 영혼은 천국에 가지만 믿지 않는 자의 영혼은 소멸한다는 것이다.

그러나 성경의 가르침은 이렇다. 이승만의 영혼은 첫째 부활에 참여했으며, 김일성의 영혼은 둘째 사망을 기다리고 있다는 것이다. 첫째 부활은 성경에서 요한계시록 20:5, 6에 두 번 등장한다. 둘째 사망은 요한계시록 2:11, 20:6, 14, 21:8에 네 번 언급된다. 유다서 1:12에 비슷한 표현이 있다. '죽고 또 죽어 뿌리까지 뽑힌 열매 없는 가을 나무요'라는 말씀이다. 이것은 믿지 않는 자들이 두 번 죽는 최후를 맞게 될 것임을 의미한다.

이승만은 기독교인이었다. 그래서 1965년 7월 19일 미국 하와이 호놀룰루에서 숨을 거둔 순간, 그의 영혼은 하나님 나라에 들어가 예수 그리스도를 만났다. 이것이 요한계시록 20:5-6이 말하는 첫째 부활이다. 세례를 받은 참된 기독교인은 생명의 숨이 끊어지는 바로 그 순간 첫째 부활을 경험한다. 비록 육체의 기능은 멈추지만 영혼은 하나님 나라에 들어가 영원히 산다.

김일성은 기독교인이 아니었다. 기독교 가정에서 태어났으나 하나님을 버리고 기독교를 철저히 박해했다. 그의 정치적 생애는 무신론적 공산주의에 기반을 두었으며 복음을 배척하는 길을 걸었다. 김일성은 1994년 7월 8일 평안북도 묘향산 향산특각에서 사망했다. 그는 기독교인이 아니었기에 첫째 부활을 경험하지 못했다. 김일성의 영혼은 하나님 나라에 들어가지 못하고 지금 지옥에서 둘째 사망을 기다리고 있다.

> "선한 일을 행한 자는 생명의 부활로, 악한 일을 행한 자는 심판의 부활로 나오리라"(요 5:29)
> "그들이 기다리는바 하나님께 향한 소망을 나도 가졌으니 곧 의인과 악인의 부활이 있으리라 함이니이다"(행 24:15)

예수 그리스도께서 다시 오셔서 세상을 심판하실 때, 하나님의 백성은 부활의 몸을 입고 영원히 살게 된다. 이승만 대통령 역시 그날에 부활의 몸을 받아 영원한 생명을 누릴 것이다. 이를 요한복음 5:29는 '생명의 부활'이라고 하고, 사도행전 24:15는 '의인의 부활'이라고 한다. 이 부활을 둘째 부활이라 할 수 있지만 성경에 이 용어가 직접 등장하지는 않는다. 다만 첫째 부활이라는 표현을 통해 둘째 부활을 유추할 수는 있다. 첫째 부활이 영혼의 부활이라면, 둘째 부활은 살아 있는 영혼이 부활의 몸을 입는 것을 의미한다.

예수 그리스도의 재림과 심판 때 김일성 역시 부활의 몸을 받게 된다. 그러나 그 몸은 영원히 고통을 당하는 몸이다. 이를 요한복음 5:29는 '심판의 부활'이라고 하고, 사도행전 24:15는 '악인의 부활'이라고 한다. 첫째 사망은 육신이 죽는 것이고 둘째 사망은 죽지 않는 몸을 받아 지옥에서 영원히 형벌을 받는 것이다. 김일성은 이미 첫째 사망을 경험했고, 지금 지옥에서 마지막 심판 날을 기다리고 있다. 바로 그가 둘째 사망을 맞이하는 날이다.

"사망이 한 사람으로 말미암았으니 죽은 자의 부활도 한 사람으로 말미암는도다 아담 안에서 모든 사람이 죽은 것 같이 그리스도 안에서 모든 사람이 삶을 얻으리라"(고전 15:21-22)

이 첫째 부활과 둘째 사망이 모든 인간에게 해당된다.(고전 15:21-22) 그래서 인간을 '첫째 부활 또는 둘째 사망을 경험하는 존재'라고 정의할 수 있는 것이다. 첫째 부활과 둘째 사망을 피할 수 있는 인간은 없다. 인간은 반드시 영원히 살거나 영원히 죽는다. 단 한 사람도 예외가 없다. 그러므로 첫째 부활에 참여하는 사람이 되어야 한다. 이것이 성경의 인간론이다.

첫째 부활은 믿는 자가 육신의 죽음을 맞는 순간, 영혼이 하나님 나라에 들어가 그리스도를 만나는 사건이다. 그리스도의 재림 전에 죽은 하나님의 백성이 부활의 몸 없이 하나님 나라에서 살아가는 것을 말한다. 이들은 재림의 날이 오기까지 영혼이 살아 있다가 그날이 되면 부활의 몸을 입는다. 이것이 완전한 부활, 곧 둘째 부활이다.

신약 여러 곳에서 이를 확인할 수 있다. 아브라함과 이삭과 야곱, 그리고 모든 선지자는 지금 하나님 나라에서 살아 있다.(눅 13:28) 그래서 하나님은 죽은 자의 하나님이 아니라 산 자의 하나님이시다.(눅 20:37-38) 그리스도께서는 마지막 날에 믿는 자들을 다시 살리실 것이며, 그날은 믿는 자들이 부활의 몸을 받는 날이다.(요 6:39, 40, 44, 54)

빌립보서 3:20-21은 부활의 영광을 이렇게 묘사한다. '그러나 우리의 시민권은 하늘에 있는지라 거기로부터 구원하는 자 곧 주 예수 그리스도를 기다리노니 그는 만물을 자기에게 복종하게 하실 수 있는 자의 역사로 우리의 낮은 몸을 자기 영광의 몸의 형체와 같이 변하게 하시리라'는 말씀이다. 이는 바로 성도들이 누릴 완전한 구원, 즉 부활의 몸과 영원한 생명에 대한 말씀이다.

첫째 사망은 그리스도의 재림 전에 사람이 육체적으로 죽어 땅에 묻히는 것이다. 둘째 사망은 최후 심판 후 악인들이 소멸되지 않는 몸으로 받는 영원한 형벌을 의미한다. 영원히 죽지 않는 몸으로 지옥의 유황불에 던져지는 것이다.(계 20:14, 21:8) 이는 영원한 고통을 말하는 것으로 이것이 진짜 죽음이다.

첫째 부활에 참여한 자들에게 둘째 사망은 없다. 그들은 구원받은 성도들로서 마지막 심판 때 부활의 몸을 입고 영원히 산다. 예수께서 이를 가리켜 '심판에 이르지 아니하나니 사망에서 생명으로 옮겼느니라'고 말씀하신다.(요 5:24) 첫째 부활을 얻은 자는 둘째 사망 대신 둘째 부활을 맞이한다. 둘째 부활은 부활의 몸을 얻어 영원히 사는 것을 의미하며 이것이 진정한 의미의 부활이다. 첫째 부활에 참여하지 못한 자는 둘째 부활이 아니라 둘째 사망이 기다리고 있다.

예수님은 요한복음 5:28-29에서 '무덤 속에 있는 자가 다 그의 음성을 들을 때가 오나니 선한 일을 행한 자는 생명의 부활로, 악한 일을 행한 자는 심판의 부활로 나오리라'고 말씀하셨다. 마지막 심판 때 의인은 생명의 부활로 나온다. 이는 둘째 부활로 영원한 생명을 의미한다. 마지막 심판 때 악인은 심판의 부활로 나온다. 이는 둘째 사망으로 영원한 형벌을 의미한다. 요한계시록 2:11에 '둘째 사망의 해(害)'라는 표현이 있다.

"그들의 이마와 손에 그의 표를 받지 아니한 자들이 살아서 그리스도와 더불어 천 년 동안 왕 노릇 하니"(계 20:4)

"그들이 하나님과 그리스도의 제사장이 되어 천 년 동안 그리스도와 더불어 왕 노릇 하리라"(계 20:6)

요한계시록 20:4-6에 '천년왕국'에 대한 말씀이 있다. 요한은 순교자들과 짐승의 표를 받지 않은 자들이 천 년 동안 왕 노릇 하는 모습을 보았다. 소위 '천년왕국'에 대한 이 환상은 과도한 관심과 오해로 인해 여러 해석상의 어려움을 낳았다. 그러나 천년왕국은 요한계시록의 핵심 주제가 아니며 오히려 첫째 부활을 설명하기 위한 부차적 개념이다.

천년왕국을 바르게 이해하려면 먼저 첫째 부활을 잘 알아야 한다. 천년왕국은 첫째 부활에 참여한 자들이 둘째 부활 때까지 '하나님과 그리스도의 제사장이 되어 그리스도와 함께 왕 노릇하는 시기'를 의미한다. 이는 지상에 세워지는 나라가 아니다. 그리고 '천 년'은 문자 그대로의 천 년이 아니라 그리스도의 초림에서 재림까지의 상징적인 기간이다. 그리고 '왕국'은 세상 나라가 아니라 하늘나라를 뜻한다. 결국 성경이 말하는 천년왕국은 그리스도의 초림과 재림 사이의 하늘나라를 의미하는 것이다.

요한계시록 20:6의 후반부는 구원받은 자들이 누리는 복을 설명한다. 그들은 첫째 부활에 참여해서 둘째 사망이 없으며, 하나님과 그리스도의 제사장이 되어 천 년 동안 그리스도와 함께 왕 노릇 한다. 제사장은 거룩함의 표상이고 왕은 영광의 표상이다. 따라서 제사장이 된다는 것은 하나님과 그리스도를 직접 섬기는 거룩한 신분을 의미하고(계 22:3-4), 왕 노릇 한다는 것은 영광스러운 지위를 얻는다는 뜻이다. 이는 하늘에서 일어나는 일이지 세상에서 일어나는 일이 아니다. 천년왕국은 첫째 부활에 참여한 자들이 누리는 복에 대한 말씀이다.

"이르되 예수여 당신의 나라에 임하실 때에 나를 기억하소서 하니 예수께서 이르시되 내가 진실로 네게 이르노니 오늘 네가 나와 함께 낙원에 있으리라 하시니라"(눅 23:42-43)

예수님과 함께 십자가형을 받았던 두 행악자 가운데 한 사람은 '예수여 당신의 나라에 임하실 때 나를 기억하소서'라고 간구했다.(눅 23:42) 이에 예수께서는 '내가 진실로 네게 이르노니 오늘 네가 나와 함께 낙원에 있으리라'고 응답하셨다.(눅 23:43) 여기서 예수께서 말씀하신 '낙원'이 천년왕국을 가리킨다. 그 행악자의 영혼은 지금 하나님 나라에 있다. 이것이 구원이고 이것이 첫째 부활이고 이것이 천년왕국이다.

의인과 악인

"의인의 수고는 생명에 이르고 악인의 소득은 죄에 이르느니라"(잠 10:16)

"의인의 소망은 즐거움을 이루어도 악인의 소망은 끊어지느니라"(잠 10:28)

"의인의 공의도 자기에게로 돌아가고 악인의 악도 자기에게로 돌아가리라"

(겔 18:20)

성경은 사람을 의인과 악인으로 구분한다.(잠 10:16, 28, 겔 18:20 등) 그런 데 성경이 말하는 의인과 악인은 단순히 '도덕적으로 선한 사람'과 '도덕적으로 악한 사람'이 아니다. 성경의 의인은 '하나님을 믿고 그 뜻에 순종하는 사람'이며 악인은 '하나님을 믿지 않고 그 뜻에 순종하지 않는 사람'을 의미한다.

"복 있는 사람은 악인들의 꾀를 따르지 아니하며 죄인들의 길에 서지 아니하며 오만한 자들의 자리에 앉지 아니하고 오직 여호와의 율법을 즐거워하여 그의 율법을 주야로 묵상하는도다 그는 시냇가에 심은 나무가 철을 따라 열매를 맺으며 그 잎사귀가 마르지 아니함 같으니 그가 하는 모든 일이 다 형통하리로다"(시 1:1-3)

시편 1편은 인생에 두 길이 있다고 선언한다. 하나는 의인의 길이고 다른 하나는 악인의 길이다.(시 1:6) 이 시는 시편 전체의 서론 역할을 한다. 이 시가 시편의 첫 장이 된 이유가 있다. 독자들에게 악인의 길이 아니라 의인의 길을 걸으라는 권면을 하기 위해서이다.

시편 1:1-3은 의인의 길에 대한 말씀이다. 복 있는 사람은 악인들, 죄인들, 오만한 자들의 삶을 피한다. 그들과 함께 걷지 않고 서지 않고 앉지 않는다. 그는 여호와의 율법을 즐거워하며 주야로 묵상한다. 시편 1:1의 악인들, 죄인들, 오만한 자들은 자신의 이기적 욕심과 욕망을 위해 다른 사람을 해치는 사람들이다. 그들은 하나님을 외면하고 무시하며 하나님께 불순종한다. 하라는 것은 하지 않고 하지 말라는 것은 행한다. 하나님은 없다고 하면서 하나님을 멸시한다.

의인은 그런 죄를 짓지 않으며 그들과 함께하지 않는다. 그는 여호와의 율법을 즐거워하고 묵상한다. 의인은 하나님을 믿고 신뢰하며 하나님 말씀에 순종한다. 그는 시냇가에 심겨진 나무와 같아 시들지 않고 계절을 따라 열매를 맺는다. 그는 마르지 않는 하나님의 지혜를 따라 살기 때문에 모든 일이 형통하다. 시편 1편은 그런 의인이 되라고 가르친다.

> "악인들은 그렇지 아니함이여 오직 바람에 나는 겨와 같도다 그러므로 악인들은 심판을 견디지 못하며 죄인들이 의인들의 모임에 들지 못하리로다" (시 1:4-5)
> "무릇 의인들의 길은 여호와께서 인정하시나 악인들의 길은 망하리로다" (시 1:6)

시편 1:4-5는 악인의 길에 대한 말씀이다. 악인은 율법을 무시하며 묵상하지 않는 자로, 그 삶이 형통하지 않고 끝이 나쁘다. '바람에 나는 겨'라는 표현은 그가 가볍고 뿌리가 없으며 아무짝에도 쓸모가 없음을 뜻한다. 그는 하나님의 심판을 피할 수 없고 의인과 함께할 수 없다. 여기서 악인은 하나님을 아예 모르거나, 겉으로는 하나님 백성에 속하지만 실제로는 오만하여 하나님의 뜻에 순종하지 않는 자다. 여호와의 율법을 따르지 않는 사람이다.

시편 1:6은 두 개의 길에 대한 말씀이다. 사람은 의인의 길을 가거나 악인의 길을 간다. 의인의 길은 하나님의 은혜를 체험하지만 악인의 길은 멸망을 피할 수 없다. 6절의 '길'은 삶의 여정을 비유한 것으로, 기쁨과 행복이 넘치는 목적지에 도달하려면 의인의 길을 가야한다.

> "의인의 적은 소유가 악인의 풍부함보다 낫도다 악인의 팔은 부러지나 의인은 여호와께서 붙드시도다"(시 37:16-17)

시편 37편은 악인과 의인을 대비한다. 악인은 자기 뜻대로 살고 자신을 의지하는 사람이며, 의인은 하나님을 신뢰하고 의지하는 사람이다. 시인은 '악인의 성공'이라는 삶의 변칙 문제를 다루면서, 악인은 반드시 망할 것이라고 말한다. 그러나 의인은 땅을 영원한 유산으로 받을 것이다. 이는 모든 곤란으로부터 방해받지 않고 평온히 살 수 있다는 뜻이다.(시 37:11) 하나님의 복을 받는다는 말이다.(시 37:22)

악인은 멸망하여 이 땅에서 사라진다. 주님이 그들을 비웃으시기 때문이다. 그러나 의인의 유산은 대대로 이어지고 재난이 닥쳐도 어려움에 빠지지 않는다. 의인은 기근 속에서도 풍성히 먹는다.(시 37:19) 그러므로 적은 재물로 의롭게 사는 것이 많은 재물을 가지고 악하게 사는 것보다 낫다.(시 37:16)

시인은 결론에서 여호와를 기다리며 그분의 길을 따라 살라고 권면한다.(시 37:34) 인내와 순종은 신앙의 필수 덕목이며 하나님은 그렇게 사는 자에게 '땅'을 주신다. 여기서 땅은 복되고 화평한 삶의 기반이자 하나님의 계획이 실현되는 장소를 의미한다. 악인은 잠시 기름진 땅의 푸른 나무처럼 보일 수 있으나 결국 쫓겨나 죽어 사라진다. 악인에게 미래는 없다. 반대로 정직하고 선한 사람의 미래는 하나님께서 보장하신다. 여호와를 의지하고 여호와께 피하는 자들은 하나님의 구원을 경험한다. 하나님께서 그들을 도우시고 보호하시기 때문이다.

> "주께서 이르시되 가라 이 사람은 내 이름을 이방인과 임금들과 이스라엘 자손들에게 전하기 위하여 택한 나의 그릇이라"(행 9:15)
> "사울은 힘을 더 얻어 예수를 그리스도라 증언하여 다메섹에 사는 유대인들을 당혹하게 하니라"(행 9:22)

악인의 길에서 의인의 길로 돌아선 대표적인 인물이 사도 바울이다. 본래 이름은 사울로 바리새파에 속해 열심히 유대교를 신봉했다. 그는 예수 믿는 사람들을 남녀노소 가리지 않고 잡아 옥에 가두고 심지어 죽이기까지 했다. 이스라엘뿐 아니라 시리아 다메섹까지 가서 기독교인을 박해하려 했다.

그러나 다메섹 근처에 이르렀을 때 사울은 환상 중에 예수님을 만났다. 강하고 밝은 빛을 보고 예수님의 음성을 들은 후 눈이 멀고 말을 못하게 되었다. 사흘 뒤 다메섹에서 아나니아의 안수를 받고 시력을 회복하고 말을 하게 되었다. 그때부터 사울은 목숨을 걸고 예수를 전하는 사람이 되었다. 그는 이름도 사울에서 바울로 바꾸고 목숨을 다해 의인의 길을 걸었다.

"나는 사도 중에 가장 작은 자라 하나님의 교회를 박해하였으므로 사도라 칭함 받기를 감당하지 못할 자니라"(고전 15:9)

"그들이 그리스도의 일꾼이냐 정신 없는 말을 하거니와 나는 더욱 그러하도다 내가 수고를 넘치도록 하고 옥에 갇히기도 더 많이 하고 매도 수없이 맞고 여러 번 죽을 뻔하였으니"(고후 11:23)

"내가 전에는 비방자요 박해자요 폭행자였으나 도리어 긍휼을 입은 것은 내가 믿지 아니할 때에 알지 못하고 행하였음이라"(딤전 1:13)

고린도후서 11:23-27은 바울이 얼마나 헌신적으로 의인의 길을 걸었는 지 보여준다. 그는 자주 옥에 갇히고 수없이 매를 맞았으며 죽을 고비를 여러 번 넘겼다. 배고픔과 목마름, 굶주림과 추위, 헐벗음을 견뎌냈다. 바울이 이렇게까지 복음을 전한 이유는 회심 전에 교회를 박해하고 성도들에게 고통을 주었기 때문이다. 스데반 집사가 바울의 지휘 아래 돌에 맞아 순교한 일도 있었다.(행 7:59-60) 그 당시 바울은 스데반의 죽음을 당연한 것으로 여겼다.(행 8:1) 그래서 바울은 늘 이전의 죄를 회개하는 마음으로 복음을 전했다.(고전 15:9, 딤전 1:13)

"내가 그리스도 안에 있는 한 사람을 아노니 그는 십사 년 전에 셋째 하늘에 이 끌려 간 자라 (그가 몸 안에 있었는지 몸 밖에 있었는지 나는 모르거니와 하나 님은 아시느니라)"(고후 12:2)

또 다른 이유는 바울이 천국을 확신했기 때문이다. 고린도후서 12:2에 '내가 그리스도 안에 있는 한 사람을 아노니 그는 십사 년 전에 셋째 하늘에 이끌려 간 자라'는 말씀이 있다. 이는 바울 자신이 14년 전에 천국을 보는 영적 경험을 했다는 뜻이다. 바울은 단지 말로만 천국을 믿은 것이 아니라, 실제로 그 영광을 본 사람이었다.

"할렐루야, 여호와를 경외하며 그의 계명을 크게 즐거워하는 자는 복이 있도다 그의 후손이 땅에서 강성함이여 정직한 자들의 후손에게 복이 있으리로다 부와 재물이 그의 집에 있음이여 그의 공의가 영구히 서 있으리로다"(시 112:1-3)
"시험을 참는 자는 복이 있나니 이는 시련을 견디어 낸 자가 주께서 자기를 사랑하는 자들에게 약속하신 생명의 면류관을 얻을 것이기 때문이라"(약 1:12)
"이제 후로는 나를 위하여 의의 면류관이 예비되었으므로 주 곧 의로우신 재판장이 그 날에 내게 주실 것이며 내게만 아니라 주의 나타나심을 사모하는 모든 자에게도니라"(딤후 4:8)

의인의 길을 가는 사람은 크게 두 가지 복을 받는다. 첫째는 이 세상에서 누리는 일상의 은혜다. 하나님의 기쁨과 평안을 경험하며, 하나님의 깨우침과 인도하심, 채우심과 보살피심을 체험한다. 시편 112편이 바로 이 은혜를 잘 묘사한다. 둘째는 마지막 날에 받게 될 영원한 생명과 상급이다. 바로 생명의 면류관과 의의 면류관이다.(약 1:12, 딤후 4:8) 이 영원한 복이야말로 의인이 누리는 참된 복이며 바울은 이 복을 확신했다.

인생의 두 길은 '잘 사는 길'과 '못 사는 길'이 아니다. 성공과 실패의 길이 아니고 돈을 잘 버는 길과 못 버는 길도 아니다. 강자와 약자, 행복과 불행, 부자와 거지의 길이 아니다. 인생의 두 길은 의인의 길과 악인의 길이다. 곧 영원히 사는 길과 영원히 죽는 길이며, 거룩하게 사는 길과 속되게 사는 길이다. 예수를 믿는 길과 믿지 않는 길이다. 사람은 반드시 의인의 길을 선택해야 한다. 그래야 시냇가에 심겨진 나무처럼 모든 일이 형통하는 은혜를 누릴 수 있다. 마지막 날 의인들의 모임에 참여하고 하나님 나라에서 영원히 사는 복을 받게 된다.

"나 하늘로 돌아가리라.
새벽빛 와 닿으면 스러지는
이슬 더불어 손에 손을 잡고,

나 하늘로 돌아가리라
노을빛 함께 단 둘이서
기슭에서 놀다가 구름 손짓하면은,

나 하늘로 돌아가리라.
아름다운 이 세상 소풍 끝내는 날,
가서, 아름다웠더라고 말하리라."(천상병)

'귀천'은 삶과 죽음을 노래한 아름다운 시다. 시인은 죽음을 숙명으로 받아들이며 마치 먼 여행을 마치고 돌아가는 듯 담담하게 표현한다. 그는 이 세상의 삶을 '소풍'이라 부르며 욕심 없는 소박하고 순수한 삶을 그린다. 또한 세상을 아름답다고 하면서 삶을 긍정적으로 표현한다.

"좁은 문으로 들어가라 멸망으로 인도하는 문은 크고 그 길이 넓어 그리로 들어

가는 자가 많고 생명으로 인도하는 문은 좁고 길이 협착하여 찾는 자가 적음이
라"(마 7:13-14)

그러나 인생의 진짜 길은 소풍길이 아니다. 순수하고 아름다운 길도 가
볍고 즐거운 길도 아니다. 그것은 영원한 생명과 영원한 죽음 중 하나를
선택하는 엄숙하고 진지한 길이다. 영원한 결과를 결정짓는 무거운 책임
의 길이다. 그 중요한 인생의 길에서 올바른 선택을 하는 지혜로운 사람
이 되어야 한다. 성경은 인생의 길을 멸망으로 인도하는 넓은 길과 생명으
로 인도하는 좁은 길에 비유하면서 생명의 좁은 길을 걸으라고 가르친다.
(마 7:13-14)

"또 천국은 마치 바다에 치고 각종 물고기를 모는 그물과 같으니 그물에 가득하
매 물 가로 끌어내고 앉아서 좋은 것은 그릇에 담고 못된 것은 내버리느니라 세
상 끝에도 이러하리라 천사들이 와서 의인 중에서 악인을 갈라내어 풀무 불에
던져 넣으리니 거기서 울며 이를 갈리라"(마 13:47-50)

인간의 삶은 죽음으로 끝나지 않는다. 마지막 숨이 멎는 순간 첫째 부활
에 참여하거나 아니면 둘째 사망의 길로 가는 것이다. 영원히 사는 길과 영
원히 죽는 길이다. 마태복음 13:47-50의 그물 비유는 종말론적 가르침으로
하나님의 심판을 선포한다. 의인과 악인이 나뉘는 때가 반드시 있다. 모든
사람이 알고 믿어야 할 사실이다.

인간은 의인의 길을 걷거나 악인의 길을 걸어서 영원히 살거나 영원히
죽는 존재가 된다. 살아서 의인의 좁은 길을 걷는 사람이 마지막에 영원한

생명을 얻는다. 둘째 부활을 경험하는 것이다. 존 번연(John Bunyan)은 그의 책 『천로역정』(1678년)에서 인생을 하늘나라로 향하는 순례의 여정으로 표현한다. 그리고 의인의 길을 걷는 '순례자'가 되라고 권면한다.

의인의 길과 악인의 길은 운명처럼 정해진 것이 아니다. 각자 자신의 길을 선택하는 것이다. 자신의 결정으로 영원한 생명의 길로 가거나 영원한 죽음의 길로 가는 것이다. 그 책임이 전적으로 자신에게 있으며 그 책임은 영원한 것이다. 그러므로 이 결정은 무엇보다 신중하고 진지해야 한다. 그런데 안타깝게도 많은 사람이 이를 대수롭지 않게 여기며 산다. '인간이란 무엇인가?'라는 질문에 대한 답을 모르기 때문이다. 인간이 어떤 존재인지 아는 사람은 반드시 생명의 좁은 길을 걷는다.

> "하나님이 자기 형상 곧 하나님의 형상대로 사람을 창조하시되 남자와 여자를 창조하시고"(창 1:27)
> "여호와 하나님이 땅의 흙으로 사람을 지으시고 생기를 그 코에 불어넣으시니 사람이 생령이 되니라"(창 2:7)
> "이는 첫째 부활이라 이 첫째 부활에 참여하는 자들은 복이 있고 거룩하도다 둘째 사망이 그들을 다스리는 권세가 없고 도리어 그들이 하나님과 그리스도의 제사장이 되어 천 년 동안 그리스도와 더불어 왕 노릇 하리라"(계 20:5-6)

지금까지 살펴본 성경의 인간 이해를 정리하면 이렇다. '인간이란 무엇인가?' 인간은 하나님의 형상을 가진 피조물이다.(창 1:27) 이를 달리 말하면 하나님을 닮은 동물이다. 이것이 인간의 본질에 대한 성경의 결론이다. 그리고 이런 결론에 두 가지 설명이 뒤따른다. 첫째, 인간은 '흙과 생기로 된 생령'이다.(창 2:7) 이는 인간이 유한과 무한을 동시에 지닌 존재, 즉 죽어 없어지는 육신과 죽어도 사라지지 않는 영혼을 가진 이중적 존재라는 뜻이다. 둘째, 인간은 첫째 부활 또는 둘째 사망을 경험한다.(계 20:5-6) 이는 인간이 영원히 살거나 아니면 영원히 죽는 존재라는 뜻이다.

"무엇이든지 속된 것이나 가증한 일 또는 거짓말하는 자는 결코 그리로 들어가지 못하되 오직 어린 양의 생명책에 기록된 자들만 들어가리라"(계 21:27)

인간에게 반드시 필요한 한 가지가 있다. 그것은 어린 양의 생명책에 이름이 기록되는 것이다.(계 21:27) 그래야 사람이 영원히 살 수 있다. 인간을 창조하신 하나님의 구원 계획이 그렇다. 이를 위해 성경에서 삶의 지혜를 배워 하나님의 뜻을 따라 살아야 한다. 그런 삶의 지혜를 특히 구약의 지혜문학에서 배울 수 있다.

✱ 지혜문학

고대 근동의 삶의 지혜와 교훈을 모은 문학 장르를 지혜문학이라 한다. 이는 눈에 보이는 세상과 삶을 이해하고 보이지 않는 사물의 질서를 파악하려는 노력으로 일종의 인간학이자 철학이다. 성경의 대표적인 지혜문학으로 잠언, 욥기, 전도서가 있다. 지혜문학은 보통 세속적이고 일반적인 기원을 가지고 있지만, 성경의 지혜문학은 여기에 종교적 요소가 첨가되었다.(잠 13:14와 14:27 비교, 잠 27:21과 17:3 비교) 그래서 성경의 지혜문학은 세상질서를 주관하시는 하나님을 강조한다. 그렇지만 성경의 지혜문학 역시 다른 책들에 비해 신학적 요소가 약하다. 구속사적 역사관, 선민사상, 계약사상, 율법 등에 대한 언급이 부족하며 신앙에 대한 강조도 비교적 적다. 그 대신 인간의 삶에 대한 실제적이고 보편적인 가르침이 부각되어 있다.

"그가 와서 죄에 대하여, 의에 대하여, 심판에 대하여 세상을 책망하시리라 죄에 대하여라 함은 그들이 나를 믿지 아니함이요"(요 16:8-9)
"그러므로 내가 너희에게 알리노니 하나님의 영으로 말하는 자는 누구든지 예수를 저주할 자라 하지 아니하고 또 성령으로 아니하고는 누구든지 예수를 주시라 할 수 없느니라"(고전 12:3)

그렇지만 무엇보다 지혜의 영이신 성령의 도우심을 받아야 한다. 성령께서 모든 지혜(엡 1:8, 골 1:9, 28, 2:3, 3:16), 특히 구원의 지혜를 주시기 때문이다. 성령께서 예수를 믿지 않는 것이 죄라고 가르쳐주신다.(요 16:8-9) 그리고 성령의 도우심이 있어야 예수를 주로 고백할 수 있다.(고전 12:3) 성경의 지혜를 따르고 성령을 사모하며 살아야 어린 양의 생명책에 이름이 기록될 수 있다.

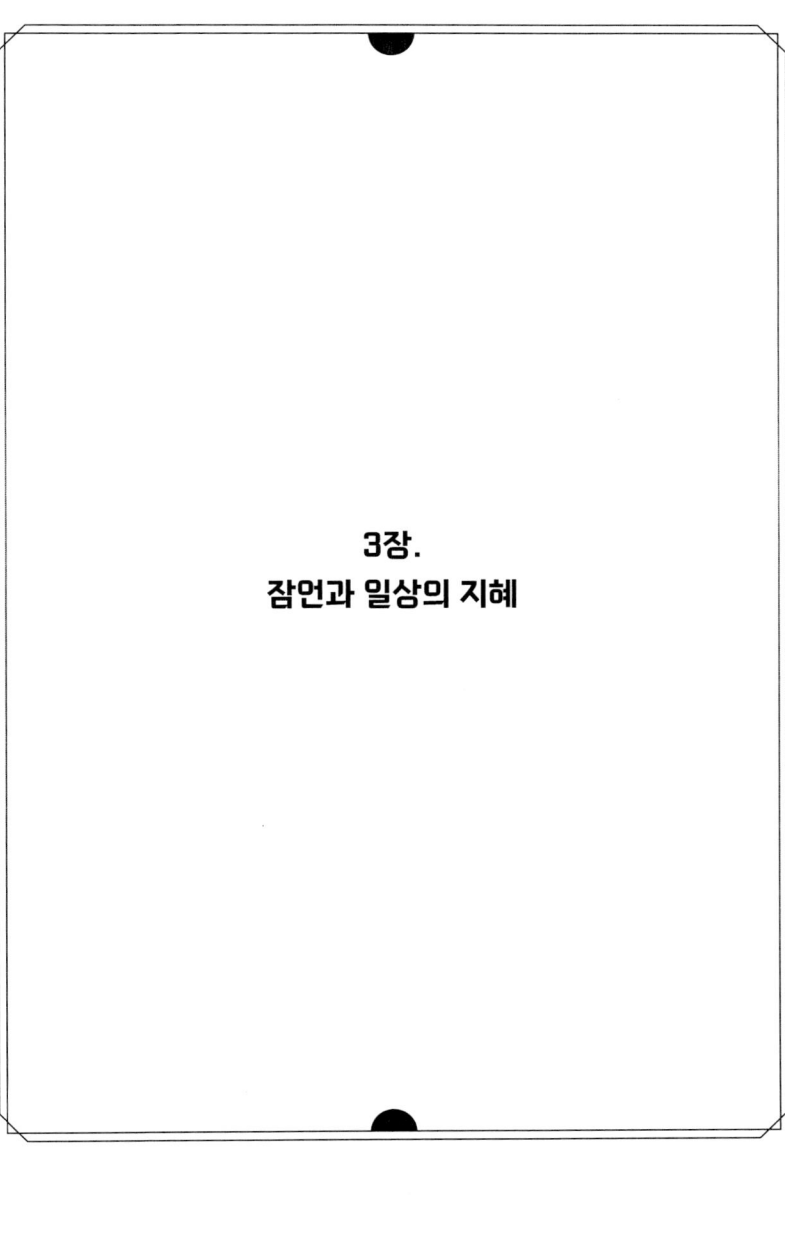

3장.
잠언과 일상의 지혜

지혜롭고 명철한 삶

지혜와 명철의 의미

"지혜를 얻은 자와 명철을 얻은 자는 복이 있나니"(잠 3:13)
"지혜가 제일이니 지혜를 얻으라 네가 얻은 모든 것을 가지고 명철을 얻을지니라"(잠 4:7)
"지혜를 얻는 것이 금을 얻는 것보다 얼마나 나은고 명철을 얻는 것이 은을 얻는 것보다 더욱 나으니라"(잠 16:16)

잠언은 한마디로 지혜와 명철을 가르치는 책이다. 그 안에는 신학적 지혜, 실용적 지혜, 외국의 지혜(잠 30장)까지 담겨 있다. 잠언의 목적은 이런 지혜들을 활용해 인생을 지혜롭고 명철하게 살도록 인도하는 것이다. 잠언은 지혜와 명철을 구하고 어리석음과 미련을 버리라고 권면한다. 그래야 사람답게 살고 행복하게 살 수 있다는 것이다. 존경과 칭송을 받고 싶다면 지혜와 명철을 구하고 어리석음과 미련을 버려야 한다. 이것이 잠언이 가르치는 삶의 지혜다.

잠언은 지혜와 명철의 가치를 반복해서 가르친다. 지혜를 얻고 명철을 얻은 자는 복이 있다.(잠 3:13) 지혜가 가장 귀하니 모든 소유를 팔아서라도 명철을 얻어야 한다.(잠 4:7) 지혜를 얻는 것이 금을 얻는 것보다 낫고 명철을 얻는 것이 은을 얻는 것보다 낫다.(잠 16:16)

지혜는 히브리어로 '호크마'(ḥokma, wisdom)인데, '현명하다'라는 뜻의 동사 '하캄'(ḥakam, be wise)에서 나왔다. 따라서 지혜는 '현명함'을 의미하며 주로 삶의 경험에서 오는 통찰을 가리킨다. 지혜는 학문적 지식에서 나오는 것이 아니다. 그래서 배우지 못한 사람이나 무학의 촌로도 삶의 경험과 성찰이 있다면 지혜로울 수 있다. 심지어 어린아이도 지혜로울 수 있다.(잠 20:11) 지혜는 실기(實技)에 강한 능력, 즉 실제 삶을 다루는 능력이다. 지혜의 반대말은 멍청함이나 어리석음이다.

지혜는 노력이 아니라 축적된 삶의 경험과 선천적인 자질에서 비롯된다. 타고난 지능, 경험의 깊이, 통찰력의 차이에 따라 사람마다 지혜의 수준이 다르다. 그래서 어떤 사람은 더 지혜롭고 어떤 사람은 덜 지혜로운 것이다.

"여호와께서 그 조화의 시작 곧 태초에 일하시기 전에 나를 가지셨으며 만세 전부터, 태초부터, 땅이 생기기 전부터 내가 세움을 받았나니"(잠 8:22-23)
"그가 하늘을 지으시며 궁창을 해면에 두르실 때에 내가 거기 있었고"(잠 8:27)
"내가 그 곁에 있어서 창조자가 되어 날마다 그의 기뻐하신 바가 되었으며 항상 그 앞에서 즐거워하였으며"(잠 8:30)

그러나 잠언의 지혜는 단순히 인간의 경험에서만 나오는 것이 아니다. 그 기원이 하나님께 있다. 잠언 8장은 지혜를 의인화한다. 그래서 지혜가 사람들에게 자신의 말을 들으라고 외친다.(잠 8:4) 이 말씀에 따르면 지혜는 창조 이전부터 하나님과 함께 있었고 창조 사역에 동참했다.(잠 8:22-23, 27) 지혜는 창조자가 되어 하나님 앞에서 즐거워했다.(잠 8:30) 이는 사람의 모든 지혜가 하나님의 지혜에서 흘러나온 것을 의미한다. 잠언의 지혜는 하나님의 은혜로 주어지는 선물인 것이다. 지혜의 이런 모습은 마치 지혜와 계시의 영이신 성령과 비슷한 성격을 보여준다.(엡 1:17)

"거만한 자는 지혜를 구하여도 얻지 못하거니와 명철한 자는 지식 얻기가 쉬우니라"(잠 14:6)

"명철한 자의 마음은 지식을 요구하고 미련한 자의 입은 미련한 것을 즐기느니라"(잠 15:14)

"거만한 자를 때리라 그리하면 어리석은 자도 지혜를 얻으리라 명철한 자를 견책하라 그리하면 그가 지식을 얻으리라"(잠 19:25)

명철은 지혜와 비슷하지만 그 뿌리와 성격에 차이가 있다. 명철은 히브리어로 '비나'(binah, understanding) 또는 '테부나'(tevunah, understanding)인데, 둘 다 '분별하다, 이해하다'라는 뜻의 동사 '빈'(bin, to discern)에서 나왔다. 명철은 '구별, 이해'라는 뜻으로 지식이나 학문과 밀접한 관련이 있다.(잠 14:6, 15:14, 18:15, 19:25, 28:2) 명철은 주로 배움을 통해 얻는 것으로 학문과 공부의 결과물이다. 그래서 경험이 없어도 배움이 있다면 명철할 수 있다. 명철은 노력과 수고의 결실이며 이론과 원리를 잘 아는 능력이다. 명철의 반대말은 무식이나 무지다.

명철은 지혜와 달리 인간의 노력과 배움으로 얻는 지식에 가깝다. 명철한 자는 지식을 얻으며 또한 지식을 얻음으로써 명철해진다.(잠 14:6, 15:14, 19:25) 잠언 5:13에 '내 선생의 목소리를 청종하지 아니하며 나를 가르치는 이에게 귀를 기울이지 아니하였던고'라는 말씀이 있다. 이는 명철하지 못한 자의 후회를 지적하는 말씀으로, 배움을 거부하고 지식을 외면한 자의 결과를 보여준다.

"지혜를 얻으며 명철을 얻으라 내 입의 말을 잊지 말며 어기지 말라"(잠 4:5)
"지혜를 버리지 말라 그가 너를 보호하리라 그를 사랑하라 그가 너를 지키리라"(잠 4:6)

따라서 잠언 4:5의 '지혜를 얻으며 명철을 얻으라'는 권면은 '삶의 경험을 풍부히 쌓고 배우기를 힘쓰라'라는 뜻이 된다. 잠언 전체의 교훈이 이 방향으로 흐른다. 지혜와 명철을 가지면 그것이 곧 사람을 보호하고 지킨다.(잠 4:6) 그러므로 평온하고 안전한 삶을 원한다면 반드시 지혜와 명철을 구해야 한다.

"여호와께서는 지혜로 땅에 터를 놓으셨으며 명철로 하늘을 견고히 세우셨고"(잠 3:19)
"지혜에게 너는 내 누이라 하며 명철에게 너는 내 친족이라 하라"(잠 7:4)
"여호와를 경외하는 것이 지혜의 근본이요 거룩하신 자를 아는 것이 명철이니라"(잠 9:10)

잠언에서 지혜와 명철은 자주 같은 절에 함께 등장하며 서로 밀접한 의미로 사용된다. 대표적으로 잠언 3:19는 '여호와께서 지혜로 땅을 세우시고 명철로 하늘을 견고히 하셨다'라고 한다. 잠언 7:4는 '지혜와 명철을 가장 가까운 가족처럼 여기라'고 권면한다. 잠언 9:10은 '여호와 경외가 지혜의 근본이며, 거룩하신 자를 아는 것이 명철'이라고 밝힌다. 히브리어 성경으로는 잠언에서 '지혜와 명철'이 약 23회 함께 등장하는데, 개역성경에서는 번역상의 이유로 29회 나타난다. 개역성경의 경우 히브리어로 '호크마'(ḥokma)가 아닌데 '지혜'로 번역한 경우가 있기 때문이다.

"하나님이 솔로몬에게 지혜와 총명을 심히 많이 주시고"(왕상 4:29)

"곧 흠이 없고 용모가 아름다우며 모든 지혜를 통찰하며 지식에 통달하며 학문에 익숙하여 왕궁에 설 만한 소년을 데려오게 하였고 그들에게 갈대아 사람의 학문과 언어를 가르치게 하였고"(단 1:4)

"왕의 나라에 거룩한 신들의 영이 있는 사람이 있으니 곧 왕의 부친 때에 있던 자로서 명철과 총명과 지혜가 신들의 지혜와 같은 자니이다"(단 5:11)

성경에 지혜와 명철의 인물들이 여럿 등장한다. 솔로몬은 하나님께 특별한 지혜와 명철을 많이 받은 왕이었다.(왕상 4:29) 열왕기상 4:29의 '총명'은 실은 명철을 의미하는 '테부나'(tevunah)이다. 다니엘은 모든 지혜와 지식에 통달하며 학문에 능한 사람으로, 명철과 지혜가 신적 수준에 이르렀다고 평가받았다.(단 1:4, 5:11) 에스라는 모세의 율법에 익숙한 학자로서 하나님의 지혜를 따라 백성을 가르쳤다.(스 7:6, 25) 바울 역시 성령의 지혜를 따라 복음을 전했고, 폭넓은 교육을 받은 인물이었다.(행 13:2-3, 16:6-10,

나아만 장군은 나병에 걸렸으나 지혜로운 선택을 통해 치유를 경험한 인물이다.(왕하 5:1-14) 엘리사가 요단강에서 일곱 번 몸을 씻으라 하자 나아만은 분노하면서 차라리 시리아의 아마나 강이나 바르발 강이 더 낫다고 여겼다. 그는 엘리사에게서 주술적인 행위를 기대했던 것이다. 그러나 종들의 권면을 받아들여 요단강에서 몸을 씻었고 깨끗하게 되었다.(왕하 5:13-14) 처음에는 교만하고 어리석었지만 마지막 순간에 지혜를 얻은 것이다.

"이미 명절의 중간이 되어 예수께서 성전에 올라가사 가르치시니 유대인들이 놀랍게 여겨 이르되 이 사람은 배우지 아니하였거늘 어떻게 글을 아느냐 하니"(요 7:14-15)
"그들이 베드로와 요한이 담대하게 말함을 보고 그들을 본래 학문 없는 범인으로 알았다가 이상히 여기며"(행 4:13)

예수님과 제자들은 놀라운 지혜의 사람들이다. 예수님은 배움이 없었지만 지혜로 사람들을 놀라게 하셨고(요 7:14-15), 유대 지도자들은 학문이 없는 베드로와 요한의 지혜를 보고 놀랐다.(행 4:13)

"그(아볼로)가 회당에서 담대히 말하기 시작하거늘 브리스길라와 아굴라가 듣고 데려다가 하나님의 도를 더 정확하게 풀어 이르더라"(행 18:24-26)

아볼로는 명철이 두드러진 인물이다. 그는 언변이 뛰어나고 성경에 능통했으며(행 18:24), 예수에 관한 것을 열심히 가르쳤다. 그러나 그런 아볼로를 아굴라가 불러 가르쳤다.(행 18:26) 아굴라는 천막을 만드는 사람이었기 때문에(행 18:3), 학문은 아볼로가 아굴라보다 앞섰을 것이다. 그렇지만 아굴라에게는 성령의 지혜가 있었다. 이는 지식과 논변의 능력 위에 성령의 지혜가 덧입혀져야 함을 보여준다.

교회사 속에서도 지혜와 명철의 인물들을 찾을 수 있다. 아우구스티누스(354-430)는 북 아프리카 히포(Hippo)의 주교이자 신학자로, 500권이 넘는 저서와 200통에 달하는 서신을 남겼다. 그는 위대한 설교자이자 신학자, 행정가였고 역사 신학의 창시자로 불린다. 그가 쓴 책 『고백록』은 최고의 영적 자서전이며 『하나님의 도성』은 불후의 명작으로 평가받는다.

토마스 아퀴나스(ca. 1225-1274)는 명철의 대표적 인물로 기독교 교리를 집대성한 『신학대전』을 저술했다. 그는 플라톤 철학에 기초한 아우구스티누스의 신학과 아리스토텔레스 철학을 종합했다. 그는 1323년 성인으로 추대되었고 1467년 '교회의 박사'(doctor ecclesiae)라는 칭호를 받았다. 그리고 1880년에 가톨릭 학교의 수호성인으로 선포되었다.

존 번연(1628-1688)은 단연 지혜가 돋보이는 목회자이다. 그는 가난한 땜장이의 아들로 태어나 겨우 10살까지 초등학교를 다녔다. 25세에 회심한 후 영국 독립교회 설교자가 되었는데 영국 국교회의 탄압을 받아 12년간 옥고를 치렀다. 그런데 감옥에서 집필한 『천로역정』(1678)이 세계적인 기독교 고전이 되었다.

『천로역정』의 1부는 주인공 '크리스천'이 '전도사'라는 인물을 만나 천국으로 가는 여정을 그린다. 크리스천은 온갖 어려움을 견디며 마침내 천국에 들어간다. 2부는 후에 집필되어 『천로역정』(1684) 1부와 함께 재판되었다. 2부는 크리스천의 아내 '크리스티나'가 네 자녀와 함께 천국을 향해 떠난다. 길에서 그녀는 '자비심'이라는 젊은 처녀를 만나 동행하게 된다.

『천로역정』은 그동안 80개국 이상의 언어로 번역되었으며 성경 다음으로 많이 읽힌 책이라 한다. 마하트마 간디는 이 책을 가리켜 '영어로 쓰인 가장 아름다운 책'이라 칭했다. 초등학교조차 마치지 못한 사람이 성경 다음으로 많이 읽힌 책을 쓴 것이다. 하나님이 주신 지혜가 빛을 발한 경우다.

지혜롭고 명철한 사람

"네 귀를 지혜에 기울이며 네 마음을 명철에 두며"(잠언 2:2)

"지혜를 얻으며 명철을 얻으라 내 입의 말을 잊지 말며 어기지 말라"(잠언 4:5)

"지혜가 제일이니 지혜를 얻으라 네가 얻은 모든 것을 가지고 명철을 얻을지니라"(잠언 4:7)

"내 아들아 내 지혜에 주의하며 내 명철에 네 귀를 기울여서 근신을 지키며 네 입술로 지식을 지키도록 하라"(잠 5:1-2)

"지혜에게 너는 내 누이라 하며 명철에게 너는 내 친족이라 하라"(잠언 7:4)

지혜만 있어도 귀하다. 명철만 있어도 복된 일이다. 그러나 지혜와 명철이 함께하면 더욱 귀하고 복되다. 바르고 깊으며 폭넓은 삶을 살 수 있고 타인의 본이 될 수 있다. 그래서 잠언은 지혜와 명철을 얻으라고 권면한다.(잠 2:2, 4:5, 7, 5:1-2, 7:4)

"지혜를 얻은 자와 명철을 얻은 자는 복이 있나니"(잠 3:13)

"지혜를 얻는 것이 금을 얻는 것보다 얼마나 나은고 명철을 얻는 것이 은을 얻는 것보다 더욱 나으니라"(잠 16:16)

"지혜를 얻는 자는 자기 영혼을 사랑하고 명철을 지키는 자는 복을 얻느니라"(잠 19:8)

지혜와 명철이 사람에게 복을 주기 때문이다.(잠 3:13, 16:16, 19:8) 잠언은 지혜롭고 명철한 삶의 구체적 모습을 보여주는데 잠언 전체가 그런 내용이다. 지혜롭고 명철한 삶에 대한 실제적 교훈이다.

"지혜와 권능이 하나님께 있고 계략과 명철도 그에게 속하였나니"(욥 12:13)
"오직 위로부터 난 지혜는 첫째 성결하고 다음에 화평하고 관용하고 양순하며
긍휼과 선한 열매가 가득하고 편견과 거짓이 없나니"(약 3:17)

욥기 12:13은 '지혜와 권능이 하나님께 있고 계략과 명철도 그에게 속하
였다'라고 선언한다. 야고보서 3:17은 이 하나님의 지혜를 위로부터 오는
지혜라고 한다. 위로부터 오는 지혜는 성결하고 화평하며 긍휼과 선한 열
매로 가득하다.(약 3:17) 성경은 이런 지혜와 명철을 약속한다.

"다윗의 아들 이스라엘 왕 솔로몬의 잠언이라 이는 지혜와 훈계를 알게 하며 명
철의 말씀을 깨닫게 하며"(잠언 1:1-2)

잠언의 교훈을 크게 두 가지로 나눌 수 있다. 첫째는 사람에 대한 교훈
이다. '사람은 이렇게 살아야 한다'라는 내용으로, 사람이 무엇을 행하고
무엇을 피해야 하는지를 가르친다. 그래야 의인이 될 수 있다. 잠언은 또한
대인관계를 다룬다. 자녀와 아내에 대한 교훈을 주며, 이웃과 친구, 타인과
의 관계에 대해서 가르친다. 누구를 가까이 해야 하고 누구를 피해야 하는
지를 분별하게 한다. 잠언은 개인의 삶과 가족 관계, 그리고 이웃과 타인에
교훈을 준다.

둘째는 하나님에 대한 교훈이다. 하나님이 어떤 분이시며 어떻게 섬겨
야 하는지를 가르친다. 잠언에 따르면 사람은 하나님을 경외하고 하나님의

이름을 욕되게 하지 말아야 한다. 하나님이 주시는 지혜와 명철을 사모하며 하나님을 신뢰해야 한다. 또한 하나님의 징계를 기뻐해야 한다. 그리고 자신의 지혜와 명철을 의지하지 말아야 한다.

사람에 대한 교훈은 본질적으로 일반적이고 일상적인 지혜다. 반면 하나님에 대한 교훈은 신앙적이며 신학적인 지혜다. 그런데 잠언에서 이 둘은 긴밀히 연결되어 있다. 참된 지혜와 명철은 사람을 하나님께로 인도하며 지혜롭고 명철한 사람은 하나님을 찾고 의지한다. 그래서 하나님을 찾고 의지하는 사람이 지혜롭고 명철한 사람이다. 하나님이 모든 지혜와 명철의 근원이시기 때문이다. 사람에 대한 잠언의 교훈을 아래와 같이 정리할 수 있다.

1. 개인(지혜롭고 명철한 나)

(1) 말을 조심하라

"두루 다니며 한담하는 자는 남의 비밀을 누설하나 마음이 신실한 자는 그런 것을 숨기느니라"(잠 11:13)

"유순한 대답은 분노를 쉬게 하여도 과격한 말은 노를 격동하느니라"(잠 15:1)

"온순한 혀는 곧 생명나무이지만 패역한 혀는 마음을 상하게 하느니라"(잠 15:4)

"죽고 사는 것이 혀의 힘에 달렸나니 혀를 쓰기 좋아하는 자는 혀의 열매를 먹으리라"(잠 18:21)

"미련한 자의 입은 그의 멸망이 되고 그의 입술은 그의 영혼의 그물이 되느니라"(잠 18:7)

"거짓 입술은 여호와께 미움을 받아도 진실하게 행하는 자는 그의 기뻐하심을 받느니라"(잠 12:22)

"두루 다니며 한담하는 자는 남의 비밀을 누설하나니 입술을 벌린 자를 사귀지 말지니라"(잠 20:19)

"경우에 합당한 말은 아로새긴 은 쟁반에 금 사과니라"(잠 25:11)

지혜롭고 명철한 사람은 말을 삼간다. 사람의 생사여부가 혀에 달려있기 때문이다.(잠 18:21) 지혜롭고 유순한 말은 사람을 살리지만(잠 15:1, 4), 어리석고 미련한 말은 멸망으로 이끈다.(잠 18:6-7) 그러므로 거짓을 버리고 진실을 말해야 한다. 진실한 말은 오래 지속되지만 거짓은 곧 무너진다.(잠 12:19) 그리고 하나님은 거짓을 미워하시고 진실을 기뻐하신다.(잠 6:16-17, 12:22)

그리고 사람은 험담을 하지 말아야 한다. 험담은 사람 사이를 이간하고 다툼을 일으킨다.(잠 16:28, 26:20) 또한 한담을 삼가야 한다.(잠 11:13, 20:19) 쓸데없는 말을 퍼뜨리거나 남의 비밀을 드러내지 말아야 한다.(잠 11:13, 20:19) 아첨도 금해야 한다. 아첨은 자신을 망하게 할 뿐 아니라 남도 해롭게 한다.(잠 26:28, 29:5) 지혜로운 사람은 경우에 합당한 말을 한다. 경우에 합당한 말은 은쟁반에 담긴 황금 사과처럼 귀하고 가치 있는 것이다.(잠 25:11)

"혀는 곧 불이요 불의의 세계라 혀는 우리 지체 중에서 온 몸을 더럽히고 삶의 수레바퀴를 불사르나니 그 사르는 것이 지옥 불에서 나느니라"(약 3:6)

"혀는 능히 길들일 사람이 없나니 쉬지 아니하는 악이요 죽이는 독이 가득한 것

이라"(약 3:8)

야고보서 역시 말에 주의하라고 강하게 경고한다.(약 3:6, 8) 혀는 모든 일을 그르칠 수 있는 위험한 존재다. 사람과 교회를 모두 무너뜨릴 수 있다는 뜻이다. 그래서 혀는 악의 세계이며 인간의 힘으로는 결코 길들일 수 없는 존재다. 혀에 죽이는 독이 가득하다. 이런 점에서 야고보서의 경고가 잠언보다 훨씬 더 강하다.

(2) 음란하지 말라

"음녀로 말미암아 사람이 한 조각 떡만 남게 됨이며 음란한 여인은 귀한 생명을 사냥함이니라"(잠 6:26)

"여인과 간음하는 자는 무지한 자라 이것을 행하는 자는 자기의 영혼을 망하게 하며"(잠 6:32)

"네 마음이 음녀의 길로 치우치지 말며 그 길에 미혹되지 말지어다 대저 그가 많은 사람을 상하여 엎드러지게 하였나니 그에게 죽은 자가 허다하니라"(잠 7:25-26)

지혜롭고 명철한 사람은 음란한 죄를 피한다. 아내 외의 여인과 간음하지 않고, 음란한 여인의 유혹에 빠지지 않는다. 돈으로 상대를 사지 않는다. 음란이 영혼을 망하게 하고(잠 6:32), 생명을 빼앗아가는 위험한 것이기 때문이다.(잠 7:25-26) 음란에 빠진 자는 화살이 간을 꿰뚫는 죽음으로 끝난다.(잠 7:23)

성경은 음란을 매우 무거운 죄로 다루는데 소돔과 고모라가 대표적인 예다.(창 19:4-5) 가나안 족속이 멸망한 이유도 그들의 우상숭배(출 34:15-16)와 더불어 음란 때문이다.(레 18:24-25, 27, 레 20:23) 유다서 1:7에 '소돔과 고모라와 그 이웃 도시들도 그들과 같은 행동으로 음란하며 다른 육체를 따라 가다가 영원한 불의 형벌을 받음으로 거울이 되었느니라'는 말씀이 있다. 하나님은 간음, 강간, 동성애, 수간, 근친상간 등 모든 형태의 음란을 가증하게 여기신다.(레 18:1-23, 20:10-21)

> "여호와께서 또 이와 같이 이르시기를 보라 내가 너와 네 집에 재앙을 일으키고 내가 네 눈앞에서 네 아내를 빼앗아 네 이웃들에게 주리니 그 사람들이 네 아내들과 더불어 백주에 동침하리라"(삼하 12:11)
>
> "이에 사람들이 압살롬을 위하여 옥상에 장막을 치니 압살롬이 온 이스라엘 무리의 눈앞에서 그 아버지의 후궁들과 더불어 동침하니라"(삼하 16:22)
>
> "이는 다윗이 헷 사람 우리아의 일 외에는 평생에 여호와 보시기에 정직하게 행하고 자기에게 명령하신 모든 일을 어기지 아니하였음이라"(왕상 1:5)

다윗은 평생 하나님 보시기에 정직하게 행하며 말씀에 순종했다.(왕상 1:5) 그러나 밧세바 사건으로 인해 음란의 죄를 범했고, 그 결과 압살롬의 반란을 겪어야 했다. 하나님은 다윗이 밧세바와 동침한 사건을 책망하시면서 '내가 너와 네 집에 재앙을 일으킬 것이며 너는 네 아내를 빼앗길 것이라'고 말씀하셨다.(삼하 12:11) 다윗은 압살롬이 자신의 아내들과 백주에 동침하는 수치를 당했다.(삼하 16:21-22)

> "또 간음하지 말라 하였다는 것을 너희가 들었으나 나는 너희에게 이르노니 음

욕을 품고 여자를 보는 자마다 마음에 이미 간음하였느니라"(마 5:27-28)

"속에서 곧 사람의 마음에서 나오는 것은 악한 생각 곧 음란과 도둑질과 살인과 간음과 탐욕과 악독과 속임과 음탕과 질투와 비방과 교만과 우매함이니"
(막 7:21-22)

예수님은 음욕을 품는 것 자체가 이미 간음이라 하신다.(마 5:28) 그리고 마음에서 나오는 악을 말씀하실 때 음란을 세 번이나 언급하신다.(막 7:21-23) 음란은 사람이 피하기 어려운 죄이며 반드시 무서운 결과를 가져온다. 음란은 결코 가벼운 죄가 아니다.

(3) 부지런히 일하라
"좀 더 자자, 좀 더 졸자, 손을 모으고 좀 더 누워 있자 하면 네 빈궁이 강도 같이 오며 네 곤핍이 군사 같이 이르리라"(잠 6:10-11)
"손을 게으르게 놀리는 자는 가난하게 되고 손이 부지런한 자는 부하게 되느니라"(잠 10:4)
"부지런한 자의 손은 사람을 다스리게 되어도 게으른 자는 부림을 받느니라"(잠 12:24)
"네 양 떼의 형편을 부지런히 살피며 네 소 떼에게 마음을 두라"(잠 27:23)
"그는 양털과 삼을 구하여 부지런히 손으로 일하며 상인의 배와 같아서 먼 데서 양식을 가져 오며"(잠 31:13-14)

지혜롭고 명철한 사람은 부지런히 일한다. 그래야 넉넉하게 살며 풍족함을 누릴 수 있고 다른 사람에게 빌려줄지언정 빌리지 않는다. 잠언은 개미에게서 배우라고 권면한다.(잠 6:6) 개미처럼 일할 수 있을 때 성실히 일하여 장래를 대비하는 지혜를 배우라는 것이다. 어리석고 미련한 자는 게으르며, 지혜롭고 명철한 자는 부지런하다. 잠언 31장은 현숙한 여인을 값비싼 진주에 비유하면서 무엇보다 여인의 부지런함을 칭송한다.(잠 31:13-19)

"아굴라라 하는 본도에서 난 유대인 한 사람을 만나니 글라우디오가 모든 유대인을 명하여 로마에서 떠나라 한 고로 그가 그 아내 브리스길라와 함께 이달리야로부터 새로 온지라 바울이 그들에게 가매 생업이 같으므로 함께 살며 일을 하니 그 생업은 천막을 만드는 것이더라"(행 18:2-3)
"누구에게서든지 음식을 값없이 먹지 않고 오직 수고하고 애써 주야로 일함은 너희 아무에게도 폐를 끼치지 아니하려 함이니"(살후 3:8)
"우리가 너희와 함께 있을 때에도 너희에게 명하기를 누구든지 일하기 싫어하거든 먹지도 말게 하라 하였더니"(살후 3:10)
"이런 자들에게 우리가 명하고 주 예수 그리스도 안에서 권하기를 조용히 일하여 자기 양식을 먹으라 하노라"(살후 3:12)

신약에도 부지런히 일할 것을 권면하는 말씀이 있다. 바울은 데살로니가 3장에서 게으른 자들을 책망하며(살후 3:6-12), '일하기 싫어하는 자는 먹지도 못하게 하라'고 단호히 말한다.(살후 3:10) 그는 자신이 남에게 짐이 되지 않기 위해 밤낮으로 일했다.(행 18:3, 살후 3:8) 바울은 조용히 일하며 자기 양식을 스스로 마련하는 것이 예수께 원하시는 삶이라고 가르친다.(살후 3:12)

(4) 정직하라

"그는 정직한 자를 위하여 완전한 지혜를 예비하시며 행실이 온전한 자에게 방패가 되시나니"(잠 2:7)

"내가 지혜로운 길을 네게 가르쳤으며 정직한 길로 너를 인도하였은즉"(잠 4:11)

"여호와의 도가 정직한 자에게는 산성이요 행악하는 자에게는 멸망이니라"(잠 10:29)

"악한 자의 집은 망하겠고 정직한 자의 장막은 흥하리라"(잠 14:11)

"악인의 제사는 여호와께서 미워하셔도 정직한 자의 기도는 그가 기뻐하시느니라"(잠 15:8)

지혜롭고 명철한 사람은 정직하다. 거짓말을 하지 않고 사실대로 행하며 남을 속이지 않는다. 정직은 하나님의 산성이요 악을 막는 방패다.(잠 2:7, 10:29) 하나님은 정직한 자를 기뻐하시고 그에게 풍족함을 허락하신다.(잠 14:11, 15:8) 하나님은 사람을 정직한 길로 인도하시며(잠 4:11), 정직한 자를 보호하신다.(시 25:21, 잠 13:6)

"여호와께서 보시기에 정직하고 선량한 일을 행하라 그리하면 네가 복을 받고 그 땅에 들어가서 여호와께서 모든 대적을 네 앞에서 쫓아내시겠다고 네 조상들에게 맹세하신 아름다운 땅을 차지하리니 여호와의 말씀과 같으니라"(신 6:18-19)

"의인의 길은 정직함이여 정직하신 주께서 의인의 첩경을 평탄하게 하시도다"(사 26:7)

정직은 단지 도덕적 미덕이 아니라 하나님의 약속을 붙드는 것이다. 하나님은 정직하게 사는 자에게 복을 주시고 대적을 물리치게 하신다.(신 6:18-19) 그의 길을 평탄케 하시고 곤란한 일을 해결해주신다.(사 26:7) 정직한 사람이 지혜롭고 명철한 사람이다.

"세리들도 세례를 받고자 하여 와서 이르되 선생이여 우리는 무엇을 하리이까 하매 이르되 부과된 것 외에는 거두지 말라 하고"(눅 3:12-13)
"삭개오가 서서 주께 여짜오되 주여 보시옵소서 내 소유의 절반을 가난한 자들에게 주겠사오며 만일 누구의 것을 속여 빼앗은 일이 있으면 네 갑절이나 갚겠나이다"(눅 19:8)

세례자 요한은 세리들이 세례를 받고자 했을 때 정직함을 요구했다. 부과된 세금 외에는 거두지 말라고 한 것이다.(눅 3:12-13) 여리고의 세리장 삭개오는 자신이 속여 빼앗은 것이 있다면 네 갑절로 갚겠다고 약속했고(눅 19:8), 이 말을 들으신 예수님은 삭개오와 그의 집에 구원이 임했다고 선포하셨다.(눅 19:9) 정직한 사람은 하나님의 복을 받고 구원을 얻는다.

2. 가족(지혜롭고 명철한 가정)

(5) 아내를 사랑하라
"네 샘으로 복되게 하라 네가 젊어서 취한 아내를 즐거워하라 그는 사랑스러운 암사슴 같고 아름다운 암노루 같으니 너는 그의 품을 항상 족하게 여기며 그의 사랑을 항상 연모하라"(잠 5:18-19)

"지혜로운 여인은 자기 집을 세우되 미련한 여인은 자기 손으로 그것을 허느니라"(잠 14:1)

"누가 현숙한 여인을 찾아 얻겠느냐 그의 값은 진주보다 더 하니라"(잠 31:8)

지혜롭고 명철한 사람은 아내를 사랑한다. 그는 먼저 지혜롭고 현숙한 아내를 얻는다.(잠 14:1, 31:8) 아름다움만 있고 지혜가 없는 여인은 마치 돼지 코에 금고리를 단 것과 같다.(잠 11:22) 지혜로운 사람은 젊어서 얻은 아내를 평생 즐거워하며 끝까지 그 사랑으로 만족한다. 이웃의 아내를 탐하거나 더 젊은 여자를 찾지 않는다. 하나님이 맺어주신 가정을 사람의 욕정으로 깨뜨리지 않는다.(마 19:5-6)

"내가 내 눈과 약속하였나니 어찌 처녀에게 주목하랴"(욥 31:1)

"만일 내 마음이 여인에게 유혹되어 이웃의 문을 엿보아 문에서 숨어 기다렸다면 내 아내가 타인의 맷돌을 돌리며 타인과 더불어 동침하기를 바라노라"(욥 31:9-10)

욥은 그런 점에서 지혜롭고 명철한 사람이었다. 그는 젊고 아름다운 여인에게 마음을 빼앗기지 않았고 이웃의 아내를 탐하지 않았다.(욥 31:1, 9-10) 아내가 욥에게 '당신이 그래도 자기의 온전함을 굳게 지키느냐 하나님을 욕하고 죽으라'고 심한 말을 했을 때도 욥은 그녀를 버리지 않았다.(욥 2:9) 욥은 모든 시험이 끝난 후 그 아내에게서 일곱 아들과 세 딸을 얻었다.(욥 42:13)

(6) 자식을 훈계하라

"마땅히 행할 길을 아이에게 가르치라 그리하면 늙어도 그것을 떠나지 아니하리라"(잠 22:6)

"아이를 훈계하지 아니하려고 하지 말라 채찍으로 그를 때릴지라도 그가 죽지 아니하리라"(잠 23:13)

"의인의 아비는 크게 즐거울 것이요 지혜로운 자식을 낳은 자는 그로 말미암아 즐거울 것이니라"(잠 23:24)

지혜롭고 명철한 부모는 자식을 훈계한다. 자식은 부모에게 기쁨을 주지만 저절로 훌륭한 성인이 되지 않는다. 부모의 가르침과 교육을 통해서만 바른 길을 걸을 수 있다. 그래서 지혜로운 부모는 마땅히 행할 길을 아이에게 가르치고 훈계한다.(잠 22:6, 23:13) 때로는 엄하게 꾸짖고 필요하다면 징계를 해야 한다.

"매를 아끼는 자는 그의 자식을 미워함이라 자식을 사랑하는 자는 근실히 징계하느니라"(잠 13:24)

"아이의 마음에는 미련한 것이 얽혔으나 징계하는 채찍이 이를 멀리 쫓아내리라"(잠 22:15)

"채찍과 꾸지람이 지혜를 주거늘 임의로 행하게 버려 둔 자식은 어미를 욕되게 하느니라"(잠 29:15)

"네 자식을 징계하라 그리하면 그가 너를 평안하게 하겠고 또 네 마음에 기쁨을 주리라"(잠 29:17)

잠언은 자녀 교육에 있어서 징계의 중요성을 강조한다. 아이 마음속에는 미련함이 있기 때문이다.(잠 22:15) 자식은 징계를 통해 지혜를 얻는데 (잠 29:15), 징계가 아이의 미련을 없애기 때문이다.(잠 22:15) 잠언은 징계가 곧 자식을 사랑하는 길이라고 한다.(잠 13:24) 자식을 징계해도 그 자식은 죽지 않는다.(잠 23:13) 잠언의 이런 말씀들은 고대 이스라엘의 교육 방식을 반영하고 있다. 그래서 이를 오늘날 문자적으로 그대로 적용할 수는 없다. 그러나 그 정신은 변함이 없다. 자녀 훈계를 게을리 하지 말고 올바른 징계를 두려워하지 말라는 것이다.

> "엘리가 매우 늙었더니 그의 아들들이 온 이스라엘에게 행한 모든 일과 회막 문에서 수종 드는 여인들과 동침하였음을 듣고 그들에게 이르되 너희가 어찌하여 이런 일을 하느냐 내가 너희의 악행을 이 모든 백성에게서 듣노라"(삼상 2:22-23)

사무엘 시대 엘리 제사장은 자식 교육에 실패한 예다. 엘리의 두 아들 홉니와 비느하스는 하나님을 두려워하지 않았다. 제물을 도둑질했으며 회막 문에서 일하는 여인들과 동침하기까지 했다.(삼상 2:12-22) 그러나 엘리는 아들들의 악행을 알고도 말로만 꾸짖었을 뿐이다.(삼상 2:24-25) 이미 성인이 된 후에는 바로잡을 수 없었기 때문이다. 아버지 엘리가 그들의 어린 시절에 제대로 징계하지 못했기 때문에 그들의 타락이 시작되었을 것이다. 매를 아끼는 바람에 자식들의 미련함을 없애지 못했던 것이다. 홉니와 비느하스는 아버지 엘리의 말을 듣지 않았다.(삼상 2:25)

"내가 그의 집을 영원토록 심판하겠다고 그에게 말한 것은 그가 아는 죄악 때문이니 이는 그가 자기의 아들들이 저주를 자청하되 금하지 아니하였음이니라"(삼상 3:13)

엘리는 자식 훈계에 실패했고 그 결과 하나님의 저주를 받았다. 하나님은 사무엘을 통해 엘리 집안의 죄를 경고하셨고(삼상 3:13), 그 말씀이 이루어져 엘리 자신과 두 아들 홉니와 비느하스가 같은 날에 죽었다.(삼상 4:11-12, 18) 비느하스의 아내까지 출산 중에 죽었다.(삼상 4:19-22) 지혜롭고 명철한 사람은 반드시 자식을 훈계한다.

"그의 아들들이 자기 아버지의 행위를 따르지 아니하고 이익을 따라 뇌물을 받고 판결을 굽게 하니라"(삼상 8:3)

사무엘조차 자식 교육에 실패했다. 사무엘의 두 아들 요엘과 아비야는 브엘세바에서 사사로 일하면서 아버지와 달리 정직하지 않았다. 그들은 남몰래 뇌물을 받고 공정하지 않은 재판을 했다.(삼상 8:3) 이 사실을 통해 자식 교육의 어려움을 알 수 있다. 지혜롭고 명철한 가정을 이루는 것이 쉬운 일은 아니다. 그러므로 자식을 훈계하고 징계하는 일이 반드시 필요하다.

3. 이웃과 타인(지혜롭고 명철한 인간관계)

(7) 악인을 멀리 하라
"내 아들아 악한 자가 너를 꾈지라도 따르지 말라"(잠 1:10)

"포학한 자를 부러워하지 말며 그의 어떤 행위도 따르지 말라"(잠 3:31)

"사악한 자의 길에 들어가지 말며 악인의 길로 다니지 말지어다"(잠 4:14)

"너는 악인의 형통함을 부러워하지 말며 그와 함께 있으려고 하지도 말지어다"(잠 24:1)

지혜롭고 명철한 사람은 악인을 멀리한다. 그는 악인의 형통을 부러워하지 않는다. 잠언에는 악인에 대한 경고의 말씀이 많다. 악인의 집에는 하나님의 저주가 있으며(잠 3:33), 악인은 땅에서 끊어지고 반드시 멸망한다.(잠 2:22, 10:30, 11:7) 악인이 망하면 사람들이 기뻐하고(잠 11:10), 악인의 소득은 결국 고통이 된다.(잠 15:6) 하나님은 악인의 제사를 미워하시고(잠 15:8), 악인을 멀리 하시며(잠 15:29), 환난 가운데 던지신다.(잠 21:12)

악인은 탐욕에 빠져 타인의 재물을 강탈한다. 사람들의 피를 흘려 보화를 얻으며 빼앗은 것으로 집을 채운다.(잠 1:10-19) 또한 다툼을 일으키고 벗을 이간질하며(잠 16:28), 이웃을 꾀어 나쁜 길로 인도한다.(잠 16:29) 결국 그들의 집은 망할 수밖에 없다.(잠 14:11) 하나님은 악인을 미워하시고 지혜롭고 명철한 사람은 이런 악인을 멀리한다.

"암논에게 요나답이라 하는 친구가 있으니 그는 다윗의 형 시므아의 아들이요 심히 간교한 자라"(삼하 13:3)

다윗의 아들 암논은 병이 날 정도로 배다른 여동생 다말을 사랑했다.(삼하 13:1-2) 이때 암논의 친구 요나답이 꾀를 내어 병든 체하면서 다말을 문병 오게 하라고 했다. 암논은 그 말을 따라 다말을 불러들인 후 강간했다.

다윗은 분노했지만 특별히 벌을 내리지는 않았다. 그러나 2년 후 다말의 오빠 압살롬이 바알하솔에서 암논을 살해했다.(삼하 13:23-28) 다말의 복수를 한 것이다. 암논의 죽음은 나쁜 친구의 꾀를 따른 비극적인 결말이었다. 악인을 가까이한 결과가 이렇다. 암몬 자신뿐 아니라 주변의 많은 사람들이 불행해졌다.

(8) 좋은 친구를 사귀라
"친구는 사랑이 끊어지지 아니하고 형제는 위급한 때를 위하여 났느니라"(잠 17:17)
"기름과 향이 사람의 마음을 즐겁게 하나니 친구의 충성된 권고가 이와 같이 아름다우니라"(잠 27:9)
"네 친구와 네 아비의 친구를 버리지 말며 네 환난 날에 형제의 집에 들어가지 말지어다 가까운 이웃이 먼 형제보다 나으니라"(잠 27:10)

지혜롭고 명철한 사람은 좋은 친구를 사귀고 어리석은 자는 나쁜 친구에게 끌린다. 우정은 인간관계에서 매우 중요하다. 좋은 친구는 정신적, 육체적 건강에 이로우며 정서적 안정에 큰 힘이 된다. 때로는 사람의 미래까지 바꾸어 놓는다. 친구 없이 외톨이로 사는 것은 바람직하지 않다. 외로움과 고립이 정신적, 사회적 건강을 해치기 때문이다. 좋은 친구는 사랑을 느끼게 하고 마음을 즐겁게 한다.(잠 17:17, 27:9) 잠언은 좋은 친구를 사귀라고 권면한다.

"다윗이 사울에게 말하기를 마치매 요나단의 마음이 다윗의 마음과 하나가 되

어 요나단이 그를 자기 생명 같이 사랑하니라"(삼상 18:1)

"다윗에 대한 요나단의 사랑이 그를 다시 맹세하게 하였으니 이는 자기 생명을 사랑함 같이 그를 사랑함이었더라"(삼상 20:17)

다윗과 요나단은 참된 친구였다. 서로를 아끼고 생명처럼 사랑했다.(삼상 18:1, 20:17, 42, 삼하 1:26) 요나단은 다윗의 생명을 구해주었고(삼상 20:1-42), 다윗은 그 우정을 잊지 않았다. 다윗은 왕권이 안정된 후 요나단의 아들 므비보셋을 보살폈다.(삼하 9:1-8) 므비보셋에게 땅을 주고 왕의 식탁에서 함께 식사를 하게 했으며(삼하 9:9-10), 기브온 사람들이 사울 집안의 목숨을 요구했을 때 므비보셋만은 보호했다.(삼하 21:7) 좋은 친구 관계가 남긴 아름다운 결실이다.

"왕의 아버지가 우리의 멍에를 무겁게 하였으나 왕은 이제 왕의 아버지가 우리에게 시킨 고역과 메운 무거운 멍에를 가볍게 하소서 그리하시면 우리가 왕을 섬기겠나이다"(왕상 12:4)

솔로몬이 죽은 후 통일 이스라엘의 정국은 크게 흔들렸다. 솔로몬의 과도한 세금과 부역으로 인해 북쪽 10지파의 불만이 고조되었던 것이다.(왕상 12:4) 그들은 여로보암을 중심으로 모여 솔로몬의 아들 르호보암에게 멍에를 가볍게 해 줄 것을 요청하면서 그렇게 되면 르호보암을 섬기겠다고 약속했다.

"왕이 포학한 말로 백성에게 대답할새 노인의 자문을 버리고 어린 사람들의 자문을 따라 그들에게 말하여 이르되 내 아버지는 너희의 멍에를 무겁게 하였으나 나는 너희의 멍에를 더욱 무겁게 할지라 내 아버지는 채찍으로 너희를 징계하였으나 나는 전갈 채찍으로 너희를 징치하리라 하니라"(왕상 12:13-14)

솔로몬의 원로 신하들은 북쪽 10지파의 요구를 들어주라고 조언했다. 그러나 르호보암의 젊은 친구들은 정반대로 조언했다. 오히려 더 무거운 멍에를 지워 왕권을 강화하라는 것이었다. 르호보암은 미련하게도 어리석은 친구들의 말을 따랐고 그 결과 북쪽 10지파는 여로보암을 왕으로 세우고 독립하였다. 다윗과 솔로몬으로 이어진 약 80년간의 통일 왕국은 끝이 나고, 북이스라엘과 남유다라는 두 나라로 갈라지게 된 것이다. 어리석은 친구를 사귄 결과가 이렇다.

(9) 가난한 자를 도우라
"가난한 사람을 학대하는 자는 그를 지으신 이를 멸시하는 자요 궁핍한 사람을 불쌍히 여기는 자는 주를 공경하는 자니라"(잠 14:31)
"가난한 자를 불쌍히 여기는 것은 여호와께 꾸어 드리는 것이니 그의 선행을 그에게 갚아 주시리라"(잠 19:17)
"선한 눈을 가진 자는 복을 받으리니 이는 양식을 가난한 자에게 줌이니라"(잠 22:9)

지혜롭고 명철한 사람은 가난한 자를 돕는다. 그것이 곧 하나님을 공경하는 일이기 때문이다.(잠 14:31) 가난한 자에게 양식을 나누어 주는 자는 복을 받는다.(잠 22:9) 그들을 불쌍히 여기는 것은 하나님께 꾸어 드리는 것

과 같아서 하나님께서 반드시 갚아 주신다.(잠 19:17)

"가난한 자를 조롱하는 자는 그를 지으신 주를 멸시하는 자요 사람의 재앙을 기뻐하는 자는 형벌을 면하지 못할 자니라"(잠 17:5)
"귀를 막고 가난한 자가 부르짖는 소리를 듣지 아니하면 자기가 부르짖을 때에도 들을 자가 없으리라"(잠 21:13)
"가난한 자를 구제하는 자는 궁핍하지 아니하려니와 못 본 체하는 자에게는 저주가 크리라"(잠 28:27)

반대로 가난한 자를 멸시하고 학대하는 것은 하나님을 멸시하는 행위와 같다.(잠 14:31, 17:5) 그는 형벌과 저주를 면치 못한다.(잠 17:5, 28:27) 또한 가난한 자를 돕지 않으면 자신이 어려움에 처할 때 도움을 받지 못한다.(잠 21:13) 성경 전체에 걸쳐 고아와 과부, 이방인 등 사회적 약자를 도우라는 말씀은 자주 강조된다. 신명기에 특히 그런 말씀들이 많다.(신 10:18, 14:29, 16:11, 14, 24:17, 19, 24:17, 19, 20, 21, 26:12, 13, 27:19) 가난한 자를 향한 태도는 곧 하나님을 향한 태도를 드러내는 것이다.

"나와 내 형제와 종자들도 역시 돈과 양식을 백성에게 꾸어 주었거니와 우리가 그 이자 받기를 그치자 그런즉 너희는 그들에게 오늘이라도 그들의 밭과 포도원과 감람원과 집이며 너희가 꾸어 준 돈이나 양식이나 새 포도주나 기름의 백분의 일을 돌려보내라 하였더니"(느 5:9-10)

느헤미야 시대에 가난한 자들이 많았다.(느 5:1-5) 흉년으로 양식이 부족했고 세금은 과중했다. 백성들은 밭과 포도원과 집을 저당 잡히고 양식을 구했으며 세금을 냈다. 자녀들을 종으로 팔아서 먹고 살았다. 느헤미야는 그런 백성들의 원망을 듣고 귀족들과 관리들에게 이자를 받지 말고 이미 받은 이자도 돌려주라고 요구했다. 또한 가난한 자들에게 돈과 곡식과 포도주와 기름을 빌려주라고 하였다. 느헤미야는 적극적으로 가난한 자들을 도왔고 귀족들과 관리들은 그의 말을 따랐다. 그 후 느헤미야는 '내 하나님 이여 내가 이 백성을 위하여 행한 모든 일을 기억하사 내게 은혜를 베푸시 옵소서'라고 기도했다.(느 5:19) 가난한 자를 돕는 사람은 하나님의 은혜를 구할 자격이 있다. 하나님께서 그 기도를 듣고 은혜를 베푸신다.

(10) 기타

"왕의 희색은 생명을 뜻하나니 그의 은택이 늦은 비를 내리는 구름과 같으니라"(잠 16:15)

"왕의 노함은 사자의 부르짖음 같고 그의 은택은 풀 위의 이슬 같으니라" (잠 19:12)

"왕은 인자와 진리로 스스로 보호하고 그의 왕위도 인자함으로 말미암아 견고하니라"(잠 20:28)

"내 아들아 여호와와 왕을 경외하고 반역자와 더불어 사귀지 말라"(잠 24:21)

지혜롭고 명철한 사람은 왕의 권위를 인정하고 왕 앞에서 교만하지 않는다.(잠 24:21, 25:6) 왕에게는 백성을 정의롭게 다스리고 부지런히 살펴 편안하게 살도록 하는 책임이 있다. 신하는 높은 자리를 탐하지 않고 왕을 충실히 섬겨야 하고, 백성은 왕에게 복종하며 자신의 의무를 다해야 한다. 이것이 나라의 질서를 지키는 길이다. 따라서 지혜롭고 명철한 사람은 왕의 권위를 존중한다. 그래서 질서를 세우고 모든 사람이 평온한 삶을 누리도록 한다.

"악인을 두둔하는 것과 재판할 때에 의인을 억울하게 하는 것이 선하지 아니하니라"(잠 18:5)

"이것도 지혜로운 자들의 말씀이라 재판할 때에 낯을 보아 주는 것이 옳지 못하니라"(잠 24:23)

"너는 입을 열어 공의로 재판하여 곤고한 자와 궁핍한 자를 신원할지니라"(잠 31:9)

지혜롭고 명철한 사람은 정의로운 재판을 한다. 뇌물에 휘둘려 판결을 왜곡하지 않고, 악인을 두둔하거나 의인을 억울하게 하지 않는다. 사람의 돈과 지위에 치우치지 않고 공의로 재판하며 가난하고 억눌린 사람을 보호한다. 이것은 사회 정의를 실천하여 억울한 사람이 없도록 하기 위함이다. 결국 지혜롭고 명철한 사람이 정의로운 사회를 이루는데 이는 하나님이 원하시는 일이다.

"집은 지혜로 말미암아 건축되고 명철로 말미암아 견고하게 되며 또 방들은 지식으로 말미암아 각종 귀하고 아름다운 보배로 채우게 되느니라 지혜 있는 자는 강하고 지식 있는 자는 힘을 더하나니"(잠 24:3-5)

잠언이 가르치는 일상의 지혜는 매우 소박하고 단순하다. '말을 조심하라, 음란을 피하라, 부지런히 일하라, 정직하라, 아내를 사랑하라, 자녀를 훈계하라, 악인을 멀리 하라, 좋은 친구를 사귀라, 가난한 자를 도우라, 백성의 의무를 다하라, 사회 정의를 이루라' 등과 같은 교훈들이다. 이는 어렵거나 복잡한 내용이 아니며 오늘날의 시각에서 보면 더욱 단순해 보인다. 그 까닭은 잠언이 기록된 2-3천 년 전 이스라엘 사회 자체가 소박하고 단순했기 때문이다.

그러나 이 단순한 일상의 지혜가 바로 삶의 기초가 된다. 잠언은 가장 기본적인 지혜를 통해 지혜롭게 사는 길을 가르친다. 물론 잠언이 현대 사회의 모든 문제를 해결하는 지혜를 가르친다고 말할 수는 없다. 현대 사회의 인간관계, 윤리·도덕적 문제, 정치·경제·사회·문화적 문제는 2-3천 년 전보다 훨씬 더 복잡하다. 최근에는 인공지능의 문제까지 대두되고 있는 실정이다. 그러나 잠언의 지혜를 외면하고 바르게 살 수는 없다. 잠언의 교훈을 무시한 채 지혜롭게 살 수는 없는 것이다.

오늘날의 바람직한 삶도 결국 잠언의 일상적 지혜에서 출발한다. 잠언의 교훈을 실천하는 가운데 사람은 겸손과 친절, 진실과 정의, 부지런함과 너그러움을 배울 수 있다. 배우자와의 관계나 자녀 양육에 대한 지혜를 얻어 행복한 가정을 이루고 삶의 기쁨과 만족을 누릴 수 있다.

무엇보다 잠언은 하나님과의 관계를 가르친다. 하나님을 경외하는 삶을 가르치고 하나님을 인정하고 의지하는 길을 보여준다. 이것이야말로 잠언이 전하는 참되고 진정한 지혜다. 결국 잠언의 일상적 교훈은 단순한 생활의 지혜가 아니다. 하나님과의 올바른 관계 위에 세워진 지혜, 하나님과의 참된 관계를 위한 지혜인 것이다.

하나님을 경외하라

하나님 경외의 의미

"지혜를 얻은 자와 명철을 얻은 자는 복이 있나니"(잠 3:13)

"여호와를 경외하는 것은 악을 미워하는 것이라 나는 교만과 거만과 악한 행실과 패역한 입을 미워하느니라"(잠 8:13)

"여호와를 경외하는 것은 생명의 샘이니 사망의 그물에서 벗어나게 하느니라"(잠 14:27)

"가산이 적어도 여호와를 경외하는 것이 크게 부하고 번뇌하는 것보다 나으니라"(잠 15:16)

"여호와를 경외하는 것은 사람으로 생명에 이르게 하는 것이라 경외하는 자는 족하게 지내고 재앙을 당하지 아니하느니라"(잠 19:23)

지금까지 살펴본 것처럼 잠언은 지혜와 명철을 가르친다. 그런데 하나님을 경외하는 사람이 이 지혜와 명철을 얻는다. 이것이 잠언의 핵심이고 결론이다. 하나님 경외는 삶의 지혜와 깊이 연결되어 있으며 지혜롭게 살고 싶은 사람은 하나님을 경외해야 한다. 사람은 하나님을 경외하면서 어리석음과 미련을 버리게 된다. 잠언이 일관되게 하나님 경외를 강조하는 이유는 그래야 지혜롭고 명철하게 살 수 있기 때문이다.(잠 1:7, 29, 2:5, 3:7, 8:13, 9:10, 10:27, 14:2, 26, 27, 15:16, 33, 16:6, 19:23, 22:4, 23:17, 24:21, 28:14, 31:30)

"여호와를 경외하는 것이 지식의 근본이거늘"(잠 1:7)
"너는 범사에 그를 인정하라 그리하면 네 길을 지도하시리라"(잠 3:6)
"여호와를 경외하는 것이 지혜의 근본이요 거룩하신 자를 아는 것이 명철이니라"(잠 9:10)

잠언 9:10에 '여호와를 경외하는 것이 지혜의 근본이요 거룩하신 자를 아는 것이 명철이니라'는 말씀이 있는데 이는 잠언 전체를 한 절로 요약한 말씀이다. 하나님이 지혜와 명철의 근원이시라는 뜻으로 삶의 지혜를 한 마디로 정리한 것이다. 여호와를 경외하는 것이 지식의 근본이고(잠 1:7), 범사에 하나님을 인정할 때 하나님이 그의 삶을 인도하신다.(잠 3:6) 시편 111:10에 같은 맥락의 말씀이 있다. '여호와를 경외함이 지혜의 근본이라 그의 계명을 지키는 자는 다 훌륭한 지각을 가진 자이니'라는 말씀이다.

"모세에게 이르되 당신이 우리에게 말씀하소서 우리가 들으리이다 하나님이 우리에게 말씀하시지 말게 하소서 우리가 죽을까 하나이다"(출 20:19)
"그의 아내에게 이르되 우리가 하나님을 보았으니 반드시 죽으리로다 하니"

(삿 13:22)

"그 때에 내가 말하되 화로다 나여 망하게 되었도다 나는 입술이 부정한 사람이
요 나는 입술이 부정한 백성 중에 거주하면서 만군의 여호와이신 왕을 뵈었음
이로다 하였더라"(사 6:5)

경외는 히브리어 동사 '야레'(*yare*, to fear)에서 온 말로 본래 '두려워하
다'라는 뜻이 담겨 있다. 실제로 구약시대 사람들은 하나님이나 천사의 현
존 앞에서 두려움을 느꼈다. 출애굽 한 이스라엘 백성은 하나님의 음성을
듣고 죽을까 두려워했고(출 20:19), 삼손의 부모는 천사를 만난 후 자신들이
죽을 것이라 염려했다.(삿 13:22) 이사야는 하나님의 보좌를 환상으로 본 후
'화로도 나여 망하게 되었도다'라며 두려움에 떨었다.(사 6:5) 하나님이나
천사와의 만남은 그만큼 두려운 경험이었다.

그러나 잠언이 말하는 하나님 경외는 단순한 두려움에 머무르지 않는
다. 그것은 두려움을 극대화한 상태도 아니고, 하나님 앞에서 전전긍긍하
며 불안에 떠는 태도도 아니다. 잠언이 말하는 하나님 경외는 하나님을 진
심으로 존경하는 것이다. 왜냐하면 하나님은 무한한 사랑과 인자와 자비로
사람을 대하시기 때문이다.

"사자가 이르시되 그 아이에게 네 손을 대지 말라 그에게 아무 일도 하지 말라
네가 네 아들 네 독자까지도 내게 아끼지 아니하였으니 내가 이제야 네가 하나
님을 경외하는 줄을 아노라"(창 22:12)

하나님 경외란 곧 하나님에 대한 '지극한 존경, 절대적 믿음, 절대적 순

종'을 뜻한다. 즉 하나님의 존재 자체를 존경하며, 그분을 전적으로 신뢰하고, 그분의 뜻에 온전히 순종하는 것이다. 가장 대표적인 예가 창세기 22장의 '이삭 번제 사건'이다. 하나님께서 아브라함에게 이삭을 번제로 바치라고 명령하셨을 때(창 22:1-2), 아브라함은 항변하거나 질문하지 않고 그대로 순종했다. 실제로 아들을 바치려 할 때 하나님은 천사를 보내어 '내가 이제야 네가 하나님을 경외하는 줄을 아노라'고 말씀하셨다.(창 22:12) 하나님께서 아브라함의 경외를 인정하신 것이다.

아브라함의 경외는 하나님에 대한 지극한 존경에서 비롯되었다. 그는 하나님의 모든 것을 존경했고 모든 것을 믿었다. 그래서 모든 것에 순종했다. 창세기 22장은 아브라함이 무엇을 믿었는지를 구체적으로 말하지 않는다. 그가 이삭을 바친 후 하나님께서 다시 살리실 것을 믿었는지, 아니면 또 다른 아들을 주실 것을 믿었는지 어떤 언급도 없다. 그의 내적 심경 역시 드러나 있지 않다. 성경은 단지 아브라함이 순종했다는 사실만 전한다. 이것이 바로 하나님을 경외하는 삶이다. 경외는 단순한 두려움이 아니라 무한한 존경과 신뢰와 순종을 뜻한다.

"이스라엘아 네 하나님 여호와께서 네게 요구하시는 것이 무엇이냐 곧 네 하나님 여호와를 경외하여 그의 모든 도를 행하고 그를 사랑하며 마음을 다하고 뜻을 다하여 네 하나님 여호와를 섬기고"(신 10:12)
"네 하나님 여호와를 경외하여 그를 섬기며 그에게 의지하고 그의 이름으로 맹세하라"(신 10:20)
"너희는 너희의 하나님 여호와를 따르며 그를 경외하며 그의 명령을 지키며 그의 목소리를 청종하며 그를 섬기며 그를 의지하며"(신 13:4)

"평생에 자기 옆에 두고 읽어 그의 하나님 여호와 경외하기를 배우며 이 율법의 모든 말과 이 규례를 지켜 행할 것이라"(신 17:19)

하나님을 경외하는 자는 전심으로 하나님을 섬기고 하나님을 의지한다.(신 10:20, 13:4) 모든 일에 하나님을 인정한다. 그래서 하나님은 사람이 자신을 경외하기를 원하신다.(신 10:12) 그리고 하나님 경외를 배우기를 원하신다.(신 4:10, 14:23, 17:19, 31:13)

"또 사람에게 말씀하셨도다 보라 주를 경외함이 지혜요 악을 떠남이 명철이니라"(욥 28:28)
"만민이 각각 자기의 신의 이름을 의지하여 행하되 오직 우리는 우리 하나님 여호와의 이름을 의지하여 영원히 행하리로다"(미 4:5)
"우리는 우리 자신이 사형 선고를 받은 줄 알았으니 이는 우리로 자기를 의지하지 말고 오직 죽은 자를 다시 살리시는 하나님만 의지하게 하심이라"(고후 1:9)

결국 하나님을 경외하는 실제적인 모습은 모든 일에 하나님을 인정하고 의지하는 것이다. 성경 전체가 이 사실을 가르치며 아브라함, 요셉, 욥, 사무엘, 다윗 등 믿음의 인물들이 그러했다. 그들에게도 약점은 있었지만 삶의 근본 태도는 언제나 하나님을 인정하고 하나님을 의지하는 것이었다.

하나님 경외와 경건 훈련

"믿음으로 노아는 아직 보이지 않는 일에 경고하심을 받아 경외함으로 방주를 준비하여 그 집을 구원하였으니 이로 말미암아 세상을 정죄하고 믿음을 따르는 의의 상속자가 되었느니라"(히 11:7)

하나님 경외는 결국 믿음의 행위다. 하나님 경외는 믿음에서 출발하며 믿는 자만이 하나님을 경외할 수 있다. 믿음이 있어야 하나님 경외가 가능하다. 노아가 그 대표적 인물이다. 하나님이 홍수를 대비해 방주를 지으라고 명령하셨을 때 노아는 그대로 순종했다. 하나님을 믿었기 때문이다. 히브리서 11:7은 이 믿음을 '하나님 경외'라고 표현한다. 유일하신 하나님에 대한 믿음이 곧 하나님 경외로 드러난 것이다.

"이것을 네게 나타내심은 여호와는 하나님이시요 그 외에는 다른 신이 없음을 네게 알게 하려 하심이니라"(신 4:35)
"이스라엘의 왕인 여호와, 이스라엘의 구원자인 만군의 여호와가 이같이 말하노라 나는 처음이요 나는 마지막이라 나 외에 다른 신이 없느니라"(사 44:6)

성경은 일관되게 하나님의 유일하심을 강조한다.(신 4:35, 사 44:6) 오직 하나님만이 참 신이시며 다른 모든 신들은 거짓 신이다. 이 세상에 유일한 신은 성경의 하나님뿐이시다. 따라서 하나님 경외는 유일하신 하나님을 지극한 존경으로 섬기는 것이다. 하나님께 마땅히 드려야 할 존경과 섬김이다.

"너는 나 외에는 다른 신들을 네게 두지 말라 너를 위하여 새긴 우상을 만들지 말고 또 위로 하늘에 있는 것이나 아래로 땅에 있는 것이나 땅 아래 물 속에 있는 것의 어떤 형상도 만들지 말며"(출 20:3-4)

하나님은 우상 숭배를 가장 큰 죄악으로 보신다. 신이 아닌 것을 신이라고 하고, 거짓 신을 참 신이라고 높이기 때문이다. 그래서 십계명은 우상 숭배의 단호히 금한다. 제1계명은 '너희는 나 외에는 다른 신들을 네게 두지 말라'는 것이고, 제2계명은 '너희는 우상을 만들지 말라'는 것이다.(출 20:3-4) 하나님 외에 어떤 것도 신으로 섬기지 말라는 명령이다. 우상 숭배가 하나님을 모독하는 가장 큰 죄이기에 십계명의 첫머리에 두신 것이다.

"그러므로 나 주 여호와가 말하노라 내가 나의 삶을 두고 맹세하노니 네가 모든 미운 물건과 모든 가증한 일로 내 성소를 더럽혔은즉 나도 너를 아끼지 아니하며 긍휼을 베풀지 아니하고 미약하게 하리니 너희 가운데에서 삼분의 일은 전염병으로 죽으며 기근으로 멸망할 것이요 삼분의 일은 너의 사방에서 칼에 엎드러질 것이며 삼분의 일은 내가 사방에 흩어 버리고 또 그 뒤를 따라 가며 칼을 빼리라"(겔 5:11-12)

하나님은 우상 숭배를 무섭게 심판하신다. 에스겔 5:11-12에 우상 숭배를 전염병, 기근, 전쟁으로 벌하신다는 말씀이 있는데, 이는 우상 숭배에 대한 하나님의 진노를 보여주는 대표적인 말씀이다. 성경에 이런 경고의 말씀이 반복해서 나온다.

"나 여호와가 말하노라 너희는 나의 증인, 나의 종으로 택함을 입었나니 이는 너희가 나를 알고 믿으며 내가 그인 줄 깨닫게 하려 함이라 나의 전에 지음을 받은 신이 없었느니라 나의 후에도 없으리라 나 곧 나는 여호와라 나 외에 구원자가 없느니라"(사 43:10-11)

"나 외에 다른 신이 없나니 나는 공의를 행하며 구원을 베푸는 하나님이라 나 외에 다른 이가 없느니라 땅의 모든 끝이여 내게로 돌이켜 구원을 받으라 나는 하나님이라 다른 이가 없느니라"(사 45:21-22)

하나님은 자신 외에 다른 신이 없다고 선포하시며(사 45:21-22), 자신 외에 구원자가 없음을 밝히신다.(사 43:10-11) 이는 오직 유일하신 하나님만이 하실 수 있는 말씀이다. 그런 하나님께서 만물을 창조하시고 역사를 주관하시며 인간을 구원하신다. 마지막 날 최후의 심판까지 집행하신다. 그러므로 하나님 경외란 곧 유일하신 하나님을 존경하고 경배하며 섬기는 것이다.

"예수께서 세례를 받으시고 곧 물에서 올라오실새 하늘이 열리고 하나님의 성령이 비둘기 같이 내려 자기 위에 임하심을 보시더니 하늘로부터 소리가 있어 말씀하시되 이는 내 사랑하는 아들이요 내 기뻐하는 자라 하시니라"(마 3:16-17)

"우리 구주 예수 그리스도로 말미암아 우리에게 그 성령을 풍성히 부어 주사 우리로 그의 은혜를 힘입어 의롭다 하심을 얻어 영생의 소망을 따라 상속자가 되게 하려 하심이라"(딛 3:6-7)

이 유일하신 하나님이 곧 삼위일체 하나님이시다. 그래서 참된 하나님 경외는 성부와 성자와 성령을 믿고 존경하며 그 말씀에 순종하는 것이다. 물론 잠언의 하나님 경외가 직접적으로 삼위일체 하나님을 가리키는 것은 아니다. 이는 예수께서 오시기 전이고 성령께서 강림하시기 전이기 때문이다. 그러나 신구약 성경은 한 권의 책이며 저자는 한 분 하나님이시다. 그러므로 잠언의 하나님 경외를 삼위일체 하나님에 대한 믿음으로 이해해도 문제가 없다.

구약의 모든 믿음은 결국 삼위일체 하나님에 대한 믿음으로 귀결된다. 히브리서 11장에 나오는 믿음의 인물들은 모두 구약의 사람들이지만, 지금 삼위일체 하나님이 다스리시는 하나님 나라에 있다. 이와 같이 잠언의 하나님 경외 역시 삼위일체 하나님을 향한 믿음이다.

> "망령되고 허탄한 신화를 버리고 경건에 이르도록 네 자신을 연단하라 육체의 연단은 약간의 유익이 있으나 경건은 범사에 유익하니 금생과 내생에 약속이 있느니라"(딤전 4:7-8)

하나님을 경외하는 삶은 굳센 믿음 위에 세워진다. 그러나 그 믿음은 저절로 생겨나는 것이 아니라 경건 훈련을 통해 자라난다. 그래서 하나님 경외는 반드시 경건 훈련으로 이어진다. 성경은 믿는 자를 '그리스도의 군사'라고 부른다.(딤후 2:3, 4, 빌 2:25) 군사가 훈련을 받듯이 그리스도의 군사가 받는 훈련이 바로 경건 훈련이다. 경건 훈련의 핵심은 하나님 섬김을 배우며 말씀에 순종하는 것이다. 이를 통해 하나님을 향한 믿음이 깊어지고 하나님을 전심으로 사랑하게 된다. 경건 훈련은 곧 하나님 경외를 배우는 과

정이라 할 수 있다.

성경은 '육체의 연단은 약간의 유익이 있으나 경건은 범사에 유익하니 금생과 내생에 약속이 있느니라'고 가르친다.(딤전 4:8) 경건 훈련에는 이 세상에서 누릴 은혜와 장차 올 세상에서 누릴 영원한 복이 함께 약속되어 있다. 경건 훈련에 힘쓰는 자는 은혜를 체험하고 평안과 기쁨을 누리며, 마지막 날에 영원한 생명과 상급을 얻는다. 이것이 하나님을 경외하는 자가 받는 복이다.

> "하나님이 그 일곱째 날을 복되게 하사 거룩하게 하셨으니 이는 하나님이 그 창조하시며 만드시던 모든 일을 마치시고 그 날에 안식하셨음이니라"(창 2:3)

경건 훈련은 예배로부터 시작된다. 주일을 거룩히 지키는 것은 믿는 자의 기본적인 의무다. 하나님은 세상을 창조하신 후 일곱째 날을 거룩하게 하셨다.(창 2:3) 그 이유는 하나님이 그 날에 안식하셨기 때문이다. 구약은 거듭 '안식일을 지키고 안식일을 거룩히 여기라'고 강조한다.(출 20:8, 31:13, 14, 신 5:12, 느 13:22, 렘 17:22) 그 안식일이 바로 신약의 주일이며 주일 예배는 경건 훈련의 출발점이다. 이사야 58:13-14는 '안식일을 귀하게 여기고 너희 마음에 드는 일만 하지 말라. 그러면 너희가 내 안에서 기쁨을 누리리라'고 한다. 주일을 거룩히 지키는 자가 하나님이 주시는 기쁨을 누리게 된다.

> "먼저 알 것은 성경의 모든 예언은 사사로이 풀 것이 아니니 예언은 언제든지 사람의 뜻으로 낸 것이 아니요 오직 성령의 감동하심을 받은 사람들이 하나님

께 받아 말한 것임이라"(벧후 1:20-21)

두 번째 경건 훈련은 말씀 훈련이다. 이는 성경을 읽고 깨닫는 것이다. 베드로후서 1:20-21 말씀처럼 성경은 사람이 낸 책이 아니라 성령의 감동하심으로 기록된 책이다. 인간의 경험이나 깨달음을 기록한 책이 아니라 하나님의 계시가 담긴 하나님의 말씀이다. 그 말씀이 사람의 언어로 표현된 것이다. 말씀을 읽고 깨닫는 가운데 영이 강건해지고 하나님의 영으로 충만해 진다. 성경은 사람의 영혼을 살리는 양식이다.

하나님의 말씀은 영을 위한 생명의 말씀이다. 말씀을 읽을 때 성경의 진리를 깊이 확신하게 되며, 단순한 윤리·도덕적 교훈을 넘어서는 영적 진리를 깨닫게 된다. 그러므로 경건 훈련에는 반드시 말씀 훈련이 포함된다. 말씀을 읽고 들을 때 믿음이 자라며, 영의 양식을 섭취할 때 믿음이 강건해진다. 성경을 가까이 할 때 비로소 믿음이 강해지는 것이다. 말씀 훈련 없이 믿음의 성장을 기대할 수 없다.

"새벽 아직도 밝기 전에 예수께서 일어나 나가 한적한 곳으로 가사 거기서 기도하시더니"(막 1:35)

세 번째 경건 훈련은 기도 훈련이다. 예배, 말씀과 함께 기도는 경건 훈련의 세 기둥을 이룬다. 마치 세 다리가 놋화로를 지탱하듯, 굳센 믿음은 예배, 말씀, 기도 훈련으로 세워진다. 예배는 하나님과의 만남으로 영적 기쁨을 주고, 말씀은 생명의 양식으로 영을 튼튼하게 한다. 기도는 겸손의 증거로 영을 깨끗하게 한다. 따라서 기도 훈련이 없는 경건 훈련은 있을 수

없다. 예수님도 열심히 기도하셨다.(막 1:35)

기도는 간구에서 시작하지만 기도의 궁극적 목적은 내 소원을 이루는 것이 아니다. 말씀에 순종하는 거룩한 사람이 되는 것이다. 기도하는 가운데 하나님의 응답을 체험하고 그 체험이 믿음을 굳게 한다. 은혜를 경험할수록 감사가 커지고, 감사가 커지면서 더 열심히 기도하게 된다. 그 과정 속에서 점점 하나님께서 기뻐하시는 모습으로 변화된다. 이것이 기도의 능력이고 하나님이 정하신 신앙의 법칙이다.

육체의 훈련도 사람에게 유익을 주지만 그것은 일시적일 뿐이다. 영혼을 단련하는 경건 훈련은 모든 일에 유익하며 영원한 복을 약속한다. 경건 훈련이 사람을 하나님 경외로 이끌기 때문이다. 하나님을 경외하는 자만이 참된 은혜와 복을 경험한다.

은혜의 삶

"겸손과 여호와를 경외함의 보상은 재물과 영광과 생명이니라"(잠 22:4)

"항상 경외하는 자는 복되거니와 마음을 완악하게 하는 자는 재앙에 빠지리라"(잠 28:14)

"고운 것도 거짓되고 아름다운 것도 헛되나 오직 여호와를 경외하는 여자는 칭찬을 받을 것이라"(잠 31:30)

구약은 하나님을 경외하는 자에게 보상을 약속한다. 그 보상은 재물과 영광과 생명이며(잠 22:4), 복과 칭찬이 뒤따른다.(잠 28:14, 31:30) 하나님은 두렵기만 한 분이 아니라, 복을 주시고 칭찬하시며 보상과 사랑을 베푸시는 분이시다. 모든 일에서 하나님을 인정하고 의지할 때 하나님의 복이 임한다. 이것이 성경의 가르침이다.

신명기 11:22-23에 '너희가 만일 내가 너희에게 명하는 이 모든 명령을 잘 지켜 행하여 너희의 하나님 여호와를 사랑하고 그의 모든 도를 행하여 그에게 의지하면 여호와께서 그 모든 나라 백성을 너희 앞에서 다 쫓아내실 것이라 너희가 너희보다 강대한 나라들을 차지할 것인즉'이라는 말씀이 있다. 하나님을 경외하는 삶이 곧 복된 삶임을 보여주는 말씀이다.

"아버지가 자식을 긍휼히 여김 같이 여호와께서는 자기를 경외하는 자를 긍휼히 여기시나니"(시 103:13)

"여호와의 인자하심은 자기를 경외하는 자에게 영원부터 영원까지 이르며 그의 의는 자손의 자손에게 이르리니"(시 103:17)

"너희 성도들아 여호와를 경외하라 그를 경외하는 자에게는 부족함이 없도 다"(시 34:9)

"여호와께서 자기를 경외하는 자들에게 양식을 주시며 그의 언약을 영원히 기억하시리로다"(시 111:5)

"여호와를 경외하는 자는 이같이 복을 얻으리로다"(시 128:4)

이를 시편에서도 알 수 있다. 시편에는 하나님을 경외하는 자들에게 주시는 은혜에 대한 말씀이 많이 있다. 하나님은 자신을 경외하는 자에게 긍휼을 베푸시고(시 103:13), 영원한 인자하심을 나타내시며(시 103:17), 복과 양식을 주신다.(시 111:5, 115:13, 128:4) 또한 그들에게는 부족함이 없다.(시 34:9) 결국 하나님을 경외하는 자들이 하나님의 한량없는 은혜를 체험한다.

"여호와를 경외하는 자들아 너희는 여호와를 의지하여라 그는 너희의 도움이시요 너희의 방패시로다"(시 115:11)

"높은 사람이나 낮은 사람을 막론하고 여호와를 경외하는 자들에게 복을 주시리로다"(시 115:13)

"너희는 천지를 지으신 여호와께 복을 받는 자로다"(시 115:15)

특히 시편 115:11-15는 하나님을 경외하는 자가 받는 복을 구체적으로 언급한다. 그들이 하나님을 의지할 때 하나님은 도움이 되시고 방패가 되신다.(시 115:11) 하나님은 그들을 기억하시고 그 가정에 복을 내리신다.(시 115:12) 지위 고하를 막론하고 모든 이에게 가정의 화목, 자손의 번성, 일용할 양식을 허락하신다.(시 115:13-14) 창조주 하나님이 그런 복을 주신다.(시 115:15) 이를 요약하면 '나를 경외하라. 그러면 내가 너를 도우며 보호하고, 네 가정에 복을 주고 너와 네 자녀를 번성케 하리라. 나는 천지를 지은 창조주다'라는 말씀이 된다.

"하나님을 경외하고 그 명령을 지킬지어다. 이것이 사람의 본분이니라" (전 12:13)

"그러나 무릇 여호와를 의지하며 여호와를 의뢰하는 그 사람은 복을 받을 것이라"(렘 17:7)

전도서 12:13은 하나님을 경외하는 것이 사람의 본분임을 밝힌다. 사람이 그 본분을 다할 때 하나님께서 풍성한 은혜를 허락하신다. 예레미야 17:7은 하나님을 의지하는 자에게 복을 약속한다. 노아, 아브라함, 요셉, 다윗 등 수많은 믿음의 사람들이 하나님을 경외함으로써 복을 받았다.

구약에 하나님의 자녀가 세상 부자가 되는 일에 긍정적인 말씀이 있다. 일단 믿음의 조상들이 모두 부자였다. 아브라함이 부자였고(창 24:35), 이삭이 부자였고(창 26:13), 야곱도 부자였다.(창 30:43) 요셉은 부와 권력을 가졌고 다윗도 그랬다. 그리고 부를 인정하고 칭송하는 말씀들이 있다.(신 8:18, 욥 1:3, 말 3:10) 역대상 4:10의 야베스의 기도가 대표적이다.

그러나 신약에는 그런 말씀이 없다. 반대로 재물에 대해 부정적인 말씀이 많다. 재물을 경계해야 한다는 정도가 아니라 아예 악으로 규정하면서 부자의 길을 피해야 한다고 경고한다. 대표적인 것이 마태복음 19:23-24의 '부자는 천국에 들어가기가 어려우니라 낙타가 바늘귀로 들어가는 것이 부자가 하나님의 나라에 들어가는 것보다 쉬우니라'는 말씀이다. 디모데전서 6:10에는 '돈을 사랑함이 일만 악의 뿌리가 되나니 이것을 탐내는 자들은 미혹을 받아 믿음에서 떠나 많은 근심으로써 자기를 찔렀도다'라는 말씀이 있다.

> "네 하나님 여호와를 섬기라 그리하면 여호와가 너희의 양식과 물에 복을 내리고 너희 중에서 병을 제하리니 네 나라에 낙태하는 자가 없고 임신하지 못하는 자가 없을 것이라 내가 너의 날 수를 채우리라"(출 23:25-26)
>
> "썩지 않고 더럽지 않고 쇠하지 아니하는 유업을 잇게 하시나니 곧 너희를 위하여 하늘에 간직하신 것이라"(벧전 1:4)

구약과 신약은 부와 재물에 관해 다른 입장을 보인다. 그 이유는 복의 개념이 다르기 때문이다. 예수님이 오시기 전에는 영원한 복을 말할 수 없었기 때문에 구약은 세상의 복을 약속한다. 출애굽기 23:25-26이 구약의 복을 요약하는데 여기에는 재물, 건강, 자식, 장수가 모두 들어 있다. 예수님 전에는 부활과 영생의 구원이 감추어져 있어서 이 세상의 복, 현실적인 복을 약속한 것이다. 신약의 복은 베드로전서 1:4가 요약하는데 하늘의 복을 약속한다. 예수님 후에는 부활과 영생의 구원이 밝혀졌기 때문에 하늘나라의 복, 영적인 복을 강조한 것이다. 이렇게 구약의 복과 신약의 복은 근본적으로 다르다.

그렇다고 해서 구약의 복이 폐기된 것은 아니다. 믿는 자는 여전히 일용할 양식과 일상의 은혜를 누린다. 그래서 잠언이 하나님을 경외하는 자에게 생활의 복을 약속하는 것이다.(잠 3:16, 8:18, 10:22, 13:21-22, 14:24) 다만 믿는 자는 하늘나라의 복이 진짜 복임을 알고 먼저 영원한 복을 사모해야 한다. 먹을 것, 입을 것을 염려하지 말고, 먼저 하나님 나라와 그 의를 구하라는 예수님의 말씀이 그런 뜻이다.(마 6:25-34)

> "내가 주께 대하여 귀로 듣기만 하였사오나 이제는 눈으로 주를 뵈옵나이다 그러므로 내가 스스로 거두어들이고 티끌과 재 가운데에서 회개하나이다" (욥 42:5-6)

하나님을 경외하는 사람의 특징은 피조물의 겸손을 아는 것이다. 그래서 그는 오직 하나님의 영광을 구하며 하나님의 뜻이 이루어지기를 기도한다. 욥기 42:1-6에서 욥은 창조주의 능력을 인정하며 자신의 무지를 고백한다. 욥은 하나님 앞에서 아는 체했던 것을 회개한다. 깨닫지 못한 일, 알 수 없는 일, 헤아릴 수 없는 일을 아는 것처럼 말했던 교만을 버리고 겸손을 배운 것이다.

욥기는 사람이 하나님을 경외하며 겸손을 지킬 때 하나님의 은혜를 입는다는 교훈을 준다. 욥이 피조물의 겸손을 회복했을 때 하나님은 욥에게 모든 것을 갑절로 회복시켜 주셨다. 하나님을 경외하는 사람이 이렇게 하나님의 은혜를 누린다. 사람이 하나님 경외를 배울 때 그 소망이 이루어진다.

어리석음과 미련과 거만

"너희 어리석은 자들은 어리석음을 좋아하며 거만한 자들은 거만을 기뻐하며 미련한 자들은 지식을 미워하니 어느 때까지 하겠느냐"(잠 1:22)

"어리석은 자의 퇴보는 자기를 죽이며 미련한 자의 안일은 자기를 멸망시키려니와"(잠 1:32)

"심판은 거만한 자를 위하여 예비 된 것이요 채찍은 어리석은 자의 등을 위하여 예비 된 것이니라"(잠 19:29)

"미련한 자의 생각은 죄요 거만한 자는 사람에게 미움을 받느니라"(잠 24:9)

지혜롭고 명철하며 하나님을 경외하는 사람과 반대되는 사람이 있다. 바로 어리석고 거만하고 미련한 사람이다. 그는 하나님을 경외하지 않고 오히려 우상을 섬긴다. 잠언은 이러한 모습을 경계한다. 잠언 1:20-21은 지혜의 외침을 묘사하는데 지혜는 길거리, 광장, 길목, 성문 어귀와 성중에서 소리친다. 그러나 이어지는 1:22에 이 외침을 외면하는 자들이 등장한다. 어리석은 자, 거만한 자, 미련한 자들이다.(잠 1:22) 어리석은 자는 지혜의 소리를 듣고도 깨닫지 못하고 거만한 자는 지혜의 소리를 무시한다. 미련한 자는 아예 듣지 않는다.

오늘날도 진리의 말씀을 듣고도 깨닫지 못하는 자들이 있다. 무지하고 어리석은 자들이다. 말씀을 듣고도 거부하며 자기 생각이 더 옳다고 여기는 자들도 있다. 바로 거만한 자들이다. 또 진리에 무관심한 자들도 있다. 진리에 아예 관심이 없는 미련한 자들이다. 이들은 하나님의 징계와 책망을 외면하고 회개하기를 거부한다. 그래서 그들은 하나님의 심판을 피할

수 없다.(잠 19:29) 왜냐하면 어리석음과 거만과 미련은 하나님 앞에서 죄이기 때문이다.(잠 24:9)

"어리석음을 버리고 생명을 얻으라 명철의 길을 행하라 하느니라"(잠 9:6)
"지혜로운 자와 동행하면 지혜를 얻고 미련한 자와 사귀면 해를 받느니라"(잠 13:20)
"명철한 자에게는 그 명철이 생명의 샘이 되거니와 미련한 자에게는 그 미련한 것이 징계가 되느니라"(잠 16:22)
"사람의 마음의 교만은 멸망의 선봉이요 겸손은 존귀의 길잡이니라"(잠 18:12)
"슬기로운 자는 재앙을 보면 숨어 피하여도 어리석은 자는 나가다가 해를 받느니라"(잠 22:3)

마음의 교만은 멸망의 선봉이다.(잠 18:12) 그러나 여전히 많은 사람들이 거만과 미련의 길을 걷는다. 어리석은 자들의 특징이 바로 거만과 미련이다. 지혜의 외침이 곳곳에서 들려도 그것을 무시하고 거부하며 외면한다. 어리석음과 거만, 미련을 버리고 지혜와 명철의 길을 가야 한다.(잠 9:6, 13:20, 16:22, 22:3) 그래야 생명을 얻고 하나님의 무서운 심판과 책망을 면할수 있다.

"그와 함께 올라갔던 사람들은 이르되 우리는 능히 올라가서 그 백성을 치지 못하리라 그들은 우리보다 강하니라 하고"(민 13:31)
"이에 서로 말하되 우리가 한 지휘관을 세우고 애굽으로 돌아가자 하매"(민 14:4)

이집트를 탈출한 이스라엘 백성은 광야에서 큰 어리석음을 범했다. 그것은 가나안을 보고 온 정탐꾼들 때문이었다. 10명의 정탐꾼은 가나안 땅이 비옥하고 살기 좋은 곳임을 인정하면서도 그 땅을 점령할 수 없다고 보고했다. 가나안에 사는 민족들이 너무 강해 보였기 때문이다. 하나님의 인도하심을 믿지 못한 어리석은 보고였다. 그러나 여호수아와 갈렙은 믿음으로 지혜로운 보고를 했다.

이스라엘 백성도 마찬가지로 어리석었다. 그들은 10명의 정탐꾼의 말을 듣고 절망하여 밤새도록 통곡했다. 모세와 아론을 원망하면서 차라리 이집트나 광야에서 죽는 편이 좋겠다는 말을 했다. 가나안에서 칼에 맞아 죽거나 가족이 노예로 끌려가는 것보다 낫다는 것이다. 심지어 새로운 지도자를 세워 이집트로 돌아가려는 생각까지 했는데 이는 지극히 어리석은 발상이었다. 결국 그들의 불신앙은 하나님의 진노를 일으켜 성인 세대는 누구도 가나안에 들어가지 못하는 벌을 받았다.(민 14:33-35) 40년 동안 광야에서 방황하게 된 것이다. 단지 여호수아와 갈렙만이 예외였다.

"그 사람의 이름은 나발이요 그의 아내의 이름은 아비가일이라 그 여자는 총명하고 용모가 아름다우나 남자는 완고하고 행실이 악하며 그는 갈렙 족속이었더라"(삼상 25:3)
"원하옵나니 내 주는 이 불량한 사람 나발을 개의치 마옵소서 그의 이름이 그에게 적당하니 그의 이름이 나발이라 그는 미련한 자니이다 여종은 내 주께서 보내신 소년들을 보지 못하였나이다"(삼상 25:25)

나발은 다윗의 도움 요청을 차갑게 거절한 어리석은 사람이었다. 만일 아내 아비가일의 총명함이 없었다면 나발의 집안은 다윗에게 몰살당했을 것이다.(삼상 25:21-22) 그의 이름 '나발'(naval) 자체가 히브리어로 '바보 같은, 미련한'이라는 뜻이다.(삼상 25:25)

"아나니아라 하는 사람이 그의 아내 삽비라와 더불어 소유를 팔아 그 값에서 얼마를 감추매 그 아내도 알더라 얼마만 가져다가 사도들의 발 앞에 두니" (행 5:1-2)

아나니아와 삽비라도 어리석었다. 그들은 땅을 팔아 일부만 헌금하면서도 전부를 바친 것처럼 속였다. 성령을 기만하려 했던 것이다. 그 결과 두 사람은 즉시 목숨을 잃는 불행하고 비참한 죽음을 맞았다. 어리석음의 대가는 이렇게 무섭다.

"그들이 모여서 모세와 아론을 거슬러 그들에게 이르되 너희가 분수에 지나도다 회중이 다 각각 거룩하고 여호와께서도 그들 중에 계시거늘 너희가 어찌하여 여호와의 총회 위에 스스로 높이느냐"(민 16:3)

고라와 다단, 아비람은 거만한 자들이었다. 그들은 무리를 모아 모세의 권위에 도전하며 지도자가 되려 했다. 레위 지파 출신 고라는 아론 가문에만 허락된 제사장 직분을 탐냈고(민 16:10), 르우벤 지파 출신 다단과 아비람은 모세의 명령을 노골적으로 거부했다.(민 16:12) 그들의 거만은 결국 하나님의 심판을 초래해서 온 가족이 땅에 삼켜져 몰살당하는 결과를 낳았다.(민 16:32-33)

"이세벨이 사신을 엘리야에게 보내어 이르되 내가 내일 이맘때에는 반드시 네 생명을 저 사람들 중 한 사람의 생명과 같게 하리라 그렇게 하지 아니하면 신들이 내게 벌 위에 벌을 내림이 마땅하니라 한지라"(왕상 19:2)

"이세벨이 나봇이 돌에 맞아 죽었다 함을 듣고 이세벨이 아합에게 이르되 일어나 그 이스르엘 사람 나봇이 돈으로 바꾸어 주기를 싫어하던 나봇의 포도원을 차지하소서 나봇이 살아 있지 아니하고 죽었나이다"(왕상 21:15)

아합의 아내 이세벨 또한 거만했다. 이세벨은 엘리야가 바알의 예언자 450명을 죽였다는 소식을 듣자 반드시 엘리야를 죽이겠다고 맹세하며 위협했다.(왕상 19:2) 왕비의 권력을 믿고 하나님의 예언자를 가볍게 여긴 것이다. 이세벨은 또 나봇의 포도원을 빼앗기 위해 계략을 꾸며 그를 죽이게 했다.(왕상 21:15) 원하는 것을 얻기 위해 살인도 주저하지 않았다. 그러나 이세벨은 하나님의 벌을 받아 개들에게 시체가 먹히는 비참한 결말을 맞았다.(왕하 9:35) 이는 엘리야가 예언한 그대로였다.(왕상 21:23, 왕하 9:36-37) 거만의 결과가 이렇게 두렵다.

"어떤 이들은 내가 너희에게 나아가지 아니할 것 같이 스스로 교만하여졌으나 주께서 허락하시면 내가 너희에게 속히 나아가서 교만한 자들의 말이 아니라 오직 그 능력을 알아보겠으니"(고전 4:18-19)

고린도 교회 안에도 거만한 자들이 있었다. 교회를 세운 바울을 무시하면서 바울이 방문하지 않을 것이라 생각했던 자들이다. 그들은 스스로 잘할 수 있다고 자만했지만 바울은 그들의 교만을 책망했다. 바울은 참된 능력은 말이 아니라 하나님께로부터 나온다고 경고했는데(고전 4:18-19), 다행히 고린도 교인들은 회개함으로써 하나님의 징계를 피할 수 있었다.(고후 7:7-11)

> "여호와를 경외하는 것이 지식의 근본이거늘 미련한 자는 지혜와 훈계를 멸시하느니라"(잠 1:7)
> "그 안에는 지혜와 지식의 모든 보화가 감추어져 있느니라"(골 2:3)

성경은 '여호와를 경외하는 것이 지식의 근본'이며(시 111:10, 잠 1:7, 9:10, 15:33), '그리스도 안에는 지혜와 지식의 모든 보화가 감추어져 있다'고 말한다.(골 2:3) 이 말씀은 단지 영적 영역에만 국한되는 것이 아니라 일상의 삶에도 적용된다. 신앙과 생활을 분리하는 것은 잘못이다.

> "스스로 지혜롭게 여기지 말지어다 여호와를 경외하며 악을 떠날지어다"(잠 3:7)
> "그런즉 지혜는 어디서 오며 명철이 머무는 곳은 어디인고"(욥 28:20)
> "하나님이 그 길을 아시며 있는 곳을 아시나니"(욥 28:23)
> "또 사람에게 말씀하셨도다 보라 주를 경외함이 지혜요 악을 떠남이 명철이니라"(욥 28:28)

하나님을 경외하는 사람은 악을 피하게 된다.(잠 3:7) 어리석음과 거만과 미련을 멀리하기 때문이다. 욥기 28:20은 '지혜와 명철을 어디서 얻을 수 있는가?'라고 질문하는데, 욥기 28:23이 '하나님이 지혜의 길을 아시고 명철이 있는 곳을 아신다'라고 대답한다. 그리고 욥기 28:28은 '하나님을 경외하는 것이 지혜요 악을 떠나는 것이 명철'이라고 선언한다. 하나님을 경외하는 것이 곧 지혜이며 악을 떠나는 것이 곧 명철이다. 다시 말해 선을 행하는 것이 지혜고 악을 행하지 않는 것이 명철이다.

"이는 하늘이 땅에서 높음 같이 그를 경외하는 자에게 그의 인자하심이 크심이로다"(시 103:11)
"아버지가 자식을 긍휼히 여김 같이 여호와께서는 자기를 경외하는 자를 긍휼히 여기시나니"(시 103:13)

시편 103편은 하나님을 경외하는 자가 받는 복과 은혜를 선포한다. 하나님은 그의 모든 죄악을 사하시며 모든 병을 고치신다.(시 103:3) 또 생명을 파멸에서 건지시고 인자와 긍휼로 관을 씌우신다.(시 103:4) 좋은 것으로 그 소원을 만족하게 하시며 청춘을 독수리 같이 새롭게 하신다.(시 103:5) 하나님을 경외하는 자는 이처럼 하나님의 놀라운 복과 은혜를 누린다.(시 103:11, 13)

"네 시대에 평안함이 있으며 구원과 지혜와 지식이 풍성할 것이니 여호와를 경외함이 네 보배니라"(사 33:6)

이사야 33장에서 선지자 이사야는 은혜를 구하는 기도를 한다. 예루살렘과 유다가 적의 침략의 위기에서 벗어나기를 갈망한 것이다. 당시 유다의 상황은 절망적이었다. 사람들이 울부짖고 통곡하며 거리는 황폐해져 아무도 다니지 않았다. 그런 상황에서 이사야는 하나님의 은혜와 유다의 구원을 간청하면서, '여호와께 구원과 지혜와 지식이 풍성하며 여호와를 경외함이 곧 보배니라'고 기도한다.(사 33:6) 이사야의 기도처럼 개인이든 나라든 하나님을 경외하는 것이 가장 귀한 보물이다.

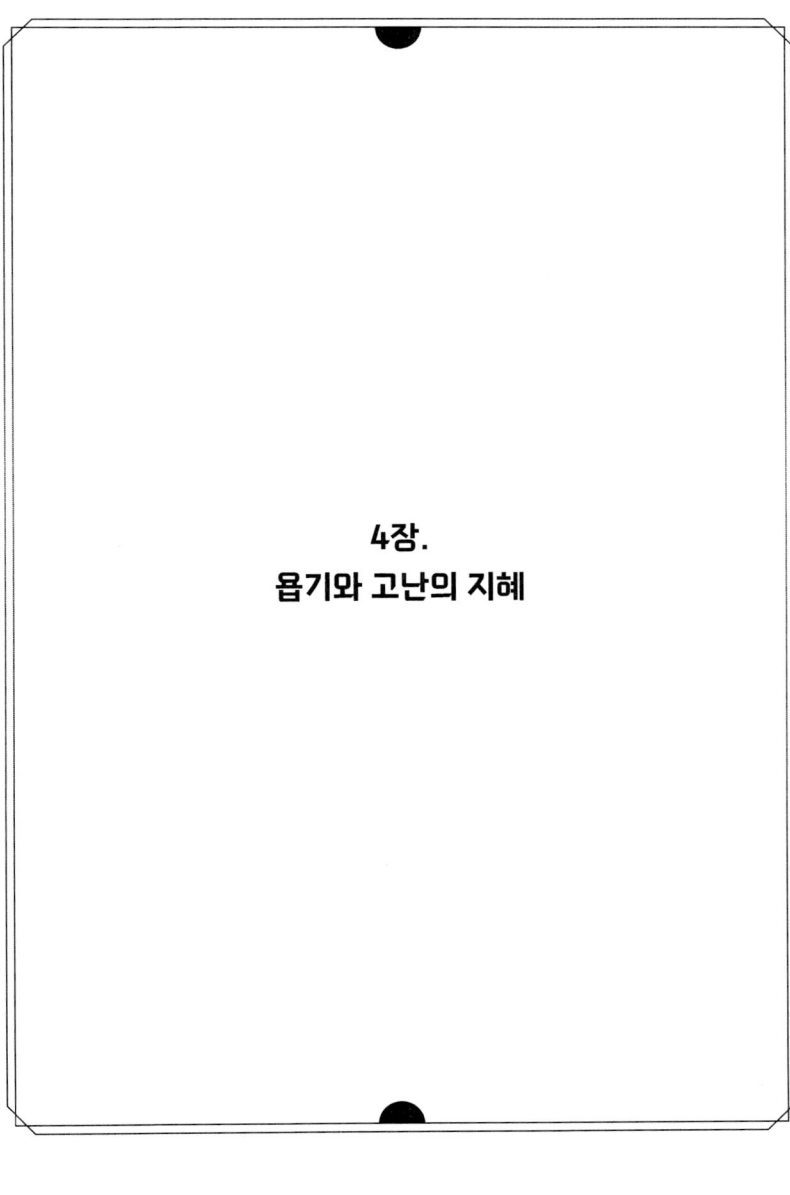

4장.
욥기와 고난의 지혜

의인의 고난 문제

죄와 벌

"여호와여 내가 고통 중에 있사오니 내게 은혜를 베푸소서 내가 근심 때문에 눈과 영혼과 몸이 쇠하였나이다"(시 31:9)

"내가 어릴 적부터 고난을 당하여 죽게 되었사오며 주께서 두렵게 하실 때에 당황하였나이다"(시 88:15)

"미련한 자들은 그들의 죄악의 길을 따르고 그들의 악을 범하기 때문에 고난을 받아"(시 107:17)

"내가 고통 중에 여호와께 부르짖었더니 여호와께서 응답하시고 나를 넓은 곳에 세우셨도다"(시 118:5)

"나의 고난이 매우 심하오니 여호와여 주의 말씀대로 나를 살아나게 하소서"(시 119:107)

사람의 일생에는 고난과 괴로움이 따르기 마련이다. 사람이 평생 고통과 슬픔을 모르고 살 수는 없다. 비교적 평탄한 삶을 사는 사람도 있지만 그 역시 고통과 괴로움에서 완전히 자유로울 수는 없다. 누구나 죽음을 경험한다. 부모, 자식, 형제, 친구의 죽음을 맞이할 때 사람은 깊은 슬픔과 고통을 겪는다. 또한 병에 걸리고 사고를 당하며 노화를 겪는다. 때로는 친구나 지인의 불행을 보며 함께 마음 아파한다.

그래서 불교에서는 '인생은 고해(苦海)'라 한다. 괴로움의 바다라는 뜻이다. 이는 단순한 수사가 아니라 많은 이들의 공통된 경험에서 나온 말이다. 실제로 살아보니 인생은 고통의 바다이고, 관찰해 보니 괴로움의 바다인 것이다. 불교는 생로병사, 즉 태어남, 늙음, 병듦, 죽음을 인간의 근본적인 네 가지 고통으로 본다. 그리고 여기에 네 가지를 더해서 팔고(八苦)라고 한다. 그 네 가지는 '좋아하는 것과 헤어지는 것, 싫어하는 것을 만나는 것, 원하는 것을 얻지 못하는 것, 인간이 피할 수 없는 오욕(식욕, 색욕, 재욕, 명예욕, 수면욕)'이다. 불교가 말하는 인생은 팔고(八苦)의 연속이다.

사람이 겪는 고난의 이유는 다양하다. 자신의 무지와 부족과 실수로 인한 고난이 있다. 본인의 잘못으로 사고를 당하고 시험에 떨어지고 사업에 실패한다. 잘못된 결혼으로 어려움을 겪는다. 타인으로 인한 고통도 있다. 타인의 잘못으로 불구가 되거나 죽음을 당한다. 배우자의 불륜이나 친구의 배신도 큰 고통이 된다. 부모형제가 고난의 원인이 되기도 한다.

자연재해 또한 피할 수 없는 고난이다. 태풍, 지진, 홍수, 폭우, 폭염, 가뭄, 산불 같은 재난은 인간이 통제할 수 없다. 병으로 인한 고통도 있다. 전염병, 유전병, 성인병, 노화로 인한 질병 등이다. 사회적 원인으로 생기는 고난도 있다. 독재, 남녀 차별, 경제적 불평등, 지역감정, 인종차별 같은 구조적 문제들이 사람을 괴롭힌다. 전쟁으로 인한 고난은 더욱 크다. 수십만,

수백만 명이 동시에 겪는 고통이며, 1, 2차 세계대전에서는 수천만 명이 죽거나 부상을 당했다.

사람들은 보통 고난과 고통의 이유를 죄와 벌로 설명한다. 죄로 인해 벌을 받는다는 것이다. 이 말은 곧 고난과 고통은 죄의 결과라는 뜻이다. 특히 악한 사람이 고난을 당할 경우, 사람들은 '죄를 짓고 악하게 살더니 결국 벌을 받는구나'라고 생각한다. 이것이 고난과 고통에 대한 가장 일반적인 이해다.

표도르 도스토예프스키의 소설 『죄와 벌』(1866)도 이런 관점을 보여 준다. 주요 인물들은 모두 죄를 짓고 결국 벌을 받는다. 주인공 라스콜니코프는 살인을 저지르고 감옥에 갇힌다. 그는 자신이 비범한 인물이라고 믿었으나, 실은 평범한 사람이라는 사실에 심리적 고통을 겪는다. 또한 사랑하는 소냐와 평범한 삶을 살지 못하는 괴로움에 시달린다. 소냐는 순수한 영혼을 가졌지만 지나치게 수동적인 삶을 택한 결과 거리의 여인이 되어 고통스러운 삶을 살게 된다. 악독한 지주 스비드리가일로프는 살인과 협박의 죄를 짓고 결국 자살이라는 비극적 결말을 맞는다. 사람들은 이런 식의 서사를 통해 죄와 벌을 연결해서 이해하는 일에 익숙하다.

"아담에게 이르시되 네가 네 아내의 말을 듣고 내가 네게 먹지 말라 한 나무의 열매를 먹었은즉 땅은 너로 말미암아 저주를 받고 너는 네 평생에 수고하여야 그 소산을 먹으리라"(창 3:17)
"네가 밭을 갈아도 땅이 다시는 그 효력을 네게 주지 아니할 것이요 너는 땅에서 피하며 유리하는 자가 되리라 가인이 여호와께 아뢰되 내 죄벌이 지기가 너무 무거우니이다"(창 4:13)

기독교인도 마찬가지다. 일반적으로 하나님 뜻을 따라 살면 복을 받고 그렇지 않으면 벌을 받는다고 믿는다. 창세기 말씀 속에 이미 이런 사상이 나타난다. 아담과 하와는 선악과를 먹는 죄를 지은 후 하나님의 벌을 받았다. 아담은 평생 수고해야 먹고 살 수 있게 되었고(창 3:17), 하와는 출산의 고통을 겪게 되었다.(창 3:16) 인간은 죽음을 피할 수 없게 되었다.(창 3:22-24) 가인은 동생 아벨을 죽이는 죄를 범한 후 하나님의 벌을 받았다. 땅에서 소출을 얻지 못하고 세상을 떠돌며 유리하게 되었다.(창 4:12)

"구름이 장막 위에서 떠나갔고 미리암은 나병에 걸려 눈과 같더라 아론이 미리암을 본즉 나병에 걸렸는지라"(민 12:10)

"여호수아가 이르되 네가 어찌하여 우리를 괴롭게 하였느냐 여호와께서 오늘 너를 괴롭게 하시리라 하니 온 이스라엘이 그를 돌로 치고 물건들도 돌로 치고 불사르고 그 위에 돌무더기를 크게 쌓았더니 오늘까지 있더라"(수 7:25-26)

"베드로가 이르되 너희가 어찌 함께 꾀하여 주의 영을 시험하려 하느냐 보라 네 남편을 장사하고 오는 사람들의 발이 문 앞에 이르렀으니 또 너를 메어 내가리라 하니 곧 그가 베드로의 발 앞에 엎드러져 혼이 떠나는지라"(행 5:9-10)

모세의 여동생 미리암은 모세가 구스 여자를 취한 것을 비방하며 그의 권위에 도전했다.(민 12:1-2) 하나님은 이를 악하게 보시고 나병이라는 벌을 내리셨다.(민 12:10) 아간은 여리고 점령 후 전리품을 취하지 말라는 하나님의 명령을 어기고 시날 산 외투 한 벌과 은 200세겔, 금 50세겔을 숨겼다.(수 7:21) 그 결과 아골 골짜기에서 온 가족이 죽는 벌을 받았다. 아나니아와 삽비라도 땅을 판 돈 일부를 감추고 거짓말을 하다가 죽음의 벌을 받

았다.(행 5:1-11)

> "주는 하늘에서 들으시고 행하시되 주의 종들을 심판하사 악한 자의 죄를 정하
> 여 그의 행위대로 그의 머리에 돌리시고 공의로운 자를 의롭다 하사 그 의로운
> 대로 갚으시옵소서"(대하 6:23)
> "대답하기를 그들이 자기 조상들을 애굽 땅에서 인도하여 내신 자기 하나님 여
> 호와를 버리고 다른 신들에게 붙잡혀서 그것들을 경배하여 섬기므로 여호와께
> 서 이 모든 재앙을 그들에게 내리셨다 하리라 하셨더라"(대하 7:22)

솔로몬은 성전 건축을 마친 뒤 하나님께 기도했다. 솔로몬은 그 기도에
서 '악한 자는 벌주시고 의로운 자는 의로운 대로 갚으시옵소서'라고 간구
한다.(대하 6:23) 그리고 하나님은 성전 낙성식 후 솔로몬의 꿈에 나타나셔
서 '이스라엘이 죄를 지으면 예루살렘 성전이 버림 받는 벌을 받을 것'이라
고 경고하셨다.(대하 7:22) 이는 고난과 고통을 죄에 대한 벌로 언급하는 대
표적인 말씀이다.

> "이스라엘 자손이 또 여호와의 목전에 악을 행하였으므로 여호와께서 칠 년 동
> 안 그들을 미디안의 손에 넘겨주시니"(삿 6:1)
> "이스라엘 자손이 여로보암이 행한 모든 죄를 따라 행하여 거기서 떠나지 아니
> 하므로 여호와께서 그의 종 모든 선지자를 통하여 하신 말씀대로 드디어 이스
> 라엘을 그 앞에서 내쫓으신지라 이스라엘이 고향에서 앗수르에 사로잡혀 가서
> 오늘까지 이르렀더라"(왕하 17:22-23)
> "그러나 여호와께서 유다를 향하여 내리신 그 크게 타오르는 진노를 돌이키지

아니하셨으니 이는 므낫세가 여호와를 격노하게 한 그 모든 격노 때문이라 여
호와께서 이르시되 내가 이스라엘을 물리친 것 같이 유다도 내 앞에서 물리치
며 내가 택한 이 성 예루살렘과 내 이름을 거기에 두리라 한 이 성전을 버리리
라 하셨더라"(왕하 23:26-27)

죄와 벌은 개인의 차원을 넘어 민족과 나라에도 적용된다. 사사시대 이
스라엘은 하나님께 불순종하고 우상을 섬길 때마다 징계를 받았다.(삿 6:1)
북이스라엘과 남유다 역시 마찬가지였다. 우상을 섬기고 강대국을 의지한
결과 멸망이라는 벌을 받았다.(왕하 17:22-23, 23:26-27) 하나님을 저버리는
죄를 짓고 벌을 받은 것이다.

"또 다섯째 천사가 그 대접을 짐승의 왕좌에 쏟으니 그 나라가 곧 어두워지며
사람들이 아파서 자기 혀를 깨물고 아픈 것과 종기로 말미암아 하늘의 하나님
을 비방하고 그들의 행위를 회개하지 아니하더라"(계 16:10-11)
"그러므로 하루 동안에 그 재앙들이 이르리니 곧 사망과 애통함과 흉년이라 그
가 또한 불에 살라지리니 그를 심판하시는 주 하나님은 강하신 자이심이라"
(계 18:8)

요한계시록도 같은 메시지를 전한다. 어린 양이 일곱 인을 떼실 때 재
앙이 임했고(계 6:1-17), 천사들이 일곱 나팔을 불 때 역시 재앙이 있었다.
(계 8:6-9:21, 11:15-19) 일곱 대접이 쏟아질 때도 마찬가지였다.(계 16:1-21) 그
리고 큰 재앙으로 인해 음녀 바벨론이 무너졌다.(계 17:1-18:24) 그런데 이 모
든 재앙이 죄에 대한한 심판이다.(계 9:20-21, 16:9, 11, 18:3, 5) 이렇게 창세기

에서 요한계시록까지 일관되게 흐르는 가르침이 바로 죄를 지으면 벌을 받는다는 것이다. 여기서 고난과 괴로움은 죄의 결과라는 생각이 비롯되었다.

신명기 신학

"이스라엘아 이제 내가 너희에게 가르치는 규례와 법도를 듣고 준행하라 그리하면 너희가 살 것이요 너희 조상의 하나님 여호와께서 너희에게 주시는 땅에 들어가서 그것을 얻게 되리라"(신 4:1)

"곧 너를 사랑하시고 복을 주사 너를 번성하게 하시되 네게 주리라고 네 조상들에게 맹세하신 땅에서 네 소생에게 은혜를 베푸시며 네 토지 소산과 곡식과 포도주와 기름을 풍성하게 하시고 네 소와 양을 번식하게 하시리니"(신 7:13)

학자들은 '율법을 지키면 복을 받고 어기면 벌을 받는다'는 사상을 '신명기 신학'이라 부른다. 이는 신명기가 가진 무게감에 근거한 이름이다. 유대인들은 구약의 오경을 가장 영감(靈感) 받은 책으로 여기는데, 신명기는 그중에서도 중요한 책이다. 그 신명기에 율법에 순종하면 복을 받고 불순종하면 저주를 받는다는 말씀이 반복해서 강조된다. 그래서 그 사상을 요약해 '신명기 신학'이라 부르게 된 것이다.

"네가 네 하나님 여호와의 말씀을 청종하면 이 모든 복이 네게 임하며 네게 이르리니"(신 28:2)

"네가 만일 네 하나님 여호와의 말씀을 순종하지 아니하여 내가 오늘 네게 명령하는 그의 모든 명령과 규례를 지켜 행하지 아니하면 이 모든 저주가 네게 임하며 네게 이를 것이니"(신 28:15)

"네가 네 하나님 여호와의 말씀을 청종하지 아니하고 네게 명령하신 그의 명령과 규례를 지키지 아니하므로 이 모든 저주가 네게 와서 너를 따르고 네게 이르

러 마침내 너를 멸하리니"(신 28:45)

신명기는 유일신 신앙을 강조하는 책이다. 오직 하나님만 섬기고 모든 우상 숭배를 버리라고 한다. 이런 신앙의 순수성을 요구하는 과정에서 자연스럽게 믿음과 복, 죄와 벌이 언급된다. 하나님이 주신 율법을 지키고 말씀에 순종하면 복을 받고, 불순종하면 저주를 받는다는 것이다. 이런 복과 저주에 대한 말씀이 신명기의 결론 부분인 28-30장에서 집중적으로 강조된다.

"곧 그들이 여호와를 버리고 바알과 아스다롯을 섬겼으므로 여호와께서 이스라엘에게 진노하사 노략하는 자의 손에 넘겨 주사 그들이 노략을 당하게 하시며"(삿 2:13-14)
"여호와께서 사사들을 세우사 노략자의 손에서 그들을 구원하게 하셨으나" (삿 2:16)

신명기 신학은 구약의 주류 신학으로 그 영향을 구약 전체에서 발견할 수 있다. 대표적인 예가 사사기다. 특히 사사기 2:11-23은 책 전체의 구조를 잘 보여 준다. 이스라엘이 하나님을 외면하고 불순종하면 징계를 받는다. 그러면 그들은 하나님께 부르짖어 구원을 요청하고, 하나님은 그들의 회개를 보시고 사사를 보내어 구원하신다. 그러나 시간이 흐르면 이스라엘 백성은 다시 죄를 짓는다. 그리고 다시 회개하고 구원 받은 과정을 반복한다. 사사기 전체에 이런 순환 구조가 나타나는데 이는 전형적인 신명기 신학의 흐름이다.

"아람 군대가 적은 무리로 왔으나 여호와께서 심히 큰 군대를 그들의 손에 넘기셨으니 이는 유다 사람들이 그들의 조상들의 하나님 여호와를 버렸음이라 이와 같이 아람 사람들이 요아스를 징벌하였더라"(대하 24:24)

유다 왕 요아스 때 적은 무리의 아람 군대가 유다를 침공했다. 그러나 그들은 예루살렘을 점령하고 백성의 지도자들을 죽였으며 많은 물건을 노략해 아람 왕에게 보냈다.(대하 24:23) 그 이유는 유다 백성이 하나님을 버렸기 때문이다. 그래서 하나님께서 유다의 큰 군대를 아람의 작은 군대에게 넘기셨던 것이다.(대하 24:24) 신명기 신학은 이렇게 유다가 죄를 짓고 그 결과 벌을 받았다고 한다.

"내가 네 앞에서 물러나게 한 사울에게서 내 은총을 빼앗은 것처럼 그에게서 빼앗지는 아니하리라 네 집과 네 나라가 내 앞에서 영원히 보전되고 네 왕위가 영원히 견고하리라 하셨다 하라"(삼하 7:15-16)
"이는 다윗이 헷 사람 우리아의 일 외에는 평생에 여호와 보시기에 정직하게 행하고 자기에게 명령하신 모든 일을 어기지 아니하였음이라"(왕상 15:5)
"여호와께서 그의 종 다윗을 위하여 유다 멸하기를 즐겨하지 아니하셨으니 이는 그와 그의 자손에게 항상 등불을 주겠다고 말씀하셨음이더라"(왕하 8:19)

신명기 신학은 다윗과 솔로몬의 대비에서 뚜렷이 드러난다. 다윗은 순종하고 복을 받았다. 하나님은 나단을 통해 다윗의 집과 왕위가 영원히 보전되리라고 약속하셨다.(삼하 7:15-16) 실제로 다윗 자손은 계속해서 왕위를 이어갔다. 반면 솔로몬은 불순종하고 벌을 받았다. 그는 하나님의 경고를 무시하고 계속 우상을 섬기는 죄를 지었다. 그 벌로 통일 왕국이 북이스라엘과 남유다로 분열되었다.(왕상 11:10-11)

다윗은 하나님께 순종함으로써 신명기가 약속한 복을 누렸다. 물론 다윗도 실수를 저질렀다. 밧세바 사건에서는 간음과 살인죄를 저질렀고, 자식들 문제에서는 우유부단한 모습을 보였다. 암논이 다말을 강간했을 때 심히 노하기는 했으나 암논을 처벌하지는 않았다.(삼하 13:21-22) 그 때문에 압살롬이 암논을 죽여 다말의 원한을 갚았다.(삼하 13:23-29) 다윗은 또 인구조사 문제로 하나님의 재앙을 경험하기도 했다.(삼하 24:13-15)

그러나 일생 전체를 볼 때 다윗은 믿음의 사람이었다. 후대의 평가도 그렇다. 성경은 다윗이 우리아의 일 외에는 흠이 없었다고 증언한다.(왕상 15:5) 유다 왕국이 완전히 무너지지 않은 것도 다윗에게 주신 하나님의 약속 때문이라고 한다.(왕하 8:19)

> "여호와께서 내 공의를 따라 상 주시며 내 손의 깨끗함을 따라 갚으셨으니 이는 내가 여호와의 도를 지키고 악을 행함으로 내 하나님을 떠나지 아니하였으며 그의 모든 법도를 내 앞에 두고 그의 규례를 버리지 아니하였음이로다 내가 또 그의 앞에 완전하여 스스로 지켜 죄악을 피하였나니 그러므로 여호와께서 내 의대로, 그의 눈앞에서 내 깨끗한 대로 내게 갚으셨도다"(삼하 22:21-25)

사무엘하 22장은 다윗의 승전가다. 다윗이 인생의 후반부에 하나님을 찬양하며 자신의 믿음을 고백한 내용이다. 다윗은 자신이 의롭게 살았다고 말하면서 그 결과로 하나님의 상을 받았다고 고백한다.(삼하 22:21-22) 하나님의 법도와 규례를 지켰고 죄를 피했으므로 하나님께서 갚아주셨다고 확신한다.(삼하 22:23-25) 전형적인 신명기 신학의 표현이다.

> "솔로몬의 나이가 많을 때에 그의 여인들이 그의 마음을 돌려 다른 신들을 따르게 하였으므로 왕의 마음이 그의 아버지 다윗의 마음과 같지 아니하여 그의 하나님 여호와 앞에 온전하지 못하였으니"(왕상 11:4)
> "솔로몬이 여호와의 눈앞에서 악을 행하여 그의 아버지 다윗이 여호와를 온전히 따름 같이 따르지 아니하고"(왕상 11:6)
> "솔로몬이 마음을 돌려 이스라엘의 하나님 여호와를 떠나므로 여호와께서 그에게 진노하시니라 여호와께서 일찍이 두 번이나 그에게 나타나시고"(왕상 11:9)
> "여호와께서 솔로몬에게 말씀하시되 네게 이러한 일이 있었고 또 네가 내 언약과 내가 네게 명령한 법도를 지키지 아니하였으니 내가 반드시 이 나라를 네게서 빼앗아 네 신하에게 주리라"(왕상 11:11)

반면 다윗의 아들 솔로몬은 하나님께 불순종하여 벌을 받았다. 솔로몬은 젊어서 하나님의 칭찬을 받았다. 기브온에서 일천 번제를 드린 후 꿈에 나타나신 하나님께 지혜를 구했기 때문이다.(왕상 3:1-15, 대하 1:1-13) 또 솔로몬이 예루살렘 성전을 건축한 후 봉헌식을 마쳤을 때 하나님은 기뻐하시며 솔로몬에게 다시 복을 약속하셨다.(왕상 9:1-5, 대하 7:11-18)

그러나 그 약속은 조건 없는 복이 아니었다. 하나님은 솔로몬과 그 후손의 불순종을 경고하셨다. 만약 그들이 하나님의 계명과 법도를 버리면 예루살렘 성전에 재앙이 임할 것이라고 말씀하셨다.(왕상 9:6-9, 대하 7:19-22) 이는 하나님께서 직접 신명기 신학의 교훈을 강조하신 것이다.

그러나 솔로몬은 하나님의 경고에도 불구하고 이방신을 섬기는 죄를 범했다. 그의 마음이 하나님을 떠나 이방 여인들의 요구를 따랐던 것이다. 솔로몬은 시돈의 여신 아스다롯과 암몬의 신 밀곰을 섬기고, 모압의 신 그모스와 암몬의 신 몰록을 위해 산당을 세웠다.(왕상 11:5-8) 하나님께서 두 번이나 꿈에서 책망하셨지만 솔로몬은 회개하지 않았다. 결국 그 벌로 통일 이스라엘이 분열되었다. 그나마 솔로몬의 아들 르호보암이 남유다를 다스릴 수 있었던 이유는 하나님이 다윗에게 하신 약속 때문이었다. 솔로몬 때문이 아니다.

"또 이르기를 옛적에 이스라엘 왕 솔로몬이 이 일로 범죄하지 아니하였느냐 그는 많은 나라 중에 비길 왕이 없이 하나님의 사랑을 입은 자라 하나님이 그를 왕으로 삼아 온 이스라엘을 다스리게 하셨으나 이방 여인이 그를 범죄하게 하였나니"(느 13:26)

후대의 평가 역시 솔로몬에 부정적이다. 느헤미야는 솔로몬이 이방 여인들 때문에 죄를 지었다고 회고한다.(느 13:26) 솔로몬은 약 5백 년이 지나서도 이스라엘 백성의 기억 속에서 우상 숭배로 죄를 지은 왕이었다. 그는 다윗처럼 순종과 복의 본을 남기지 못했다. 비록 부귀영화를 누렸지만 그것은 다윗의 믿음으로 인한 유산이었다. 신명기 신학의 관점에서 볼 때 솔로몬은 죄와 벌의 인물이다.

"여호와께서 여호사밧과 함께 하셨으니 이는 그가 그의 조상 다윗의 처음 길로 행하여 바알들에게 구하지 아니하고"(대하 17:3)

"그러므로 여호와께서 나라를 그의 손에서 견고하게 하시매 유다 무리가 여호 사밧에게 예물을 드렸으므로 그가 부귀와 영광을 크게 떨쳤더라"(대하 17:5)

다윗과 솔로몬처럼 여호사밧과 그 아들 여호람도 뚜렷한 대비가 되는 삶을 살았다. 여호사밧은 하나님을 바르게 섬겼다. 역대하 17:3은 그를 '그의 조상 다윗의 처음 길로 행하여'라고 묘사한다. 다윗처럼 하나님을 경외했다는 뜻이다. 그 결과 하나님께서 그의 나라를 견고히 하셨고 여호사밧은 큰 부귀와 영광을 누렸다.(대하 17:5)

"여호와가 네 백성과 네 자녀들과 네 아내들과 네 모든 재물을 큰 재앙으로 치시리라 또 너는 창자에 중병이 들고 그 병이 날로 중하여 창자가 빠져나오리라 하셨다 하였더라"(대하 21:14-15)

그러나 그의 아들 여호람은 정반대의 길을 걸었다. 그는 왕위에 오른 후 동생들과 지도자들을 죽였고(대하 21:4), 하나님 보시기에 악을 행하였다.(대하 21:6) 그 결과 하나님의 심판이 임했다. 에돔과 립나가 유다의 지배에서 벗어났고(대하 21:10), 여호람은 자녀들과 아내들이 잡혀 가고 재산을 잃는 벌을 받았다.(대하 21:14, 17) 그리고 창자가 빠져나오는 심한 병으로 고통을 겪다가 비참한 죽음을 맞았다.(대하 21:15, 18-19) 그러나 백성들은 그의 죽음을 전혀 슬퍼하지 않았다.(대하 21:20) 여호람은 죄를 짓고 무서운 벌을 받은 것이다.

신명기 신학의 문제

"내 허무한 날을 사는 동안 내가 그 모든 일을 살펴보았더니 자기의 의로움에도 불구하고 멸망하는 의인이 있고 자기의 악행에도 불구하고 장수하는 악인이 있으니"(전 7:15)

"세상에서 행해지는 헛된 일이 있나니 곧 악인들의 행위에 따라 벌을 받는 의인들도 있고 의인들의 행위에 따라 상을 받는 악인들도 있다는 것이라 내가 이르노니 이것도 헛되도다"(전 8:14)

"이는 내가 악인의 형통함을 보고 오만한 자를 질투하였음이로다"(시 73:3)

"너는 악인의 형통함을 부러워하지 말며 그와 함께 있으려고 하지도 말지어다"(잠 24:1)

"너는 행악자들로 말미암아 분을 품지 말며 악인의 형통함을 부러워하지 말라"(잠 24:19)

구약의 주류 신학은 신명기 신학이다. 그러나 신명기 신학으로 설명하기 어려운 일들이 있다. 첫째, 악인이 형통함을 누리는 일이다. 둘째, 죄와 직접 관련이 없는 고난이 있다는 점이다. 셋째, 의인이 고난을 겪는 경우다. 이 세 가지는 신명기 신학으로 설명하기 어려운데 신명기 신학의 논리에 맞지 않기 때문이다.

신명기 신학을 인정할 때 첫 번째로 부딪히는 문제는 악인의 형통이다. 구약에 이미 이런 문제를 지적하는 말씀들이 있다. 전도서는 '의롭지만 멸망하는 의인이 있고 악하지만 장수의 복을 누리는 악인이 있다'고 한다.(전 7:15) 또 '악한 사람이 받아야 할 벌을 의인이 받거나, 의인이 받아야 할 보상을 악인이 받는 경우가 있다'라고 한다.(전 8:14) 시편과 잠언에도 악인의 형통을 경계하거나 문제 삼는 말씀들이 있다.(시 73:3, 잠 24:1, 19) 악인의 형통은 신명기 신학의 논리로 설명이 어렵다.

"므낫세가 왕이 될 때에 나이가 십이 세라 예루살렘에서 오십오 년간 다스리니라 그의 어머니의 이름은 헵시바더라"(왕하 21:1)

"므낫세가 유다에게 범죄하게 하여 여호와께서 보시기에 악을 행한 것 외에도 또 무죄한 자의 피를 심히 많이 흘려 예루살렘 이 끝에서 저 끝까지 가득하게 하였더라"(왕하 21:16)

므낫세는 남유다에서 아주 악한 왕이었다.(왕하 21:2-17) 유다가 멸망한 이유가 바로 그의 죄 때문이었다는 설명이 있을 정도다.(왕하 23:26) 그런데 므낫세는 12세에 왕이 되어 무려 55년 동안 다스렸다. 이는 유다 역사상 가장 긴 통치 기간이다. 그리고 67세의 나이에 예루살렘에서 평안히 죽었다. 신명기 신학으로는 납득하기 어려운 사례다. 신명기 신학의 논리에 따르면 악한 왕은 통치 기간이 짧거나 비참한 죽음을 당해야 한다. 그러나 므낫세는 오히려 다윗 왕조에서 가장 긴 기간 동안 통치했고 또 편안하게 죽었다. 그리고 므낫세는 심한 병이나 반란 때문이 아니라 편하게 죽었다.

역대하 33:12-19는 므낫세가 고난 중에 회개하고 기도하며 크게 겸손하게 되었다고 기록한다. 므낫세가 우상을 제거하고 여호와의 제단을 보수하며 하나님만 섬기라는 명령을 내렸다고 한다. 이는 모두 열왕기서에 없는 내용이다. 학자들은 이것이 후대의 신학적 해석이자 의도적인 삽입이라고 설명한다. 역대기 저자가 므낫세의 오랜 통치 기간과 편안한 죽음을 이해할 수 없었기 때문에 므낫세의 회개 이야기를 덧붙였다는 것이다. 신명기 신학의 틀 안에서 설명하기 위해서이다.

"또 실로암에서 망대가 무너져 치어 죽은 열여덟 사람이 예루살렘에 거한 다른 모든 사람보다 죄가 더 있는 줄 아느냐"(눅 13:4)
"예수께서 길을 가실 때에 날 때부터 맹인 된 사람을 보신지라 제자들이 물어 이르되 랍비여 이 사람이 맹인으로 난 것이 누구의 죄로 인함이니이까 자기니이까 그의 부모니이까"(요 9:1-2)
"예수께서 대답하시되 이 사람이나 그 부모의 죄로 인한 것이 아니라 그에게서 하나님이 하시는 일을 나타내고자 하심이라"(요 9:3)

신명기 신학의 두 번째 문제는 죄와 무관한 고난이다. 신명기 신학의 구조는 '믿음과 은혜, 순종과 복'이거나 '불신앙과 저주, 불순종과 벌'이다. 이 논리를 역으로 적용하면 '형통하고 평안하며 풍요로운 삶을 사는 사람은 믿음이 좋은 의인'이 된다. 반대로 '사고와 가난, 혼란과 고통 속에 사는 사람은 믿음이 없는 죄인'이 된다. 그러나 실제 삶 속에서는 그렇지 않은 경우가 분명히 있다. 죄와 상관없는 고난이 있는 것이다. 예수께서도 모든 고난이 반드시 죄의 결과는 아니라고 말씀하셨다.(눅 13:4, 요 9:1-2) 죄와 상관이 없는 고난이 있다는 말씀이다. 예수님은 하나님의 영광을 드러내기 위한 고난이 있다고 말씀하신다.(요 9:3)

비행기 사고로 젊은 선교사 가족 세 사람이 사망한 일이 있었다. 20대 중반 나이에 등산 중 심장마비로 세상을 떠난 찬양 지휘자가 있었다. '심장이 빨리 뛴다, 배가 아프다'고 말한 초등학교 아이가 하루 만에 세상을 떠난 일도 있었다. 모두 믿는 자 가정에서 실제로 일어난 일들이다. 교회 지붕을 수리하다가 떨어져 중태에 빠진 목사가 있고, 교회 차량에서 떨어져 뇌사에 빠진 목사도 있다. 이들은 주변에서 손가락질 받는 목사가 아니라 칭찬받는 목사들이었다. 주님을 팔아 자기 배를 채우는 삯꾼이 아니라 어려운 중에 열심히 주의 일을 한 신실한 하나님의 종들이었다.

『하나님이 기도에 침묵하실 때』라는 책에 싯처 목사의 가족 이야기가 나온다. 싯처 목사의 가정은 1991년 음주 운전을 한 트럭으로 인해 교통사고를 당했다. 그때 차 안에는 싯처 목사 부부와 어머니, 두 딸과 두 아들 총 일곱 명이 타고 있었는데, 이 사고로 싯처 목사는 어머니와 아내, 그리고 네 살 딸을 잃었다. 싯처 목사는 사고 당일 아침에도 딸을 위해 기도했다고 한다.(제럴드 싯처, 마영례 역, 성서유니온선교회, 2005, 13-25쪽) 싯처 목사 가족의 사고는 신명기 신학으로는 설명하기 어렵다.

신명기 신학의 관점으로 보면 실로암 망대 붕괴 사건으로 죽은 18명은 죄인이어야 한다.(눅 13:4) 그러나 예수님은 그들이 특별히 죄가 커서 죽은 것이 아니라고 말씀하신다. 요한복음 9장의 소경은 본인이나 부모의 죄 때문에 그렇게 태어난 것이어야 한다. 바리새인들이 그렇게 믿었다.(요 9:34) 그러나 예수님은 그가 죄 때문에 소경으로 태어난 것이 아니라고 하신다. 이는 죄와 상관없는 고난이 있음을 보여준다. 신명기 신학으로 설명하기 어려운 또 다른 경우다.

"요시야와 같이 마음을 다하며 뜻을 다하며 힘을 다하여 모세의 모든 율법을 따라 여호와께로 돌이킨 왕은 요시야 전에도 없었고 후에도 그와 같은 자가 없었더라"(왕하 23:25)

"요시야 당시에 애굽의 왕 바로 느고가 앗수르 왕을 치고자 하여 유브라데 강으로 올라가므로 요시야 왕이 맞서 나갔더니 애굽 왕이 요시야를 므깃도에서 만났을 때에 죽인지라"(왕하 23:29)

신명기 신학의 세 번째 문제는 의인의 고난이다. 요시야는 남유다의 대표적인 의로운 왕이었다. 요시야 시대 성전 수리 중 율법책이 발견되었고 (왕하 22:3-20), 요시야는 이를 계기로 우상을 제거하고 이방 예배를 없애는 대대적인 종교개혁을 단행했다.(왕하 23:1-20) 이 종교개혁은 북이스라엘 땅까지 확대되었다. 요시야는 언약책에 기록된 대로 유월절을 지키라고 명령했다. 이는 사사시대로부터 요시야에 이르기까지 한 번도 그렇게 지킨 적이 없는 유월절이었다.(왕하 23:21-23)

그렇게 의로운 요시야가 39세에 전쟁터에서 갑작스럽게 죽었다.(왕하 22:1, 23:29) 므깃도에서 파라오 느고의 군대와 싸우다 전사한 것이다. 요시야는 8세에 왕이 되어 31년간 다스렸는데 이는 분명히 므낫세의 통치 기간이나 죽음과 비교된다. 므낫세는 아주 악한 왕이었지만 55년 동안 다스렸으며 67세의 나이에 예루살렘에서 편안히 죽었다. 요시야는 아주 선한 왕이었지만 31년 동안 다스렸으며 39세의 나이에 전쟁터에서 비극적으로 죽었다.

"느고가 요시야에게 사신을 보내어 이르되 유다 왕이여 내가 그대와 무슨 관계가 있느냐 내가 오늘 그대를 치려는 것이 아니요 나와 더불어 싸우는 족속을 치려는 것이라 하나님이 나에게 명령하사 속히 하라 하셨은즉 하나님이 나와 함께 계시니 그대는 하나님을 거스르지 말라 그대를 멸하실까 하노라 하나"(대하

35:21)

역대하 35:21은 파라오 느고가 하나님의 명령을 받고 군대를 일으켰다고 한다. 느고가 하나님의 명령에 따라 바빌로니아 군대와 싸우기 위해 갈그미스로 가는 일이었다는 것이다. 그렇다면 요시야가 느고의 군대를 막아선 것은 하나님의 뜻을 거역한 일이 된다. 느고가 하나님께 순종하고 오히려 요시야가 하나님께 불순종한 것이다.

그래서 학자들은 요시야의 죽음을 이해할 수 없었던 역대기 저자가 이를 설명하기 위해 이 구절을 삽입했다고 본다. 역사적 측면에서 볼 때 이집트의 파라오가 이스라엘의 하나님 명령을 듣고 원정 군대를 일으켰다고 보기는 어렵다.

열왕기 저자는 므낫세나 요시야의 죽음 문제를 신명기 신학으로 설명하기 어려웠다. 그래서 므낫세와 요시야의 죽음에 대해 침묵했다. 반면 역대기 저자는 열왕기에 없는 설명을 첨가하여 두 왕의 죽음을 설명한다. 열왕기 저자도 신명기 신학에 충실했고 역대기 저자도 신명기 신학에 충실했다. 이를 통해 구약의 주류 신학이 신명기 신학임을 확인할 수 있다.

욥기 신학의 등장

"그의 아내가 그에게 이르되 당신이 그래도 자기의 온전함을 굳게 지키느냐 하나님을 욕하고 죽으라"(욥 2:9)

"어찌하여 내가 태에서 죽어 나오지 아니하였던가 어찌하여 내 어머니가 해산할 때에 내가 숨지지 아니하였던가"(욥 3:11)

"나에게는 평온도 없고 안일도 없고 휴식도 없고 다만 불안만이 있구나"(욥 3:26)

신명기 신학의 이런 문제를 욥기가 다루고 있다. 그것은 '악인의 형통, 죄와 무관한 벌, 의인의 고난'과 같은 주제들이다. 이 가운데 욥기는 특히 의인의 고난 문제를 정면으로 제기한다. 이는 신명기 신학으로 설명하기 어려운 문제를 다룬 것으로, 구약에서 이 문제를 본격적으로 다룬 책은 욥기가 유일하다. 그래서 학자들은 욥기의 교훈에 '욥기 신학'이라는 이름을 붙였다. 이는 신명기 신학과 구별되는 독자적인 신학이라는 뜻이다.

욥기는 하나님께서 욥의 믿음을 칭찬하는 장면으로 시작된다. 그러나 사탄은 그 칭찬을 문제 삼으면서, 욥의 믿음은 단지 하나님의 은혜와 풍요로운 삶 때문이라고 반박한다. 나아가 사탄은 욥이 고난을 당하게 되면 신앙을 버릴 것이라고 주장한다. 사탄은 자신이 그렇게 만들 수 있다고 말한 것이다. 이에 하나님은 사탄의 도전을 허락하시고 그 결과 욥은 극심한 고통 속에 놓이게 된다.

사탄으로 인해 욥은 말할 수 없는 고난과 고통을 겪는다. 자식들이 몰살당하고 모든 재산을 잃었으며, 발바닥에서 정수리까지 종기가 났다. 그래서 재 가운데 앉아 질그릇 조각으로 몸을 긁게 되었다. 욥의 아내는 이런 모습을 보고 차라리 하나님을 욕하고 죽으라고 저주한다.(욥 2:9) 욥 역시 괴로움 속에 차라리 태어나지 않았어야 한다고 탄식한다.(욥 3:11) 평온도 안일도 휴식도 없이 불안만 있다고 한탄한다.(욥 3:26)

"생각하여 보라 죄 없이 망한 자가 누구인가 정직한 자의 끊어짐이 어디 있는 가"(욥 4:7)
"네 자녀들이 주께 죄를 지었으므로 주께서 그들을 그 죄에 버려두셨나니" (욥 8:4)
"네 손에 죄악이 있거든 멀리 버리라 불의가 네 장막에 있지 못하게 하라" (욥 11:14)

이때 욥의 세 친구들이 와서 욥의 회개를 촉구한다. 엘리바스는 징계를 받았으니 죄를 회개하라고 하고(욥 4:7), 빌닷은 자녀들이 죄를 지었을 것이라 한다.(욥 8:4) 소발은 인간이 본래 미련하니 죄를 깨닫고 버려야 한다고 주장한다.(욥 11:14) 사람은 모두 죄인이니 욥도 죄인이고(욥 15:14), 악인은 망할 수밖에 없고(욥 18:5), 악인의 형통은 잠시 뿐이라는 것이다. (욥 20:5)

세 친구의 논리는 신명기 신학에 기초한 것이다. '당신의 자식들이 죽고 재산이 사라진 것은 하나님의 벌이며, 몸의 종기도 하나님의 저주다. 이는 당신이 죄인이기 때문이다. 회개하면 하나님의 자비로 용서받고 복을 되찾을 것'이라는 주장이다. 요컨대 욥의 고난은 죄의 결과라는 것이다.

"진실로 내가 이 일이 그런 줄을 알거니와 인생이 어찌 하나님 앞에 의로우랴"(욥 9:2)

"비록 내게 허물이 있다 할지라도 그 허물이 내게만 있느냐 너희가 참으로 나를 향하여 자만하며 내게 수치스러운 행위가 있다고 증언하려면 하려니와 하나님이 나를 억울하게 하시고 자기 그물로 나를 에워싸신 줄을 알아야 할지니라"(욥 19:4-6)

이에 대해 욥은 결백을 주장한다. 그는 하나님 앞에서 누구도 의롭지 않다는 사실은 인정하지만(욥 9:2), 자신의 고난이 죄의 결과라는 친구들의 말은 받아들일 수 없었다. 자녀들의 죽음이나 재산의 상실, 몸의 질병이 자신의 죄 때문이라는 해석을 거부하며 오히려 억울함을 호소한다.(욥 19:4-6) 이를 요약하면 '나는 죄 때문에 벌을 받는 것이 아니다'라는 것이다.

"보라 내가 내 사정을 진술하였거니와 내가 정의롭다 함을 얻을 줄 아노라"(욥 13:18)

"나는 결코 너희를 옳다 하지 아니하겠고 내가 죽기 전에는 나의 온전함을 버리지 아니할 것이라"(욥 27:5)

"하나님께서 나를 공평한 저울에 달아보시고 그가 나의 온전함을 아시기를 바라노라"(욥 31:6)

욥은 끝까지 자신의 무죄를 주장한다.(욥 10:2, 7, 13:18, 23, 23:11-12, 27:5-6, 31:6-8) 이런 벌을 받을 만큼 죄를 짓지는 않았다는 뜻이다. 욥기 29-31장은 욥의 마지막 항변인데, 특히 31장에서 욥은 하나님이 자신의 온전함을 알아주시기를 원하며 스스로 무죄를 선포한다.(욥 31:6) 욥이 이렇게 끝까지 자신의 의를 주장하자 친구들은 더 이상 말을 하지 못했다.(욥 32:1)

사실 욥의 고난은 죄 때문이 아니라 사탄의 도발에서 비롯된 것이었다. 그러나 당사자인 욥과 친구들은 이를 알지 못했다. 그래서 서로의 대화가 평행선을 달린 것이다. 신명기 신학의 틀에서는 죄 없는 의인의 고난은 심각한 문제를 제기한다. 욥은 자신의 무죄를 주장하면서 그 이유를 알고 싶어 했다. 갑작스런 고난에 크게 당황했던 것이다. 그래서 고난의 이유를 하나님께 직접 묻고자 했다. '하나님, 제발 저를 만나 주십시오. 제가 드릴 말씀이 있습니다'라며 간청했다.(욥 10:2, 13:22, 23:3-5) 그리고 두 가지 질문을 한다.(욥 13:20) '하나님, 제가 무슨 죄를 지었습니까? 하나님, 왜 저를 피하십니까?'라는 질문이다.(욥 13:23-24)

욥의 눈에는 무언가 잘못된 것이 분명했다. 자신이 다른 사람보다 더 큰 죄를 지은 게 아닌데 엄청난 고난을 겪고 있기 때문이다. 다른 사람에 비해 오히려 의롭게 살았는데 말할 수 없는 고통을 겪고 있기 때문이다. 이는 하나님이 죄 없는 자에게 벌을 주신다는 모순으로 이어졌다.

구약학자 김정우 교수는 욥기에 대해 이렇게 말한다. "욥기는 구약성경 중에서 구약을 전공한 나에게도 가장 어려운 책이다. 욥기에서 우리는 등장인물들의 입장을 파악하기 어렵고, 끝없이 반복되는 논쟁을 정리하기도 어렵고, 3회전까지 치루어지는 논쟁에서 각 라운드의 특징과 발전을 찾는 것도 쉽지 않다. 또한 갑자기 등장한 엘리후의 인물됨과 그의 입장을 평가하기도 어렵다. 책의 마지막 부분에 나오는 하나님의 연설이 어떻게 욥의 고난에 대한 궁극적인 대답이 되는지 알기도 어렵다."(『박영선의 욥기 설교』(박영선, 남포교회출판부, 2014, 515쪽)

욥기 신학의 핵심

"그러나 사람의 속에는 영이 있고 전능자의 숨결이 사람에게 깨달음을 주시나
니 어른이라고 지혜롭거나 노인이라고 정의를 깨닫는 것이 아니니라 그러므로
내가 말하노니 내 말을 들으라 나도 내 의견을 말하리라"(욥 32:7-9)

욥기는 등장인물들의 입장을 정리하기가 어렵고 세 번 반복되는 논쟁
의 핵심을 파악하는 것도 쉽지 않다. 엘리후의 위치와 평가 역시 난해하며
마지막에 나오는 하나님의 연설이 어떻게 결론이 되는지도 이해하기 어렵
다. 그러나 의외로 욥기의 핵심을 쉽게 파악할 수 있는 길이 있다. 그것은
엘리후의 주장이 욥기의 핵심이라는 사실을 인정하는 것이다.(욥 32:7-9)

그렇게 생각할 수 있는 근거가 있다. 욥의 세 친구는 하나님께 책망을
받았다.(욥 42:7-9) 그들이 욥을 비난한 근거가 틀렸기 때문이다. 이는 그들
의 신명기 신학이 잘못되었다는 뜻이다. 욥 또한 회개했다.(욥 42:3-6) 하나
님을 제대로 알지 못한 채 하나님의 정의를 의심했기 때문이다. 욥의 신명
기 신학 역시 옳지 않았다. 그렇지만 엘리후는 책망도 받지 않았고 회개도
하지 않았다. 엘리후가 옳았다는 뜻이다.

욥기 이해는 엘리후의 말이 옳았다는 사실에서 출발해야 한다.(욥 32-37
장) 욥기에서 엘리후는 우연히 등장했다가 이유 없이 사라진 인물이 아니
다. 새로운 신학을 위해 등장한 주요 인물이다. 엘리후가 옳았기 때문에 욥
기의 결론에서 엘리후에 대한 책망이나 엘리후의 회개가 없었던 것이다.
욥기의 신앙적 주인공은 욥이다. 욥의 굳센 믿음과 의로움과 인내는 타의
모범이 된다. 그러나 욥기의 신학적 주인공은 엘리후다. 엘리후가 신명기

신학을 넘어서는 욥기 신학의 핵심을 말한 것이다.

> "나는 욥이 끝까지 시험 받기를 원하노니 이는 그 대답이 악인과 같음이라 그가 그의 죄에 반역을 더하며 우리와 어울려 손뼉을 치며 하나님을 거역하는 말을 많이 하는구나"(욥 34:36-37)
>
> "그대가 범죄한들 하나님께 무슨 영향이 있겠으며 그대의 악행이 가득한들 하나님께 무슨 상관이 있겠으며 그대가 의로운들 하나님께 무엇을 드리겠으며 그가 그대의 손에서 무엇을 받으시겠느냐 그대의 악은 그대와 같은 사람에게나 있는 것이요 그대의 공의는 어떤 인생에게도 있느니라"(욥 35:6-8)
>
> "하나님은 높으시니 우리가 그를 알 수 없고 그의 햇수를 헤아릴 수 없느니라"(욥 36:26)
>
> "전능자를 우리가 찾을 수 없나니 그는 권능이 지극히 크사 정의나 무한한 공의를 굽히지 아니하심이니라"(욥 37:23)

엘리후의 신학적 요지는 이렇다. 욥의 고난은 욥의 범죄나 의로움과 상관이 없다는 것이다.(욥 35:6-8) 이를 다르게 표현하면 의인도 고난을 받을 수 있다는 것이다. 그리고 의인의 고난은 하나님의 잘못이 아니라는 것이다. 그 이유는 하나님이 전지전능하신 창조주이시기 때문이다. 설사 의인이 고난을 받는다 하더라도 그것은 하나님의 전능하심 속에서 일어난 일이며, 인간이 그 이유를 알지 못할 뿐이다.(욥 36:26, 37:23) 따라서 인간은 어떤 경우에도 하나님께 불평하거나 하나님께 대항할 수 없다. 그런데 욥은 자신이 의롭다는 이유로 하나님께 불평하며 항변했다.(욥 34:36-37) 엘리후는 욥의 이런 태도가 잘못이라고 지적한다. 이것이 신명기 신학을 넘어서는 욥기 신학이다.

엘리후는 하나님이 사람의 모든 행위를 아신다고 말한다.(욥 34:21) 이는 하나님이 실수를 하실 리가 없다는 뜻이다. 하나님은 항상 옳은 일을 하신다.(욥 34:12) 그러므로 욥에게 잘못된 일을 하실 리가 없다. 설사 하나님이 침묵하신다고 해서 하나님을 비난할 수 없다.(욥 34:29) 어떤 이유로든 하나님을 비난하는 것은 하나님을 모독하는 죄일 뿐이다.(욥 34:37) 사람의 범죄나 의로움은 하나님께 큰 의미가 없으므로(욥 35:6-8), 사람은 하나님 앞에서 침묵하는 것이 옳다.(욥 35:16) 하나님은 의롭고 무한한 능력과 지혜를 가지신 분이시므로(욥 36:3, 5, 22-33), 그런 하나님께 불의를 행하셨다고 비난할 수 있는 사람은 없다.(욥 36:23) 전능하신 하나님은 항상 사람을 공의롭게 대하신다.(욥 37:23) 이유 없이 사람을 괴롭히실 리가 없다는 뜻이다. 그러므로 사람이 해야 할 일은 오직 하나님 경외일 뿐이다.(욥 37:24)

세 친구는 '욥이 죄인이기 때문에 고난을 받는다'고 주장했고, 욥은 '죄가 없는데 고난을 받는다'고 맞받아쳤다. 그러나 이런 신명기 신학의 구조는 결국 하나님의 잘못으로 귀결된다. 엘리후는 이 두 입장을 모두 비판한다. 죄인만 고난을 겪는 것도 아니고, 의인의 고난이 하나님의 실수를 의미하는 것도 아니다. 사람은 단지 하나님이 하시는 일을 모를 뿐이다.(욥 36:26) 사람은 오직 창조주이신 하나님의 권능을 기억해야 한다.(욥 36:27-33) 그래서 엘리후는 전능자이신 창조주 하나님을 강조하고(욥 36:24-37:24), 그의 말이 끝나자 하나님의 창조 연설이 이어진다.(욥 38:1-41:34) 욥 역시 창조주 하나님을 인정하며 자신의 잘못을 회개한다.(욥 40:3-5, 42:1-6)

엘리후의 주장은 분명히 새로운 신학이다. 죄인도 고난을 받지만 의인도 고난을 받을 수 있다. 인간 눈에는 불합리해 보이지만 그것은 하나님의 실수가 아니다. 하나님은 전능자이시며 창조주이시기 때문에 인간은 감히 그분의 판단에 잘못이 있다고 말할 수 없다. 욥의 잘못은 '죄가 없는데 벌을 받는다'고 하면서 하나님께 대항한 것이다. 그래서 결국 욥은 회개한다.(욥 40:4-5, 42:1-6)

엘리후의 입장은 이렇다. 하나님은 전능자요 창조주시므로 무슨 일이든 하실 수 있다. 죄 없는 사람을 포함해 모든 이에게 고난을 주실 수 있다. 그렇지만 그 일은 불의가 아니다. 전능자가 하시는 일이기 때문이다.(욥 34:10, 37:23) 엘리후는 이런 신학적 입장에 기초해 욥을 책망한다.(욥 33:9-11, 34:5-7, 37) 욥이 하나님의 잘못을 지적하며 항변했기 때문이다. 욥이 생각한 하나님의 잘못은 죄 없는 자에게 고난을 주신 것이다. 그러나 엘리후의 관심은 욥이 당하는 고난의 원인을 밝히는 것이 아니다. 그는 욥의 항변, 즉 욥이 하나님을 대하는 태도를 문제 삼은 것이다.

엘리후는 이렇게 신명기적 인과응보 신학에 근거한 욥의 항변을 지적하면서 새로운 신학을 제시한다. 그것은 죄 없는 사람도 고난을 겪을 수 있다는 것이다. 하나님의 벌이 아닌 고통이 있을 수 있다. 그런 경우에도 하나님의 실수나 잘못이 아니며, 단지 인간이 하나님의 뜻을 알 수 없을 뿐이다.(욥 36:26, 37:5) 그래서 하나님께 불평할 수 없고 하나님을 원망할 수 없다. 이것이 욥기 신학의 핵심이며 그 기초는 엘리후의 말에 있다. 엘리후는 하나님의 책망을 받지 않았다. 그의 말이 옳았기 때문이다.

욥기 신학의 핵심은 분명하다. 사람은 죄가 없어도 고난을 당할 수 있다. 그 일은 하나님이 하시는 일이다. 그런데 인간은 창조주가 하시는 일에 대해 불평하거나 원망할 수 없다. 어떤 경우에도 피조물은 전능하신 창조주 하나님 앞에서 겸손해야 한다. 말을 삼가야 한다. 의인도 고난을 겪지만 사람은 그 원인을 알 수 없다. 고난의 원인이 하나님의 연단일 수도 있고 사탄의 시험일 수도 있지만 사람은 그 이유를 모른다. 따라서 죄 없이 고난을 당할 때 끝까지 믿음을 지켜야 한다. 그때 하나님은 더 큰 은혜를 허락하신다. 하나님의 연단이든 사탄의 시험이든 침묵과 겸손으로 믿음을 지키는 성도의 길이다. 고난 중에 오직 침묵과 겸손으로 하나님 신뢰를 지켜야 한다는 것이 욥기 신학의 교훈이다.

> "그 때에 여호와께서 폭풍우 가운데에서 욥에게 말씀하여 이르시되 무지한 말로 생각을 어둡게 하는 자가 누구냐"(욥 38:1-2)
> "여호와께서 또 욥에게 일러 말씀하시되 트집 잡는 자가 전능자와 다투겠느냐 하나님을 탓하는 자는 대답할지니라"(욥 40:1-2)

욥은 고난의 이유를 알고 싶어 하나님을 만나고자 했다. '하나님, 제발 저에게 말씀해 주십시오. 제가 묻고 싶은 것이 있습니다'라고 간청했다.(욥 10:2, 13:22-23, 23:3-5) 하나님은 결국 욥에게 말씀하시지만, 욥이 당한 고난의 원인은 설명하지 않으신다. '사탄이 네 믿음을 시험했다'고 밝히지 않으셨다. 하나님이 하신 말씀은 단 한 가지 '네가 창조주에게 감히 따지느냐? 전능자와 논쟁하려 하느냐?'라는 말씀이었다.(욥 38:1-2, 40:1-2)

욥기는 고난의 원인을 알려하지 말라고 가르친다. 묻는다고 해도 알 수 없다. 욥은 끝내 고난의 이유를 알지 못했고 오히려 자신의 교만을 회개했다. 고난의 이유를 알고자 했던 것이 자신의 교만이었다는 것이다. 이것이 욥기의 교훈이다. 고난의 원인을 밝히려 했던 친구들은 하나님의 책망을 들었고 욥에게 용서를 빌어야했다.

엘리후의 말에 기초한 욥기의 교훈은 '죄가 없어도 고난을 당할 수 있으며 그렇다고 해서 하나님을 원망할 수는 없다. 하나님은 창조주이시기 때문이다'라는 것이다. 따라서 고난을 겪으며 하나님의 침묵을 경험할 때 '왜 이렇게 되었으며 누구의 잘못 때문인지' 원인을 따지지 말아야 한다. 대신 '하나님이 나를 아시고 불쌍히 여기시니 오직 하나님만 의지하리라' 하면서 인내하고 소망을 잃지 말아야 한다. 성경은 고난 중에 창조주 하나님의 사랑을 믿고 기도하라고 가르친다.

하나님은 욥에게 '무식한 말로 내 뜻을 어둡게 하는 자가 누구냐?'라고 말씀하신다.(욥 38:2) 욥의 간청 끝에 침묵을 깨시며 처음 하신 말씀이다. 인간의 생각은 하나님의 뜻 앞에서 무지한 것일 뿐이다. 그러므로 입을 다물고 은혜를 구하는 기도를 드려야 한다. 설명할 수 없는 고난 앞에서 하나님은 겸손과 기도를 요구하신다. 고난의 의미를 함부로 해석하는 것은 무지의 소산이며 하나님의 뜻을 어둡게 할 뿐이다. 그러므로 이해할 수 없는 고난 앞에서 인간이 취해야 할 태도는 겸손한 침묵과 기도다. 욥의 고난은 실제로 사탄의 시험에서 비롯되었으나 하나님은 그 사실을 욥에게 끝까지 밝히지 않으셨다. 다만 창조주의 권능을 드러내시며 겸손을 요구하셨다. 욥기에서 이를 배워야 한다.

"내가 주께 대하여 귀로 듣기만 하였사오나 이제는 눈으로 주를 뵈옵나이다 그러므로 내가 스스로 거두어들이고 티끌과 재 가운데에서 회개하나이다"(욥 42:5-6)

고난을 통해 하나님을 더 깊이 알 수 있다. 욥은 고난 전에 하나님을 '들어서' 알았다. 그러나 고난 후에는 하나님을 '보면서' 알게 되었다.(욥 42:5) 고난을 통해 하나님을 더 확실히 알게 되었다는 뜻이다. 고난은 하나님을 눈으로 뵙는 과정이다.

그리고 믿는 자는 타인의 고난 앞에서 침묵해야 한다. 고난의 이유를 단정하거나 설명하는 것은 하나님의 뜻을 어둡게 하는 죄가 된다. 욥의 친구들과 욥 자신이 행한 잘못을 피해야 한다. 단지 고난당하는 자를 위로할 수 있을 뿐이다.

전능자를 인정하라

전능자의 권능

"전능자의 화살이 내게 박히매 나의 영이 그 독을 마셨나니 하나님의 두려움이 나를 엄습하여 치는구나"(욥 6:4)

"참으로 나는 전능자에게 말씀하려 하며 하나님과 변론하려 하노라"(욥 13:3)

"하나님의 영이 나를 지으셨고 전능자의 기운이 나를 살리시느니라"(욥 33:4)

"트집 잡는 자가 전능자와 다투겠느냐 하나님을 탓하는 자는 대답할지니라"(욥 40:2)

욥기에서 하나님은 '전능자'(*shadai*, 샤다이)로 강조된다. 히브리어 '샤다이'는 구약에 총 48회 나오는데 그 가운데 욥기에 31회 나타난다. 개역성경에서는 29회 등장하는데 욥기 8:3, 5에서 '전능자' 대신 '전능하신 이'로 번역되었기 때문이다. 나머지는 창세기(6회), 출애굽기(1회), 민수기(2회), 룻기(2회), 시편(2회), 이사야(1회), 에스겔(2회), 요엘(1회) 등 8권에서 총 17회 등장한다. 구약 39권 중 30권에는 아예 '전능자'라는 단어 자체가 없다.

따라서 욥기는 하나님의 칭호 중에서 전능자를 특별히 강조하는 책이 분명하다. 욥(14회), 엘리바스(7회), 빌닷(2회), 소발(1회), 엘리후(6회)가 모두 전능자를 언급하고 있고, 하나님 스스로도 자신을 전능자라고 하신다.(욥 40:2) 전능이란 '모든 일을 할 수 있는 능력'을 의미하므로 욥기의 하나님은 '모든 일을 하실 수 있는 분'이시다.

> "지혜와 권능이 하나님께 있고 계략과 명철도 그에게 속하였나니"(욥 12:13)
> "그가 큰 권능을 가지시고 나와 더불어 다투시겠느냐 아니로다 도리어 내 말을 들으시리라"(욥 23:6)
> "하나님은 그의 권능으로 높이 계시나니 누가 그같이 교훈을 베풀겠느냐" (욥 36:22)
> "전능자를 우리가 찾을 수 없나니 그는 권능이 지극히 크사 정의나 무한한 공의를 굽히지 아니하심이니라"(욥 37:23)

전능자이신 하나님은 권능의 하나님이시다.(욥 12:13, 23:6, 35:22, 37:23) 그분은 절대적으로 강하시기에 누구도 맞서거나 이길 수 없다. 히브리어 '게부라'(gebura, strength, might)와 '코아흐'(koah, strength, power)가 욥기에서 권능으로 번역되었다. '게부라'는 욥기 12:13에, '코아흐'는 23:6, 35:22, 37:23에 나온다.

> "하나님이 진노를 돌이키지 아니하시나니 라합을 돕는 자들이 그 밑에 굴복하겠거든 하물며 내가 감히 대답하겠으며 그 앞에서 무슨 말을 택하랴"(욥 9:13-

14)

"이제 소 같이 풀을 먹는 베헤못을 볼지어다 내가 너를 지은 것 같이 그것도 지었느니라"(욥 40:15)

"네가 낚시로 리워야단을 끌어낼 수 있겠느냐 노끈으로 그 혀를 맬 수 있겠느냐"(욥 41:1)

욥기는 전능자의 힘을 보여주기 위해 라합, 베헤못, 리워야단 같은 신화적 동물을 소환한다. 이들은 모두 고대 근동 신화에 등장하는데 인간이 결코 이길 수 없는 존재들이다. 그러나 하나님은 이들 모두를 제압하신다. '라합'(Rahab)은 바다 괴물로 혼돈과 악의 세력을 대표하는데 하나님은 그를 굴복시키신다.(욥 9:13) '베헤못'(Behemoth)은 가장 강한 뭍짐승으로 하마나 코끼리를 연상케 한다. 베헤못은 하나님이 만드신 것 중에 으뜸이지만(욥 40:19), 하나님은 그런 베헤못을 만드시고 다스리신다.(욥 40:15) 리워야단(Leviathan)은 칼과 창, 화살도 통하지 않는 바다 괴물이다.(욥 41:26) 모든 교만한 자 위에 군림하는 왕 같은 존재지만 하나님은 그런 리워야단을 이기신다.(욥 41:34)

결국 욥기가 강조하는 것은 하나님이 어떤 강한 존재도 제압하실 수 있다는 사실이다. 힘으로 하나님을 이길 수 있는 존재는 없다.(욥 9:19) 인간은 그 권능 앞에 무력하다. 하나님은 욥기 40:15-41:34에서 욥의 무능을 드러내시며, 인간은 전능자의 권능에 대적할 수 없음을 깨닫게 하신다.

"질그릇 조각 중 한 조각 같은 자가 자기를 지으신 이와 더불어 다툴진대 화 있을진저 진흙이 토기장이에게 너는 무엇을 만드느냐 또는 네가 만든 것이 그는

손이 없다 말할 수 있겠느냐"(사 45:9)

"그러나 여호와여, 이제 주는 우리 아버지시니이다 우리는 진흙이요 주는 토기장이시니 우리는 다 주의 손으로 지으신 것이니이다"(사 64:8)

"여호와의 말씀이니라 이스라엘 족속아 이 토기장이가 하는 것 같이 내가 능히 너희에게 행하지 못하겠느냐 이스라엘 족속아 진흙이 토기장이의 손에 있음 같이 너희가 내 손에 있느니라"(렘 18:6)

"이 사람아 네가 누구이기에 감히 하나님께 반문하느냐 지음을 받은 물건이 지은 자에게 어찌 나를 이같이 만들었느냐 말하겠느냐 토기장이가 진흙 한 덩이로 하나는 귀히 쓸 그릇을, 하나는 천히 쓸 그릇을 만들 권한이 없느냐"(롬 9:20-21)

하나님은 라합과 베헤못과 리워야단을 이기신다. 당연히 인간도 이기신다. 성경은 이 사실을 '토기장이와 진흙' 비유로 강조한다.(사 45:9, 64:8, 렘 18:6, 롬 9:20-21) 토기장이는 진흙을 빚어 마음대로 그릇을 만들고 또 마음대로 깨뜨린다. 이는 진흙과 그릇에 대한 토기장이의 절대적 주권을 보여주는 것이다. 인간에 대한 창조주의 권능이 바로 그렇다.

그러므로 인간이 고난으로 고통을 겪을 때 하나님 앞에서 겸손해야 한다. 전능자이신 하나님을 원망하거나 비방할 수 없다. 사람이 하나님의 힘과 권능을 이길 수 없기 때문이다. 인간은 오히려 하나님의 자비를 구해야 한다. 라합과 베헤못과 리워야단도 제압하시는 전능자 앞에서 인간은 그저 겸손히 침묵할 수밖에 없다. 이것이 욥기의 교훈이다.

전능자의 섭리

"하나님의 영이 나를 지으셨고 전능자의 기운이 나를 살리시느니라"(욥 33:4)

"내가 땅의 기초를 놓을 때에 네가 어디 있었느냐 네가 깨달아 알았거든 말할지니라"(욥 38:4)

"바다가 그 모태에서 터져 나올 때에 문으로 그것을 가둔 자가 누구냐"(욥 38:8)

성경은 창조 이야기로 시작된다. 하나님이 우주 만물과 인간을 창조하신 사실을 강조하는 것이다. 이는 하나님이 창조주시라는 사실이 신앙의 기초라는 뜻이다. 창조 이야기는 하나님의 권능을 드러낸다. 세상과 인간을 창조하신 분께 불가능한 일은 없는 법이다. 하나님은 말씀으로 빛과 해와 달, 식물과 짐승과 물고기와 사람을 만드셨다. 사람은 그렇게 무에서 유를 창조하시는 하나님의 권능을 신뢰하며 살아야 한다.

욥기 역시 창조주의 권능을 강조한다. 하나님이 인간을 지으시고(욥 33:4), 땅의 기초를 놓으시고(욥 38:4), 바다의 경계를 결정하셨다.(욥 38:8) 하나님이 새벽을 지으시고 땅의 너비를 측량하셨다.(욥 38:12, 18) 그리고 홍수와 우레와 번개와 비와 얼음을 주관하신다.(욥 38:25-29) 하나님이 온 세상과 인간을 만드시고 또 유지하시는 것이다. 이것이 전능자의 모습이다.

"우리 주 하나님이여 영광과 존귀와 권능을 받으시는 것이 합당하오니 주께서 만물을 지으신지라 만물이 주의 뜻대로 있었고 또 지으심을 받았나이다 하더라"(계 4:11)

창조 이야기의 또 다른 핵심은 하나님의 섭리(攝理)를 강조하는 것이다. 하나님은 혼돈을 극복하시고 질서와 조화를 세우셨다. 창세기 1:2의 '땅이 혼돈하고 공허하며 흑암이 깊음 위에 있고 하나님의 신은 수면에 운행하시니라'는 말씀은 무질서한 상황을 묘사한다. 그런 혼돈 가운데 하나님은 빛과 어두움, 하늘과 하늘 아래, 바다와 땅을 나누시며 세상에 질서를 세우셨다.

세상과 인간은 하나님의 뜻을 따라 존재한다.(계 4:11) 창조는 철저히 하나님의 계획 아래 이루어진 것이다. 세상과 인간은 우연히 생겨나 의미 없이 존재하는 것이 아니다. 하나님의 뜻을 따라 생겨나 하나님의 섭리 아래 존재하고 있다. 하나님의 창조를 믿는 사람은 우연한 세상과 무의미한 삶을 거부한다. 세상 만물과 자신의 삶 속에서 하나님의 뜻을 발견한다. 만물을 창조하신 전능자의 섭리를 깨닫는 것이다.

"겹겹이 쌓인 구름과 그의 장막의 우렛소리를 누가 능히 깨달으랴 보라 그가 번 갯불을 자기의 사면에 펼치시며 바다 밑까지 비치시고"(욥 36:29-30)

"눈을 명하여 땅에 내리라 하시며 적은 비와 큰 비도 내리게 명하시느니라" (욥 37:6)

"하나님의 입김이 얼음을 얼게 하고 물의 너비를 줄어들게 하느니라"(욥 37:10)

"누가 홍수를 위하여 물길을 터 주었으며 우레와 번개 길을 내어 주었느냐" (욥 38:25)

"네가 하늘의 궤도를 아느냐 하늘로 하여금 그 법칙을 땅에 베풀게 하겠느 냐"(욥 38:33)

"산 염소가 새끼 치는 때를 네가 아느냐 암사슴이 새끼 낳는 것을 네가 본 적이

있느냐"(욥 39:1)

창조주이신 전능자는 피조물을 섭리하신다. 일반적으로 섭리는 '자연계를 지배하는 원리와 법칙'을 의미한다. 그러나 신앙 안에서의 섭리는 '세상과 만물을 보존하고 다스리시는 하나님의 뜻'이다. 창조와 섭리는 분리될수 없다. 하나님은 세상과 인간을 지으신 후 그것들을 보존하시고 다스리신다. 하나님은 자연과 역사에 개입하시며 그 뜻을 따라 세상과 인간을 지켜 나가신다. 하나님은 세상과 인간에 무관하신 것이 아니며, 하나님의 섭리를 벗어날 수 있는 피조물은 없다. 다만 하나님은 인간을 기계적으로 다루지 않으시고, 사람이 알 수 없는 방법으로 보존하고 다스리신다. 이 모든 섭리의 근간에는 하나님의 무한한 사랑과 자비가 있다.

"여호와께서 그의 보좌를 하늘에 세우시고 그의 왕권으로 만유를 다스리시도다"(시 103:19)
"참새 두 마리가 한 앗사리온에 팔리지 않느냐 그러나 너희 아버지께서 허락하지 아니하시면 그 하나도 땅에 떨어지지 아니하리라"(마 10:29)
"너희에게는 머리털까지 다 세신 바 되었나니 두려워하지 말라 너희는 많은 참새보다 귀하니라"(마 10:30-31)

하나님은 참새 한 마리, 인간의 머리털까지 세실 정도로 세밀하게 섭리하신다.(마 10:29, 30) 그러므로 하나님의 다스리심 아래 사는 것이 인간에게 가장 복된 길이다.(마 10:31) 시편 103:19에 '여호와께서 그의 왕권으로 만유를 다스리시도다'라는 말씀이 있다. 하나님의 섭리하심을 찬양한 것이다. 하나님은 모든 피조물을 지극한 지혜와 능력으로 다스리신다.

전능자의 섭리를 믿는 사람은 삶의 혼란 속에서 질서와 조화를 얻는다. 삶의 근본적인 혼란은 '내가 내 삶의 주인'이라는 생각에서 비롯된다. 그러나 하나님의 섭리를 믿는 사람은 하나님의 뜻을 찾고 순종하는데 이것이 지혜로운 삶이다.

"아나니아가 대답하되 주여 이 사람에 대하여 내가 여러 사람에게 듣사온즉 그가 예루살렘에서 주의 성도에게 적지 않은 해를 끼쳤다 하더니"(행 9:13)
"주께서 이르시되 가라 이 사람은 내 이름을 이방인과 임금들과 이스라엘 자손들에게 전하기 위하여 택한 나의 그릇이라"(행 9:15)

하나님께서 바울을 부르신 사건이 하나님의 섭리를 잘 보여준다. 아나니아는 사울이 교회를 박해한 자임을 알았기에 그에게 안수하라는 하나님의 명령을 이해할 수 없었다.(행 9:13-14) 그러나 하나님은 그런 아나니아에게 '이 사람은 내 이름을 이방인과 임금들과 이스라엘 자손들에게 전하기 위하여 택한 나의 그릇이라'고 말씀하신다.(행 9:15)

당시 사울이 복음을 전할 사도가 되리라 기대한 사람은 세상에 한 사람도 없었다. 사울은 교회의 원수일 뿐이었다. 그러나 하나님은 그런 사울을 선택하셔서 복음 전파의 도구로 삼으셨다. 하나님의 생각은 사람의 생각과 다르다. 높고 깊고 넓고 놀랍다. 과연 사울은 하나님의 계획대로 바울이 되어 목숨을 걸고 복음을 전하며 교회를 세웠다. 기독교 신학의 기초가 되는 많은 서신들을 남겼으며 결국 순교하였다. 바울을 선택하신 하나님이 옳으셨다. 하나님은 사람이 전혀 생각하지 못한 일들을 이루시는데 이것이 전능자의 섭리다. 모든 일에 하나님의 섭리가 우선이며 그 섭리를 따라 사는 것이 지혜로운 삶이다.

전능자의 지혜

"그는 마음이 지혜로우시고 힘이 강하시니 그를 거슬러 스스로 완악하게 행하고도 형통할 자가 누구이랴"(욥 9:4)

"지혜와 권능이 하나님께 있고 계략과 명철도 그에게 속하였나니"(욥 12:13)

"그러나 사람의 속에는 영이 있고 전능자의 숨결이 사람에게 깨달음을 주시나니"(욥 32:8)

"하나님은 능하시나 아무도 멸시하지 아니하시며 그의 지혜가 무궁하사"(욥 36:5)

"전능자를 우리가 찾을 수 없나니 그는 권능이 지극히 크사 정의나 무한한 공의를 굽히지 아니하심이니라"(욥 37:23)

한편, 욥기는 전능하신 하나님의 지혜를 강조한다. 하나님은 지혜로우시고 힘이 강하시다.(욥 9:4) 지혜와 권능이 하나님께 있다.(욥 12:13) 전능자이신 하나님은 모든 것을 아시는 지혜로운 분이시다. 그렇지만 욥기에는 구약의 한계가 있다. 그래서 주로 창조주의 지혜, 곧 자연을 다스리시는 지혜가 드러날 뿐이다. 욥기에 구원이나 종말, 삼위일체 등에 관한 지혜는 나타나지 않는다. 이는 구약 자체의 한계 때문이며 이런 지혜는 신약에서 비로소 드러난다. 그래서 구약을 신약의 그림자라고 하는 것이다.(히 10:1)

"이는 하나님이 지혜를 베풀지 아니하셨고 총명을 주지 아니함이라"(욥 39:17)

"매가 떠올라서 날개를 펼쳐 남쪽으로 향하는 것이 어찌 네 지혜로 말미암음이냐"(욥 39:26)

그렇지만 하나님은 모든 지혜의 근원이시다. 사람이든 짐승이든 하나님이 지혜를 주시면 지혜롭게 되고, 아니면 어리석은 존재가 된다. 타조는 하나님이 주신 지혜가 없어 어리석게 되었고(욥 39:17), 매는 하나님의 지혜를 받아 하늘을 날 수 있게 되었다.(욥 39:26)

"여호와께서 또 욥에게 일러 말씀하시되 트집 잡는 자가 전능자와 다투겠느냐 하나님을 탓하는 자는 대답할지니라"(욥 40:1-2)
"보소서 나는 비천하오니 무엇이라 주께 대답하리이까 손으로 내 입을 가릴 뿐이로소이다 내가 한 번 말하였사온즉 다시는 더 대답하지 아니하겠나이다"(욥 40:4-5)

하나님은 욥기 38-39장에서 욥의 무지를 책망하신다. 욥은 땅의 기초, 바다의 경계, 광명과 흑암의 길을 알지 못한다. 눈과 우박, 비와 이슬, 홍수와 번개, 별자리와 하늘의 궤도를 이해하지 못한다. 짐승들을 먹이는 방법을 모른다. 욥은 염소와 사슴의 출산, 들나귀와 들소의 생태, 타조의 어리석음, 말의 용맹, 매와 독수리의 삶을 알지 못한다. 하나님은 욥을 '트집 잡는 자'라고 부르시며 인간이 전능자와 다툴 수 있느냐고 책망하신다.(욥 40:2) 이에 욥은 자신의 무지를 고백하면서 회개하고 침묵을 약속한다.(욥 40:4-5)

"무지한 말로 이치를 가리는 자가 누구니이까 나는 깨닫지도 못한 일을 말하였고 스스로 알 수도 없고 헤아리기도 어려운 일을 말하였나이다"(욥 42:3)
"그러므로 내가 스스로 거두어들이고 티끌과 재 가운데에서 회개하나이다"

(욥 42:6)

욥은 하나님의 지혜 앞에서 자신이 알지도 못하면서 함부로 말한 죄를 고백한다. 알 수도 없고 헤아리기도 어려운 신비 앞에서 하나님의 뜻을 흐려 놓으려 했다고 인정한다.(욥 42:3) 그리고 티끌과 재 가운데에서 회개한다.(욥 42:6) 비천한 인간이 하나님께 말을 너무 많이 했다는 것이다. 이사야 28:29에 '이도 만군의 여호와께로부터 난 것이라 그의 경영은 기묘하며 지혜는 광대하니라'는 말씀이 있다. 하나님의 경영은 기묘하며 지혜는 광대하다. 하늘이 땅보다 높음 같이 하나님의 생각은 사람의 생각보다 높다.(사 55:9)

전능자의 주권

"하나님은 주권과 위엄을 가지셨고 높은 곳에서 화평을 베푸시느니라"(욥 25:2)

"하나님의 영이 나를 지으셨고 전능자의 기운이 나를 살리시느니라"(욥 33:4)

"그러므로 너희 총명한 자들아 내 말을 들으라 하나님은 악을 행하지 아니하시며 전능자는 결코 불의를 행하지 아니하시고"(욥 34:10)

"그러므로 사람들은 그를 경외하고 그는 스스로 지혜롭다 하는 모든 자를 무시하시느니라"(욥 37:24)

욥기가 하나님의 창조와 권능, 섭리와 지혜를 강조하는 이유는 분명하다. 그것은 하나님의 주권을 인정하라는 것이다. 전능자라는 표현은 곧 하나님이 뜻하시는 모든 것을 행할 권리가 있음을 의미한다. 그 어떤 존재의 그 어떤 이유도 하나님의 뜻을 제한할 수 없다. 죄인뿐 아니라 의인도 이 사실을 인정해야 한다. 하나님은 사람을 지으시고 생명을 주신다.(욥 33:4) 하나님은 악을 행하지 않으시며 언제나 옳은 일을 하신다.(욥 34:10) 온 땅과 세상을 다스리시고 인생을 주관하신다.(욥 34:13-15) 그래서 하나님의 절대적 주권을 인정해야 하는 것이다.

"하나님은 높으시니 우리가 그를 알 수 없고 그의 햇수를 헤아릴 수 없느니라"(욥 36:26)

"하나님은 놀라운 음성을 내시며 우리가 헤아릴 수 없는 큰일을 행하시느니라"(욥 37:5)

"네가 하나님처럼 능력이 있느냐 하나님처럼 천둥소리를 내겠느냐"(욥 40:9)

욥기는 결론 부분에서 하나님과 욥의 차이를 강조한다. 이는 곧 창조주와 피조물 사이의 존재론적 차이다. 인간은 높으신 하나님의 뜻을 알 수 없다.(욥 36:26) 하나님은 인간이 헤아릴 수 없는 큰일을 행하시며(욥 37:5), 인간이 흉내 낼 수 없는 능력을 가지신다.(욥 40:9) 하나님은 라합과 베헤못과 리워야단을 이기신다.(욥 9:13, 40:15, 41:1) 이는 인간은 결코 감당할 수 없는 존재들이다. 하나님의 이런 권능과 지혜로부터 전능자의 주권이 드러난다.

> "나는 하나님이라 나 외에 다른 이가 없느니라 나는 하나님이라 나 같은 이가 없느니라"(사 46:9)
> "기약이 이르면 하나님이 그의 나타나심을 보이시리니 하나님은 복되시고 유일하신 주권자이시며 만왕의 왕이시며 만주의 주시요"(딤전 6:15)

하나님은 이사야 46:9에서 '나는 하나님이라 나 외에 다른 이가 없느니라'고 말씀하신다. 이는 유일하신 하나님의 절대적 주권을 선포하시는 말씀이다. 디모데전서 6:15 역시 하나님의 주권을 잘 보여주는 말씀이다. 하나님은 '만왕의 왕, 만주의 주'(딤전 6:15, 계 17:4, 19:16)이시며, 우주 만물 가운데 오직 하나님만이 절대적 주권을 가지신다.

> "여호와께서 사탄에게 이르시되 내가 그의 소유물을 다 네 손에 맡기노라 다만 그의 몸에는 네 손을 대지 말지니라 사탄이 곧 여호와 앞에서 물러가니라" (욥 1:12)
> "여호와께서 사탄에게 이르시되 내가 그를 네 손에 맡기노라 다만 그의 생명은 해하지 말지니라"(욥 2:6)

욥의 고난은 사탄의 참소에서 시작되었지만 하나님이 허락하셨기에 가능했다. 사탄이 아무리 욥의 신앙을 비난했어도 하나님이 허락하지 않으셨다면 욥의 고난은 없었을 것이다.(욥 1:12, 2:6) 의인의 고난 문제는 전능자의 주권에 속하는 것이다. 인간은 하나님의 주권 앞에서 오직 겸손해야 하고 침묵해야 한다.(욥 42:2-3) 어떤 경우에도 사람은 하나님께 불평하거나 대항할 수 없다.

"그는 마음이 지혜로우시고 힘이 강하시니 그를 거슬러 스스로 완악하게 행하고도 형통할 자가 누구이랴"(욥 9:4)

"하나님이 빼앗으시면 누가 막을 수 있으며 무엇을 하시나이까 하고 누가 물을 수 있으랴"(욥 9:12)

"그러나 하나님께서는 높은 자들을 심판하시나니 누가 능히 하나님께 지식을 가르치겠느냐"(욥 21:22)

욥도 하나님의 주권을 인정한다. 전능하신 하나님을 거역할 자는 없고(욥 9:4), 하나님이 빼앗으시면 항의할 자가 없다고 한다.(욥 9:12) 높은 자들조차 하나님께 심판을 받으며 그런 하나님께 지식을 가르칠 자는 없다고 한다.(욥 21:22) 다만 욥은 하나님께서 의인에게도 고난을 주신다는 사실은 알지 못했다. 하나님의 주권을 인정하면서도 이 문제는 몰랐던 것이다. 신명기 신학의 한계 때문이다.

"욥이 여호와께 대답하여 이르되 주께서는 못 하실 일이 없사오며 무슨 계획이든지 못 이루실 것이 없는 줄 아오니"(욥 42:1-2)

"내가 주께 대하여 귀로 듣기만 하였사오나 이제는 눈으로 주를 뵈옵나이다 그러므로 내가 스스로 거두어들이고 티끌과 재 가운데에서 회개하나이다" (욥 42:5-6)

그러나 욥은 하나님의 말씀을 직접 들은 후 하나님의 주권을 완전히 깨닫는다. 하나님은 못 하실 일이 없으며 모든 계획을 이루신다.(욥 42:2) 의인에게 고난을 주시는 일도 하나님의 주권 안에 있다. 무슨 일이든 하실 수 있는 절대적 주권을 가지신 것이다. 욥은 하나님을 귀로만 듣다가 이제 눈으로 뵙게 되었다고 고백한다.(욥 42:5) 부분적으로 알던 하나님을 이제 온전히 깨닫게 되었다는 뜻이다. 신명기 신학과 다른 욥기 신학을 알게 된 것이다.

의인의 고난 문제를 해결하는 길은 하나님의 절대적 주권을 인정하는 것이다. 하나님은 뜻하시는 모든 일을 하실 수 있다. 그리고 인간은 그런 하나님께 불평하거나 항의할 수 없다. 오직 하나님의 뜻을 겸손히 받아들이고 침묵하며 순종할 때 하나님의 은혜를 경험하게 된다. 욥은 하나님의 주권을 인정하며 회개한 후 더 큰 복을 받았다. 전능자의 주권을 인정하는 것이 은혜를 체험하는 길이다.

✱ 사탄에 대한 승리
욥기에 숨은 교훈 하나가 있다. 그것은 믿는 자가 특히 고난을 당할 때 사탄의 시험과 유혹을 조심해야 한다는 것이다. 이 말은 고난이 이유가 되어 믿음이 약해지거나 믿음을 잃어버려서는 안 된다는 뜻이다. 욥은 끝까지 사탄의 시험을 몰랐으나 욥기를 읽는 기독교인은 이를 알고 있다. 그러므로 고난 중에 사탄을 조심해야 한다. 고난 때문에 믿음이 약해지거나 믿음을 잃어버릴 수는 없다. 욥을 시험한 사탄이 바로 그것을 노린 것이다. 그리스도의 군사는 모든 일에 사탄을 이겨야 하며, 특히 고난 중에 사탄의 시험과 유혹을 조심해야 한다. 물론 이일에 성령의 도우심이 반드시 필요하다.

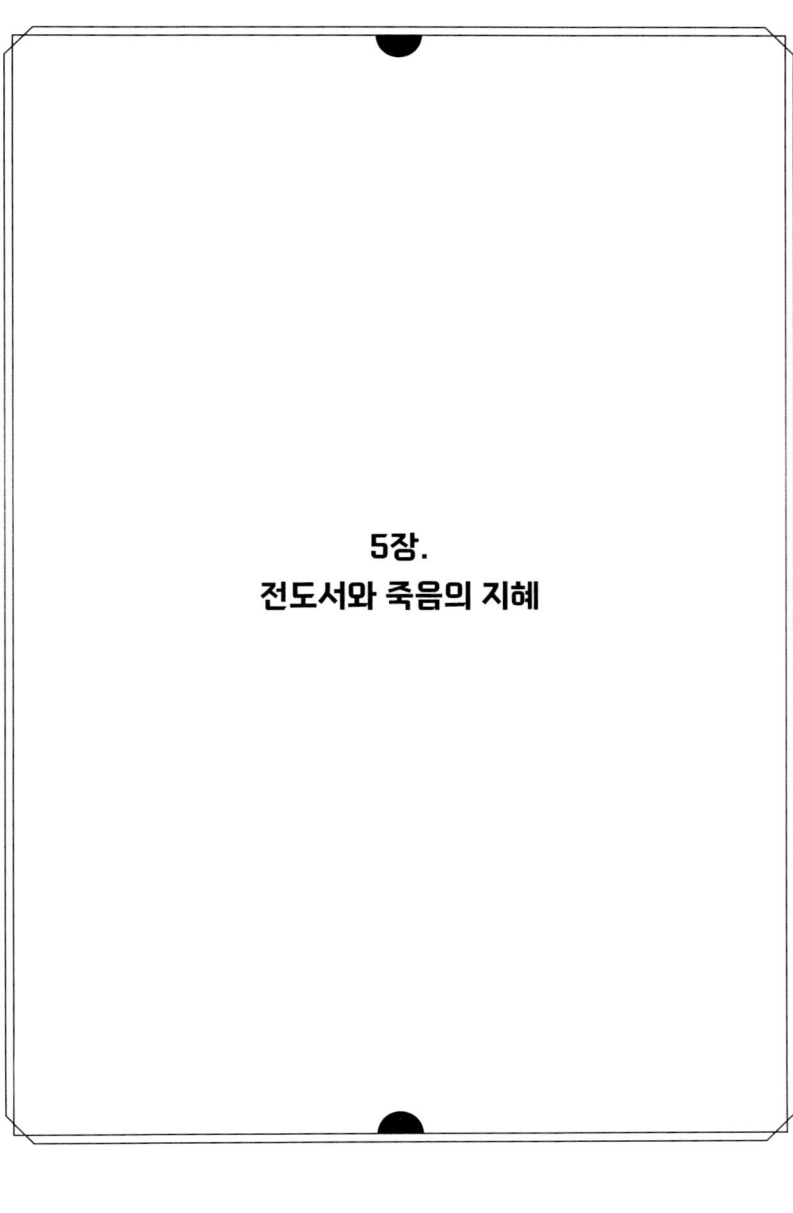

5장.
전도서와 죽음의 지혜

죽음과 허무의 문제

허무한 인생

"전도자가 이르되 헛되고 헛되며 헛되고 헛되니 모든 것이 헛되도다"(전 1:2)

전도서는 허무를 강조하는 말로 시작한다. 인생과 만물이 지극히 허무하다는 것이다. 전도서는 세상만사가 허무하고 인생이 덧없다는 선언으로 시작해서 계속 허무를 이야기한다. 만물은 지루해서 허무하고 인생은 짧아서 허무하다. 만물은 지쳐있고 해 아래 새 것이 없다. 인생은 증기나 안개와 같아서 잠깐 있다 사라지며 아무도 기억하지 않는다. 그래서 모든 것이 헛되고 헛되다. 성경에서 전도서는 독특하게 허무를 강조하는 책이다.

전도서 1:2에 두 번 나오는 '헛되고 헛되다'는 히브리어로 '하벨 하발림'(*havel havalim*, vanity of vanities)이다. 여기서 '하벨'은 '헛됨'이라는 뜻의 히브리어 명사고 '하발림'은 그 복수형이다. 하벨은 '헤벨'(*hevel*, vapor, breath)의 모음이 하발림 때문에 살짝 달라진 것으로 본래 '증기, 숨'이라는 뜻이다. 여기서 '공허함, 허무함, 덧없음'과 같은 의미가 파생되었다.

'하벨 하발림'을 직역하면 '지극히 헛됨'이라는 뜻이 된다. 히브리어는 '단수형 of 복수형' 구조를 통해 어떤 것의 극치를 나타낸다. '지극히 거룩한 곳'을 뜻하는 지성소가 히브리어로 '코데쉬 하코다쉼'(*qodesh haqodashim*, the Holy of Holies)인데, 바로 '하벨 하발림'과 같은 구조다. 히브리어 '헤벨'은 구약에 73번 나오는데 그 중 38번이 전도서에 집중되어 있다. 허무가 전도서의 주제인 것은 분명하다.

"이미 있던 것이 후에 다시 있겠고 이미 한 일을 후에 다시 할지라 해 아래에는 새 것이 없나니 무엇을 가리켜 이르기를 보라 이것이 새 것이라 할 것이 있으랴 우리가 있기 오래 전 세대들에도 이미 있었느니라"(전 1:9-10)

전도서 1:2-11은 세상의 모든 것이 철저히 헛되다는 내용이다. 인생도 만물도 특별한 것이 아니라 덧없는 것일 뿐이다. 인간은 잠깐 있다 사라지는 것이어서 아무 보람이 없다.(전 1:3) 만물은 변하지 않고 반복되기만 해서 그 끝없는 순환이 지루하다.(전 1:4-7) 말하고 보고 듣는 것도 만족을 주지 못하며(전 1:8), 해 아래 새로운 것이 없다.(전 1:9-10) 아무도 이전 세대를 기억하지 않는다.(전 1:11) 오고 가는 세월조차 헛된 것이다. 전도자는 이렇게 허무를 강조한다.

"내가 다시 지혜를 알고자 하며 미친 것들과 미련한 것들을 알고자 하여 마음을 썼으나 이것도 바람을 잡으려는 것인 줄을 깨달았도다 지혜가 많으면 번뇌도 많으니 지식을 더하는 자는 근심을 더하느니라"(전 1:17-18)

전도서 1:12-18은 '허무를 극복하려는 노력조차 헛되다'고 한다. 전도자는 누구보다 많은 지혜를 가졌기에 그 지혜로 허무의 이유를 알고자 했다.(전 1:16) 지혜로 허무를 극복하려고 한 것이다. 그러나 깨달은 것은 오히려 그 노력 자체가 헛되다는 것이었다. 그 이유는 인간의 한계 때문이다. 전도서는 인간의 한계를 자주 언급한다.

인간은 전지전능하지 않다. 알 수 없는 것이 많고 할 수 없는 것이 많다. 다치고 늙고 병들어 결국은 죽는다. 인간은 무지와 나약함, 그리고 생로병사를 피할 수 없다. 그래서 지혜와 지식이 아무 소용이 없다. 오히려 지혜가 많으면 번뇌도 많고 지식을 더하면 근심도 더해진다.(전 1:17-18) 지혜로 허무를 극복하려는 일은 바람을 잡으려는 것과 같아서 불가능을 쫓는 것이다. 결국 허무로 끝나고 만다. 전도자는 인간의 한계를 고백한 것이다.

"나는 내 마음에 이르기를 자, 내가 시험 삼아 너를 즐겁게 하리니 너는 낙을 누리라 하였으나 보라 이것도 헛되도다"(전 2:1)

전도자는 인생을 '관찰'하며 허무를 깨달았다.(전 1:1-11) 그리고 그 허무의 원인을 '고찰'했으나 모두 허사였다.(전 1:12-18) 그래서 쾌락을 통해 인생의 의미를 찾는다. 이번에는 '즐거움'과 '기쁨'을 통해 보람을 찾으려 한 것이다.(전 2:2) 이는 단순한 방탕이 아니다. 웃음과 즐거움으로 허무를 극복하려는 노력이다.

전도자는 마음으로 지혜를 찾고 몸으로 포도주를 즐기면서 인생의 의미를 찾으려 했다.(전 2:3) 창의력을 발휘하여 큰 사업을 일으켰다.(전 2:4-6) 왕궁을 짓고 포도원과 정원, 과수원을 만들고 온갖 나무를 심었다. 또한 많은 종과 짐승, 금은보화, 보물과 진귀한 물건, 가수와 첩들을 거느렸다.(전 2:7-8) 그러나 결국 이런 성취와 쾌락도 허무를 채우지 못했다. 전도자가 찾은 결론은 여전히 동일하다. 인생의 모든 것이 헛되고 헛되다는 것이다.

전도자는 모든 것을 가지고, 즐기고, 이루고, 할 수 있는 일을 다 해보았다. 그러나 그 모든 것이 역시 바람을 잡는 것처럼 허무하다는 것을 깨달았다.(전 2:9-11) 인생의 보람이 불가능하다는 것을 알게 된 것이다. 결국 인생에 남는 것은 아무 것도 없다. 기쁨도, 소유도, 성취도, 쾌락도 허무한 일이다.

"내가 돌이켜 지혜와 망령됨과 어리석음을 보았나니 왕 뒤에 오는 자는 무슨 일을 행할까 이미 행한 지 오래 전의 일일 뿐이리라"(전 2:12)
"내가 보니 지혜가 우매보다 뛰어남이 빛이 어둠보다 뛰어남 같도다"(전 2:13)

전도자는 모든 시도에서 인생의 보람과 의미를 찾는데 실패한다. 그러자 그는 지혜 그 자체에서 인생의 의미를 찾으려 했다.(전 2:12-13) 빛이 어둠보다 나은 것처럼 지혜가 어리석음보다 나은 것이 분명하기 때문이다. 그래서 지혜를 얻는 것 자체로 보람을 느낄 수 있으리라 생각했다.

전도서 2:12 후반부는 이해하기 어렵다. 원문의 문자적 의미도 모호할 뿐 아니라 갑자기 왕위 계승이 언급되기 때문이다. 그러나 전도서 2:18-21에 다시 후계자에 대한 이야기가 등장하는 것을 볼 때, 전도자는 자신의 죽음과 왕위 계승도 허무하다고 말하는 듯하다. 새로운 왕이라 해도 전혀 새로운 일을 할 수 없고, 결국 선왕이 이미 이룬 것을 이어받아 다스릴 뿐이기 때문이다.

"지혜자도 우매자와 함께 영원하도록 기억함을 얻지 못하나니 후일에는 모두 다 잊어버린 지 오랠 것임이라 오호라 지혜자의 죽음이 우매자의 죽음과 일반 이로다"(전 2:16)

그러나 전도자는 지혜를 얻는 일조차도 허무하다는 것을 깨닫게 된 다.(전 2:14-16) 지혜자나 어리석은 자나 모두 같은 운명, 즉 죽음에 이르기 때문이다. 죽음 앞에서 인간은 차이가 없다. 그러므로 지혜도 허무한 것 이다.

"이러므로 내가 사는 것을 미워하였노니 이는 해 아래에서 하는 일이 내게 괴로 움이요 모두 다 헛되어 바람을 잡으려는 것이기 때문이로다"(전 2:17)

전도자는 자신이 한 모든 수고에 실망하며 깊은 허무감을 느낀다. 그러 면서 결국 삶 자체를 미워하게 되었다.(전 2:17-21) 전도서 2:17의 원래 표현 은 '인생이 내게 나쁜 것이기 때문에 내가 삶을 미워하게 되었다'라는 것 이다. 전도자는 이제 허무를 넘어 삶을 미워하게 되었다. 사는 게 싫고 괴 로울 뿐이다. 이런 생각이 심해지면 사람은 극단적 선택을 하게 된다. 미운 것을 그만 없애 버리려는 것이다.

전도자는 해 아래 모든 일이 종국에는 슬픔만 준다고 말한다.(전 2:23) 일평생 근심하며 수고하여도 남는 것은 슬픔뿐이다. 수고한 모든 일이 허 무하기 때문이다. 잘 다스린 나라를 후계자에게 물려주는 일도 허무하 다.(전 2:18-19) 열심히 노력해 무엇을 이루고 그것을 자손에게 물려줘도 자 신에게 남는 것은 아무것도 없다. 결국 다른 사람이 누릴 뿐이다. 그래서

전도자는 모든 수고와 염려가 헛되며 고통과 괴로움만 남는다고 토로한다.(전 2:22-23)

"하나님은 그가 기뻐하시는 자에게는 지혜와 지식과 희락을 주시나 죄인에게는 노고를 주시고 그가 모아 쌓게 하사 하나님을 기뻐하는 자에게 그가 주게 하시지만 이것도 헛되어 바람을 잡는 것이로다"(전 2:26)

전도자는 만물과 인생이 철저하게 허무하다는 사실을 강조한 후에(전 1:2-2:23), 허무한 가운데 기쁜 일이 있다고 한다. 그것은 먹고 마시며 수고하는 가운데 작은 보람을 누리는 것이다.(전 2:24) 그러나 실은 그것조차도 하나님께서 허락하셔야 가능한 일이다. 그렇다고 하나님이 허락하시는 기준을 알 수 있는 것도 아니니 그것 또한 헛된 일이다. 전도서 1-2장은 이렇게 지극한 허무를 강조하는데 이는 '인간이란 무엇인가?'라는 질문에 대한 답이기도 하다. 인간이란 허무한 인생을 사는 헛된 존재일 뿐이다.

죽음과 허무

"다 흙으로 말미암았으므로 다 흙으로 돌아가나니 다 한 곳으로 가거니와"
(전 3:20)

전도자가 말하는 허무의 가장 큰 원인은 죽음이다.(전 3:20) 죽음이 모든 것을 허무하게 만든다. 건강하고 아름답고 능력 있는 청년이 갑작스런 사고로 죽을 수 있다. 그렇게 인생의 절정기에 죽는 순간 좋은 것이 모두 사라진다. 더 이상 아름답거나 건강하지 않고 모든 행동과 사고가 멈추며 능력이 사라진다. 조금 전까지의 아름다움과 능력이 순간에 사라지고 시신만 남는다.

죽은 사람은 한 줌의 재나 흙이 되어 사라진다. 살아서는 우주를 관찰하고 영원을 사고하며 세상을 논하는 존재였으나 죽어서는 아무것도 아니다. 흙이나 재만 남을 뿐이다. 살아 있는 동안은 많은 것을 할 수 있지만 죽어서는 아무것도 할 수 없다. 그러니 인생이 허무한 것이다. 누구도 피할 수 없는 죽음이 인생의 허무를 적나라하게 드러낸다. 그러니 '모든 것이 지극히 헛되다'라는 말씀에 누구나 수긍하게 된다.

"지혜자는 그의 눈이 그의 머리 속에 있고 우매자는 어둠 속에 다니지만 그들 모두가 당하는 일이 모두 같으리라는 것을 나도 깨달아 알았도다"(전 2:14)
"내가 내 마음속으로 이르기를 우매자가 당한 것을 나도 당하리니 내게 지혜가 있었다 한들 내게 무슨 유익이 있으리요 하였도다 이에 내가 내 마음속으로 이르기를 이것도 헛되도다 하였도다"(전 2:15)

"지혜자도 우매자와 함께 영원하도록 기억함을 얻지 못하나니 후일에는 모두 다 잊어버린 지 오랠 것임이라 오호라 지혜자의 죽음이 우매자의 죽음과 일반 이로다"(전 2:16)

죽음 앞에서 지혜자와 우매자가 다르지 않다. 그래서 지혜를 추구할 이 유가 없다. 살아서는 지혜자와 우매자 사이에 큰 차이가 있다. 지혜자는 세 상을 깨닫고 설명하며 사람들의 존경을 받지만, 우매자는 만사에 무지하 여 사람들의 멸시를 받을 뿐이다. 그러나 죽으면 차이가 없다. 둘 다 말하 지 못하고 듣지 못하고 움직이지 못하는 시체일 뿐이다. 그래서 허무하다. 죽음 앞에서 모든 것이 허무해지는 것이다.

"인생이 당하는 일을 짐승도 당하나니 그들이 당하는 일이 일반이라 다 동일한 호흡이 있어서 짐승이 죽음 같이 사람도 죽으니 사람이 짐승보다 뛰어남이 없 음은 모든 것이 헛됨이로다"(전 3:19)
"모든 산 자들 중에 들어 있는 자에게는 누구나 소망이 있음은 산 개가 죽은 사 자보다 낫기 때문이니라"(전 9:4)

뿐만 아니라 죽음 앞에서 사람과 짐승이 다르지 않다. 전도자는 죽은 사 람이 죽은 짐승보다 나을 것이 없다고 한다.(전 3:18-19) 죽은 사람이나 죽은 짐승이나 결국 같은 운명인 것이다. 죽음은 모든 것을 앗아간다. 그래서 살 아있는 개가 죽은 사자보다 낫다.(전 9:4) 이는 살아 있는 개가 죽은 사람보 다 낫다는 뜻이다. 죽음은 사람을 짐승보다 못하게 만든다.
죽음은 모든 인간에게 공통된 현실이자 가장 심각한 주제다. 오스발트

슈펭글러(Oswald Spengler)는 『서구의 몰락』(Decline of the West)에서 '인간은 죽음을 아는 유일한 존재다. 그 외의 모든 생명체들도 늙기는 마찬가지지만, 자신이 영원하다는 착각 속에서 살아가고 있다. 모든 종교와 과학, 그리고 철학은 죽음을 극복하려는 몸부림에서 탄생한 것이다'라고 말한다.(『엔드 오브 타임』, 브라이언 그린, 박병철 역, 와이즈베리, 2021, 10쪽에서 재인용)

브라이언 그린(Brian Greene)은 이 말에 동의하면서 '슈펭글러가 말한 대로 종교와 철학, 그리고 과학은 죽음의 한계에 부딪힌 인간이 불멸의 가치를 추구한 끝에 얻은 결과물'이라고 한다.(같은 책, 10쪽) 그런데 전도서가 이 문제를 다루고 있다. 전도서는 인간에게 있어 가장 심각한 주제라고 할 수 있는 죽음의 문제를 다룬다.

> "하나님이 모든 것을 지으시되 때를 따라 아름답게 하셨고 또 사람들에게는 영원을 사모하는 마음을 주셨느니라 그러나 하나님이 하시는 일의 시종을 사람으로 측량할 수 없게 하셨도다"(전 3:11)
> "인생들의 혼은 위로 올라가고 짐승의 혼은 아래 곧 땅으로 내려가는 줄을 누가 알랴"(전 3:21)

전도자는 영원에 대한 감각을 이야기한다.(전 3:11) 하나님께서 사람에게 영원을 사모하는 마음을 주셨다는 것이다. 하지만 아직 영생에 대한 확고한 믿음은 없다. 구약시대이기 때문이다. 그래서 죽음이라는 문제 앞에서 헤어날 수 없는 허무를 느낀다. 전도자는 '인간의 혼은 위로 올라가고 짐승의 혼은 아래로 내려가는 줄 누가 알겠느냐'라고 한다.(전 3:21) 죽음 앞에서 인간은 짐승보다 나을 것이 없다는 고백이다. 그래서 인생이 허무한 것이다.

"그가 영원히 살아서 죽음을 보지 않을 것인가 그러나 그는 지혜 있는 자도 죽고 어리석고 무지한 자도 함께 망하며 그들의 재물은 남에게 남겨 두고 떠나는 것을 보게 되리로다"(시 49:9-10)

"사람은 존귀하나 장구하지 못함이여 멸망하는 짐승 같도다"(시 49:12)

"그가 죽으매 가져가는 것이 없고 그의 영광이 그를 따라 내려가지 못함이로다 그가 비록 생시에 자기를 축하하며 스스로 좋게 함으로 사람들에게 칭찬을 받을지라도 그들은 그들의 역대 조상들에게로 돌아가리니 영원히 빛을 보지 못하리로다"(시 49:17-19)

돈으로 죽음을 피할 수 없다. 생명은 하나님이 주관하시는데 돈으로 하나님을 살 수는 없는 법이다. 지혜로운 자나 어리석은 자나, 부자나 가난한 자나 죽음 앞에서 동등하다. 그래서 시인은 시편 49편에서 재물의 한계를 말하며 돈이 아니라 하나님을 의지하라고 한다. 돈으로 영원한 생명을 살 수 없기 때문이다.

시편 49편은 양과 목자의 비유로 죽음을 설명한다. 사망이 목자가 되어 죽은 자를 '스올'(*Sheol*, 지하세계)로 인도해서 그들은 스올의 양이 된다.(시 49:14) 사람은 멸망하는 짐승과 같다.(시 49:12) 부자도 마찬가지다. 그들 역시 생명을 속량하는 값을 마련하지 못한다. 그 값이 너무 엄청나서 어떤 부자도 영원히 마련하지 못한다.(시 49:8) 그래서 돈을 믿는 어리석은 자는 무덤이 그의 영원한 집이 된다.(시 49:14) 그러나 하나님을 의지하는 자는 하나님께서 그의 영혼을 무덤에서 건지신다.(시 49:15) 하나님께서 스올의 힘을 이기시는 것이다. 이는 하나님께서 가난할지라도 정직한 자를 구하신다는 의미다.

그러므로 부자를 부러워하거나 그 앞에서 초라해질 필요가 없다. 그들이 죽을 때 재물을 가져갈 수 없기 때문이다. 재물은 살아있을 때 필요하며 죽으면 아무 소용이 없다. 결국 중요한 것은 돈의 유무가 아니라 깨달음의 유무다. 구원의 길을 깨닫지 못한 자는 멸망하는 짐승과 같다.(시 49:20)

> "모든 사람에게 임하는 그 모든 것이 일반이라 의인과 악인, 선한 자와 깨끗한 자와 깨끗하지 아니한 자, 제사를 드리는 자와 제사를 드리지 아니하는 자에게 일어나는 일들이 모두 일반이니 선인과 죄인, 맹세하는 자와 맹세하기를 무서워하는 자가 일반이로다"(전 9:2)
> "모든 사람의 결국은 일반이라 이것은 해 아래에서 행해지는 모든 일 중의 악한 것이니 곧 인생의 마음에는 악이 가득하여 그들의 평생에 미친 마음을 품고 있다가 후에는 죽은 자들에게로 돌아가는 것이라"(전 9:3)
> "맨 나중에 멸망 받을 원수는 사망이니라"(고전 15:26)

전도자는 의인과 악인, 깨끗한 자와 더러운 자, 제사를 드리는 자와 그렇지 않은 자, 선인과 죄인, 맹세하는 자와 아닌 자 모두가 죽음 앞에서 같다고 한다.(전 9:2) 죽음은 피할 수 없는 운명으로 악한 것이다.(전 9:3) 사람이 죽음으로 인해 삶의 의미를 잃고 악하고 어리석게 살아가기 때문이다. 전도자는 죽음이 단순한 허무의 이유가 아니라 아예 악이고 원수라고 한다. 전도서 9:3은 죽음으로 인한 허무를 가장 극적으로 표현한 말씀일 것이다. 고린도전서 15:26에 '맨 나중에 멸망 받을 원수는 사망이니라'는 말씀이 있다.

> "헛된 생명의 모든 날을 그림자 같이 보내는 일평생에 사람에게 무엇이 낙인지를 누가 알며 그 후에 해 아래에서 무슨 일이 있을 것을 누가 능히 그에게 고하리요"(전 6:12)
> "네 손이 일을 얻는 대로 힘을 다하여 할지어다 네가 장차 들어갈 스올에는 일도 없고 계획도 없고 지식도 없고 지혜도 없음이니라"(전 9:10)

전도서 6:12는 죽음에 대한 전도서의 결론이라 할 수 있다. 죽음으로 인해 생명은 헛되고 그림자처럼 순간에 사라진다. 죽은 뒤에는 아무것도 알지 못한다. 그래서 인간은 무엇이 좋은 것인지조차 알 수 없는 존재다. 죽음이 바로 인생을 허무하게 만드는 장본인이다. 전도서 9:10 역시 같은 맥락의 말씀이다. 죽음 이후에는 일도, 계획도, 지식도, 지혜도 없다. 죽음으로 인해 인간은 있다가 사라지는 그림자 같은 존재가 된다. 죽음이 근본적인 문제인 것이다.

하나님의 선물

"사람이 먹고 마시며 수고하는 것보다 그의 마음을 더 기쁘게 하는 것은 없나니 내가 이것도 본즉 하나님의 손에서 나오는 것이로다"(전 2:24)

"그러므로 나는 사람이 자기 일에 즐거워하는 것보다 더 나은 것이 없음을 보았나니 이는 그것이 그의 몫이기 때문이라"(전 3:22)

전도서는 죽음을 언급하면서 인간의 한계를 강조한다. 인간은 죽음으로 인해 모든 것이 허무해지며 짐승보다 나을 것이 없는 존재가 된다. 그러나 그런 허무 가운데서 인생을 기쁘게 살 수 있는 방법이 있다. 그것은 사람이 자기 일을 즐기며 사는 것이다. 전도서는 사람이 일을 하면서 가족과 함께 먹고 사는 소박한 행복이 인생에 가장 좋은 일이라고 한다.(전 2:24, 3:13, 22, 8:15, 9:9)

"사람마다 먹고 마시는 것과 수고함으로 낙을 누리는 그것이 하나님의 선물인 줄도 또한 알았도다"(전 3:13)

"또한 어떤 사람에게든지 하나님이 재물과 부요를 그에게 주사 능히 누리게 하시며 제 몫을 받아 수고함으로 즐거워하게 하신 것은 하나님의 선물이라"(전 5:19)

"그는 자기의 생명의 날을 깊이 생각하지 아니하리니 이는 하나님이 그의 마음에 기뻐하는 것으로 응답하심이니라"(전 5:20)

그런데 이 소박한 행복은 하나님의 선물이다.(전 3:13, 5:19) 하나님이 허락하신 일이라는 뜻으로 전도서는 이렇게 신앙을 가르친다. 전도서는 단순한 인간의 한계가 아니라 하나님 앞에 선 인간의 한계를 말한다. 인간은 하나님이 지으신 대로 허무를 짊어진 존재다. 현재를 벗어날 수 없고 미래를 알 수 없으며 죽음을 피할 수 없다. 그러나 그렇다고 해서 허무에 묶여 허우적거릴 것이 아니라 하나님이 주신 선물을 누리며 살아야 한다. 그 선물은 하나님이 주신 일에서 만족을 누리는 삶이다.(전 3:13, 5:19) 그렇게 사는 것이 허무한 인생 가운데 가장 바람직한 삶이다.(전 3:22) 하나님은 인간이 행복하게 살기를 원하신다.(전 5:20) 그러므로 전도서는 허무로 시작해서 허무로 끝나는 책이 아니다. 허무로 시작하지만 창조주를 기억하는 일로 끝이 난다.(전 12:1)

"이에 내가 희락을 찬양하노니 이는 사람이 먹고 마시고 즐거워하는 것보다 더 나은 것이 해 아래에는 없음이라 하나님이 사람을 해 아래에서 살게 하신 날 동안 수고하는 일 중에 그러한 일이 그와 함께 있을 것이니라"(전 8:15)
"네 헛된 평생의 모든 날 곧 하나님이 해 아래에서 네게 주신 모든 헛된 날에 네가 사랑하는 아내와 함께 즐겁게 살지어다 그것이 네가 평생에 해 아래에서 수고하고 얻은 네 몫이니라"(전 9:9)

전도자는 허무한 인생 가운데 두 가지를 권면한다. 첫 번째는 즐겁게 사는 것이다. 인생은 허무하고 죽음을 피할 수는 없지만, 그럼에도 불구하고 삶을 즐길 수 있는 길이 있다. 하나님이 허락하신 먹고 마시는 일, 수고의 대가를 즐기는 일, 사랑하는 이와 함께하는 삶이다.(전 3:13, 5:19, 8:15, 9:9) 이는 허무에 얽매이지 않고 그 속에서 삶의 기쁨을 발견하라는 권면이다.

이것이 신약의 영원한 생명을 알 수 없었던 전도자가 주는 삶의 지혜다.

"빛은 실로 아름다운 것이라 눈으로 해를 보는 것이 즐거운 일이로다"(전 11:7)

"사람이 여러 해를 살면 항상 즐거워할지로다"(전 11:8)

"청년이여 네 어린 때를 즐거워하며 네 청년의 날들을 마음에 기뻐하여 마음에 원하는 길들과 네 눈이 보는 대로 행하라"(전 11:9)

"그런즉 근심이 네 마음에서 떠나게 하며 악이 네 몸에서 물러가게 하라" (전 11:10)

전도서 11:7-10은 미래에 대한 불안을 키우지 말고 오늘의 즐거움을 누리라는 말씀이다. 미래는 예측할 수 없어서 미래를 생각하면 근심만 늘어날 뿐이다. 그러므로 매일의 삶을 즐기고 젊음을 기뻐하며 원하는 일을 해야 한다.(전 11:9) 젊음이 지나가기 전에 근심을 버리고 육체의 고통을 멀리하는 것이 곧 지혜롭게 사는 길이다.(전 11:10)

"지혜자의 마음은 오른쪽에 있고 우매자의 마음은 왼쪽에 있느니라"(전 10:2)

"철 연장이 무디어졌는데도 날을 갈지 아니하면 힘이 더 드느니라 오직 지혜는 성공하기에 유익하니라"(전 10:10)

두 번째는 지혜롭게 사는 것이다. 전도자는 지혜의 중요성을 말한다. 그는 전도서 10장에서 지혜와 어리석음을 대비한다.(전 10:2) 어리석은 통치자의 잘못으로 사회가 혼란에 빠지는 모습을 지적하면서(전 10:6-7), 인생에 늘 위험이 있기에 지혜롭게 살아야 한다고 말한다.(전 10:8-9) 지혜는 어려운 일을 쉽게 해결하는 힘이다.(전 10:10) 혼란한 세상 속에서 행복을 지키는 길은 조심스럽게 지혜를 사용하는 것이다.

> "너는 네 떡을 물 위에 던져라 여러 날 후에 도로 찾으리라"(전 11:1)
> "일곱에게나 여덟에게 나눠 줄지어다 무슨 재앙이 땅에 임할는지 네가 알지 못함이니라"(전 11:2)
> "바람의 길이 어떠함과 아이 밴 자의 태에서 뼈가 어떻게 자라는지를 네가 알지 못함 같이 만사를 성취하시는 하나님의 일을 네가 알지 못하느니라"(전 11:5)
> "너는 아침에 씨를 뿌리고 저녁에도 손을 놓지 말라 이것이 잘 될는지, 저것이 잘 될는지, 혹 둘이 다 잘 될는지 알지 못함이니라"(전 11:6)

전도서 11장 역시 지혜로운 삶을 강조하는 말씀이다. 인생에는 알 수 없는 일이 많으므로 신중하게 살아야 한다.(전 11:1-6) 전도서 11:1을 직역하면 '네 빵을 물 위에 던지라 많은 날 후에 도로 찾으리라'는 뜻이다. 이는 대가를 바라지 않고 선한 행동을 하면 언젠가 예기치 않게 보답을 얻을 수 있다는 뜻으로 이해할 수 있다. 이 말씀은 불확실한 미래를 고려하면서 지금 지혜롭게 살라는 권면이다. 전도서 11:2 역시 인간은 미래를 알 수 없으므로 지혜로 위험을 대비해야 한다는 말씀이다.

사람이 확실히 아는 일은 제한적이다. 구름에 물이 차면 비가 오고, 쓰러진 나무는 그대로 있다는 사실 정도다.(전 11:3) 그런데 미래는 항상 불확실하며 사람은 그런 미래를 알 수 없다. 그러므로 미래를 확실히 알고 난 후에 일을 하려고 해서는 안 된다. 아무 일도 할 수 없기 때문이다.(전 11:4) 사람은 바람의 길과 태중의 생명과 하나님이 하시는 일을 알지 못한다.(전

11:5) 그러므로 아는 것에만 매달리지 말고 이 일도 하고 저 일도 하며 사는 것이 지혜로운 태도다. 전도자는 미래가 확실치 않아도 일을 해야 하므로 늘 신중해야 한다고 권면한다.(전 11:6) 지혜롭게 살아야 한다는 뜻이다.

전도서의 결론

"하나님께서 행하시는 일을 보라 하나님께서 굽게 하신 것을 누가 능히 곧게 하겠느냐 형통한 날에는 기뻐하고 곤고한 날에는 되돌아 보아라 이 두 가지를 하나님이 병행하게 하사 사람이 그의 장래 일을 능히 헤아려 알지 못하게 하셨느니라"(전 7:13-14)

인간은 현재의 모든 일을 파악할 수 없고 미래의 모든 일을 예측할 수 없다. 그런 일은 인간의 지식과 능력을 넘어서는 것이다. 그래서 인간이 어찌할 수 없고 또 간섭할 수 없다. 설사 무엇이 일어나고 있는지 안다고 해도 그 일이 왜 일어나는지 모른다. 앞으로 무슨 일이 일어날지 안다고 해도 그것을 변경시킬 수는 없다. 이것이 인간의 한계다.

하나님만 그런 일을 하실 수 있다. 세상 모든 일의 배후에 하나님의 계획이 있으며 모든 일이 하나님께서 정하신 대로 일어난다. 그래서 인간이 왈가왈부할 수 없다. 하나님이 구부려 놓으신 것을 인간이 펼 수는 없다.(전 7:13) 사람이 미래를 알 수 없는 것은 하나님께서 그렇게 만드셨기 때문이다.(전 7:14) 인간이 할 수 있는 것은 그저 형통할 때 즐거워하고, 곤고할 때 그 사실을 받아들이는 것뿐이다.

"내 허무한 날을 사는 동안 내가 그 모든 일을 살펴보았더니 자기의 의로움에도 불구하고 멸망하는 의인이 있고 자기의 악행에도 불구하고 장수하는 악인이 있으니"(전 7:15)

"지나치게 의인이 되지도 말며 지나치게 지혜자도 되지 말라 어찌하여 스스로 패망하게 하겠느냐 지나치게 악인이 되지도 말며 지나치게 우매한 자도 되지 말라 어찌하여 기한 전에 죽으려고 하느냐"(전 7:16-17)

전도서 7:15-17은 인간이 가진 의와 지혜의 한계를 이야기한다. 사람은 완벽하게 의로울 수 없고 지혜로울 수 없다. 그러므로 자신의 의와 지혜를 너무 믿는 것은 좋지 않다. 전통적 가르침은 의로운 자는 고난에서 벗어나고(잠 10:2, 11:4, 8, 21, 12:21, 18:10), 악인은 멸망한다고 한다.(잠 11:5-8, 12:12, 14:31) 그러나 세상만사가 반드시 사람이 기대하는 방향으로 진행되는 것은 아니다. 선함에도 불구하고 망하거나 빨리 죽는 사람들이 있고, 악하면서도 장수하고 흥하는 자들이 있다.(전 7:15)

그래서 전도자가 권하는 것은 현실적 접근이다. 불가능한 일이니 지나치게 선하려고 하지도 말고, 지나치게 악하여 하나님의 벌을 자초하지 말라는 것이다.(전 7:16-17) 사람이 자기의 지혜와 의를 너무 믿는 것은 좋지 않으며 인간은 자신이 완벽하지 않음을 인정해야 한다. 진정한 선과 지혜는 인간의 한계 너머에 있다.

"너는 이것도 잡으며 저것에서도 네 손을 놓지 아니하는 것이 좋으니 하나님을 경외하는 자는 이 모든 일에서 벗어날 것임이니라"(전 7:18)

결국 중요한 것은 하나님 경외하는 일이다.(전 7:18) 하나님을 경외하는 자는 하나님과 인간의 차이를 구별하면서 인간의 모순적 실체를 인식한다. 전도서는 그렇게 인간의 한계를 자각하면서 하나님을 경외하라고 가르친다. 하나님의 존재하심과 전능하심을 인식하고 하나님 앞에서 겸손해야 한다는 뜻이다. 그래서 전도자는 인생의 철저한 허무 속에서 신앙을 버리지 않는다. 허무와 함께 인간의 한계를 깊이 깨닫기 때문이다. 전도서의 가르침에 따르면 인간의 한계를 깨닫는 것이 곧 신앙의 이유가 된다. 인간의 한계에 대한 깨달음이 하나님을 경외하도록 하는 것이다.

"해와 빛과 달과 별들이 어둡기 전에, 비 뒤에 구름이 다시 일어나기 전에 그리하라"(전 12:2)
"그런 날에는 집을 지키는 자들이 떨 것이며 힘 있는 자들이 구부러질 것이며 맷돌질 하는 자들이 적으므로 그칠 것이며 창들로 내다보는 자가 어두워질 것이며 길거리 문들이 닫혀질 것이며 맷돌 소리가 적어질 것이며 새의 소리로 말미암아 일어날 것이며 음악 하는 여자들은 다 쇠하여질 것이며"(전 12:3-4)

아무도 늙음과 죽음을 피할 수 없는데 이것이 인간이 운명이다. 이 운명이 인생을 허무하게 만든다. 전도자는 책의 끝부분에서 이를 다시 강조한다. 전도서 12:2는 인생의 황혼에 대한 종말론적 표현이고, 12:3-4는 노년의 구체적 모습이다. 사람이 늙으면 팔다리에 힘이 빠지고 눈과 귀는 어두워진다. 이가 빠지고 잠이 줄어든다. 히브리 성경이 이를 상징적으로 표현하고 있는데 개역성경이 이를 직역했다. 집 지키는 자가 떨고(팔의 쇠약), 힘 있는 자가 구부러지고(다리의 약화), 맷돌질 하는 자가 적어지고(이가 빠짐), 창으로 내다보는 자가 어두워진다.(시력 약화) 길거리 문이 닫히고(청력 감퇴), 맷돌소리가 적어지며(목소리 쇠약), 새소리에 쉽게 깨어나며(불면), 음악 하는 여자들이 쇠하여진다.(노래가 사라짐)

"전도자가 이르되 헛되고 헛되도다 모든 것이 헛되도다"(전 12:8)

"너는 청년의 때에 너의 창조주를 기억하라 곧 곤고한 날이 이르기 전에, 나는 아무 낙이 없다고 할 해들이 가깝기 전에 해와 빛과 달과 별들이 어둡기 전에, 비 뒤에 구름이 다시 일어나기 전에 그리하라"(전 12:1-2)

"은 줄이 풀리고 금 그릇이 깨지고 항아리가 샘 곁에서 깨지고 바퀴가 우물 위에서 깨지고 흙은 여전히 땅으로 돌아가고 영은 그것을 주신 하나님께로 돌아가기 전에 기억하라"(전 12:6-7)

전도자는 책의 서두에서 '헛되고 헛되며 헛되고 헛되니 모든 것이 헛되도다'라고 말한다.(전 1:2) 그리고 책의 말미에서 다시 '헛되고 헛되도다 모든 것이 헛되도다'라고 선언한다.(전 12:8) 전도서는 확실히 인생의 허무를 강조하는 책이다.

그렇지만 허무가 전도서의 결론은 아니다. 전도자는 젊음을 기뻐하면서 늙기 전에 젊음을 즐기라고 권면한다.(전 11:9) 동시에 '늦기 전에 창조주를 기억하라'고 촉구한다.(전 12:1, 7) 이것이 전도서의 최종 결론이다. 인생이 허무하므로 젊음을 즐기되 창조주 하나님을 잊지 말라는 것이다.

"청년이여 네 어린 때를 즐거워하며 네 청년의 날들을 마음에 기뻐하여 마음에 원하는 길들과 네 눈이 보는 대로 행하라 그러나 하나님이 이 모든 일로 말미암아 너를 심판하실 줄 알라"(전 11:9)

"하나님은 모든 행위와 모든 은밀한 일을 선악 간에 심판하시리라"(전 12:14)

사람은 하나님의 심판을 피할 수 없다.(전 11:9, 12:14) 그러므로 사람은 만물을 창조하시고 심판하시는 하나님을 두려워하고 그 계명을 지켜야 한다. 이것이 인간의 의무다. 전도서는 이를 '창조주 하나님을 기억하라'는 말로 요약한다.

"하나님이 세상을 이처럼 사랑하사 독생자를 주셨으니 이는 그를 믿는 자마다 멸망하지 않고 영생을 얻게 하려 하심이라"(요 3:16)

"내 살을 먹고 내 피를 마시는 자는 영생을 가졌고 마지막 날에 내가 그를 다시 살리리니"(요 6:54)

"영생은 곧 유일하신 참 하나님과 그가 보내신 자 예수 그리스도를 아는 것이니이다"(요 17:3)

"오직 이것을 기록함은 너희로 예수께서 하나님의 아들 그리스도이심을 믿게 하려 함이요 또 너희로 믿고 그 이름을 힘입어 생명을 얻게 하려 함이니라" (요 20:31)

죽음을 통해 인생을 바라보면 허무할 뿐이다. 흙으로 돌아가기 때문이다. 그러나 그 허무를 극복하는 길이 있는데 바로 영생이다. 영원한 생명이 죽음을 이기기 때문이다. 영생의 관점에서 인생을 보면 허무하지 않다. 오히려 영생을 준비하는 과정이다. 그래서 귀하고 영광스러운 것이다. 인생을 올바로 사는 유일한 길은 영생의 약속 안에서 사는 것이다. 영원한 생명을 소망하며 사는 것이다.

그러므로 모든 사람이 태어난 것을 기뻐하고 감사해야 한다. 짧고 허무한 인생을 통해 영원한 생명을 얻을 수 있기 때문이다. 어떤 조건이나 상황에 상관없이 모든 사람이 받은 생명을 감사해야 한다. 특별히 어려운 환경이나 조건으로 태어난 사람들도 그렇다. 그것이 사람에게 생명을 주시는 창조주 하나님의 뜻이다.

구약의 전도서는 신약의 영원한 생명을 준비하는 책이라 할 수 있다. 영생이 없을 때 인생이 얼마나 허무한지 보여줌으로써 영생의 은혜를 드러내는 것이다. 그리고 하나님 경외를 가르치면서 구원의 길을 예비한다. 전도서는 요한복음 3:16, 6:54, 17:3, 20:31이 전하는 복음의 길로 이어진다. 이렇게 구약은 신약에서 완성되며, 그래서 신구약은 한 권의 책이다.

창조주를 기억하라

창조 신앙

"태초에 하나님이 천지를 창조하시니라"(창 1:1)

성경은 하나님이 천지를 창조하셨다는 말씀으로 시작한다.(창 1:1) 이는 하나님이 세상 만물의 창조주이심을 선포하는 것이다. 이 사실이 신앙의 기초가 된다. 하나님이 창조주이심을 믿을 때 믿음이 시작되고 또 흔들리지 않는다. 창조 신앙을 가진 사람은 지금의 생명을 주신 하나님이 앞으로 영원한 생명도 주실 것을 믿는다. 그래서 사람은 창조 신앙을 가져야 한다.

"하나님이 이르시되 빛이 있으라 하시니 빛이 있었고 빛이 하나님이 보시기에 좋았더라"(창 1:3-4)

하나님이 창조하신 세계는 한없이 아름답다. 창세기 1장에 '하나님이 보시기에 좋았더라'는 표현이 일곱 번 나온다.(창 1:4, 10, 12, 18, 21, 25, 31) 이는 하나님이 창조하신 피조 세계가 하나님이 보시기에도 좋았다는 뜻이다. 자연은 분명히 아름답게 창조되었다. 그래서 사람이 자연을 보며 아름답다고 느끼는 것은 당연하다. 그러나 그 아름다움에 감탄하는 것이 창조 신앙의 본질은 아니다.

창조 신앙의 첫 번째 핵심은 하나님이 유일신이심을 고백하는 것이다. 창세기 1:1은 온 세상 모든 만물이 하나님의 피조물임을 선포하는 말씀이다. 이는 태양신이나 별신, 산신령이나 용왕 등 모든 신적 존재를 부정하는 선언이다. '어머니 자연'(Mother Nature)이라는 표현 역시 옳지 않다. 자연은 신이 아니라 하나님의 피조물일 뿐이다. 그러므로 사람은 자연을 즐기기에 앞서 자연을 창조하신 하나님을 믿어야 한다. 그리고 유일하신 창조주 하나님에 대한 믿음을 고백해야 한다. 그런 사람이 자연을 올바르게 누릴 수 있다.

"내 영혼아 여호와를 송축하라 여호와 나의 하나님이여 주는 심히 위대하시며 존귀와 권위로 옷 입으셨나이다"(시편 104:1)

"주께서 옷을 입음 같이 빛을 입으시며 하늘을 휘장 같이 치시며 물에 자기 누각의 들보를 얹으시며 구름으로 자기 수레를 삼으시고 바람 날개로 다니시며"(시 104:2-3)

"땅에 기초를 놓으사 영원히 흔들리지 아니하게 하셨나이다"(시 104:5)

창조 신앙의 두 번째 핵심은 하나님의 권능을 찬양하는 것이다. 자연은 그 자체로 경이롭다. 해와 달과 별은 거대한 크기와 질서로 사람들을 놀라게 한다. 우주에는 태양보다 수천, 수만 배 더 큰 별들이 존재한다. 바다의 깊이나 태풍의 위력은 인간의 상상을 초월한다. 연어는 고향 강으로 돌아가고 철새는 먼 길을 찾아간다. 수십 년 묻혀 있던 씨앗이 비를 맞으면 싹을 틔운다. 인간은 말할 것도 없고 개미 한 마리, 풀 한 포기에도 놀라운 생물학적 구조와 질서가 숨어 있다. 이렇게 자연의 모든 것이 경이롭다. 그런데 하나님이 그런 자연을 지으셨다. 그러므로 자연을 볼 때 단순한 경탄에 머물지 않고, 그 모든 것을 지으신 하나님의 권능을 찬양해야 한다.(시편 104:1, 2-3, 5)

"지혜로 하늘을 지으신 이에게 감사하라 그 인자하심이 영원함이로다 땅을 물 위에 펴신 이에게 감사하라 그 인자하심이 영원함이로다 큰 빛들을 지으신 이에게 감사하라 그 인자하심이 영원함이로다"(시 136:5-7)

창조 신앙의 세 번째 핵심은 하나님의 은혜에 감사하는 것이다. 자연은 하나님께서 인간에게 주신 선물이다. 그러므로 아름다운 산과 바다, 숲과 하늘을 바라볼 때 단순한 감탄을 넘어 '이 모든 것을 주신 하나님 은혜에 감사합니다'라는 고백이 있어야 한다. 감사는 은혜에 대한 올바른 응답이다. 사람에게 은혜를 입으면 감사하듯이 하나님이 주신 자연도 은혜로 알고 마땅히 감사해야 한다. 하나님은 창세기 1장에서 '내가 세상의 모든 것을 보기에 좋도록 창조했다. 그리고 아름답고 경이로운 자연을 너희에게 주었다'라고 말씀하신다. 그러므로 먼저 하나님께 감사한 후 자연을 즐기는 사람이 되어야 한다.

"내 영혼아 여호와를 송축하라 여호와 나의 하나님이여 주는 심히 위대하시며 존귀와 권위로 옷 입으셨나이다"(시 104:1)

"여호와여 주께서 하신 일이 어찌 그리 많은지요 주께서 지혜로 그들을 다 지으셨으니 주께서 지으신 것들이 땅에 가득하니이다"(시 104:24)

자연을 보며 창조주 하나님을 찬양하고 하나님을 기뻐하는 것이 창조 신앙이다.(시 104:1, 24) 하나님의 권능을 찬양하며 창조주의 은혜에 감사하는 것이다. 별빛 가득한 밤하늘 아래서 창조주를 기억하고, 숲속 맑은 공기를 마시며 하나님께 감사해야 한다. 장엄한 바다를 보고 끊임없는 파도소리를 들으며 하나님을 찬양해야 한다.

창조 이야기는 자연이 하나님의 뜻을 따라 창조되었다는 사실을 전한다. 자연은 스스로 존재하는 것이 아니다. 따라서 자연은 신이 아니며 하나님의 뜻을 드러내는 수단일 뿐이다. 이런 이해는 자연을 신격화하거나 숭배하는 잘못에서 벗어나게 한다. 그래서 창조 신앙은 하나님을 경외하는 마음으로 이어진다. 창조 신앙은 사람을 겸손케 한다. 하나님께 순종하며 하나님의 약속을 믿어 영생을 소망하게 한다. 이 소망이 참된 기쁨과 평안을 준다.

창조 신앙을 가진 사람은 '우연히 생겨난 세계와 인간'을 거부하고 하나님의 계획을 인정한다. 그래서 만물 속에서 하나님의 뜻을 발견하고 자신의 삶 속에서 하나님의 목적을 찾는다. '하나님이 세상과 나를 창조하셨고 그래서 내 생명의 주인이시다. 세상과 나는 오직 하나님의 영광을 위해 존재한다'라는 믿음을 가진다.

창조 신앙을 가진다는 것은 하나님을 통해 삶의 혼란을 극복하고 그 안에서 질서와 조화를 얻는 것이다. 자의식이 강한 사람들이 있고 그들은 자신이 삶의 주인이라 생각한다. 그래서 자기 생각대로 살 수 있다고 믿고 그것이 의미 있는 삶이라 착각한다. 성경은 그런 자에게 '너는 피조물뿐이다'라고 가르친다. 인간은 창조주 하나님을 경배하고 그 말씀에 순종하며 살아야 한다는 것이다.

창조주의 권능과 심판

"너는 청년의 때에 너의 창조주를 기억하라 곧 곤고한 날이 이르기 전에, 나는 아무 낙이 없다고 할 해들이 가깝기 전에"(전 12:1)

"흙은 여전히 땅으로 돌아가고 영은 그것을 주신 하나님께로 돌아가기 전에 기억하라"(전 12:7)

사람은 자신이 하나님의 피조물이라는 사실을 깨닫고 오직 하나님만 신뢰하고 의지하며 살아야 한다. 그래야 삶의 질서를 회복할 수 있다. 그렇게 사는 것이 진정 아름답고 조화로운 삶이다. 이것이 창조 신앙인데 전도서가 이 창조 신앙을 가르친다.

전도자는 전도서 마지막 장에서 '청년의 때에 창조주를 기억하라'고 말한다.(전 12:1, 7) 이것이 전도서의 결론이고 전도자의 마지막 교훈이다. 사람이 젊어서 창조주를 기억해야 보람 있는 삶을 살 수 있다. 삶의 헛됨을 극복하고 죽음이 주는 허무까지 극복할 수 있다. 인생의 결론은 창조주를 기억하는 것이다. 이 말씀은 전능하신 분을 의지하고 살아야 하나님의 심판을 피할 수 있다는 뜻이다.

창조주는 하나님의 전능하심을 강조하는 호칭이다. 하나님은 말씀으로 만물을 창조하시고 우주의 질서를 세우셨다. 전능하신 분만 그렇게 무에서 유를 창조하시고 삼라만상에 질서를 세우실 수 있다. 하나님이 천지만물과 인간의 근원이시다. 하나님 외에 다른 창조주는 없으며 우주 안에 존재하는 모든 것이 다 하나님의 피조물이다. 빛과 어둠, 해와 달과 별, 산과 바다, 동식물, 인간뿐 아니라 보이지 않는 모든 영적 존재들, 천사와 악마들도 하나님의 피조물이다. 눈에 보이지 않는 미생물도 그렇다. 하나님은 우주 그 자체를 지으신 분이다.

이렇게 말씀으로 세상을 지으신 분에게 불가능한 일은 없다. 그러므로 전지전능하신 창조주 하나님을 의지하며 사는 것이 지혜로운 삶이다. 전도 자는 '창조주를 기억하라'는 말을 통해 하나님의 권능과 은혜를 누리며 살 라고 가르친다.

"지혜와 권능이 하나님께 있고 계략과 명철도 그에게 속하였나니"(욥 12:13)

"하나님은 능하시나 아무도 멸시하지 아니하시며 그의 지혜가 무궁하사" (욥 36:5)

"지혜로 하늘을 지으신 이에게 감사하라 그 인자하심이 영원함이로다" (시 136:5)

"다니엘이 말하여 이르되 영원부터 영원까지 하나님의 이름을 찬송할 것은 지 혜와 능력이 그에게 있음이로다"(단 2:20)

창조주 하나님은 모든 지혜의 근원이시다. 하나님께 지혜와 능력이 있으며(욥 12:13, 단 2:20), 하나님은 지혜로 세상을 창조하셨다.(시 104:24, 136:5) 그리고 하나님의 지혜는 무궁무진하다.(욥 36:5) 그러므로 하나님의 지혜를 따르는 것이 복된 삶이다. 전도자는 '창조주를 기억하라'는 말 속에 서 하나님의 무궁무진한 지혜를 따라 살라고 권면하고 있다.

"깊도다 하나님의 지혜와 지식의 풍성함이여, 그의 판단은 헤아리지 못할 것이 며 그의 길은 찾지 못할 것이로다"(롬 11:33)

"이는 이제 교회로 말미암아 하늘에 있는 통치자들과 권세들에게 하나님의 각종 지혜를 알게 하려 하심이니"(엡 3:10)

"너희 중에 누구든지 지혜가 부족하거든 모든 사람에게 후히 주시고 꾸짖지 아니하시는 하나님께 구하라 그리하면 주시리라"(약 1:5)

신약도 하나님의 지혜를 강조한다.(롬 11:33, 엡 3:10, 약 1:5) 바울은 동족 유대인들이 그리스도를 거부한 사실을 두고 깊이 고뇌하다가(롬 11:1-32), 하나님의 구원 계획 속에서 드러난 놀라운 지혜를 깨닫는다. 그리고 '깊도다, 하나님의 지혜와 지식의 부요함이여'라고 찬양한다.(롬 11:33) 이는 인간이 하나님의 지혜를 다 헤아릴 수 없음을 고백한 것이다. 하나님의 지혜는 악한 영들을 이긴다.(엡 3:10) 믿는 자는 기도로 그런 하나님의 지혜를 받을 수 있다.(약 1:5)

"청년이여 네 어린 때를 즐거워하며 네 청년의 날들을 마음에 기뻐하여 마음에 원하는 길들과 네 눈이 보는 대로 행하라 그러나 하나님이 이 모든 일로 말미암아 너를 심판하실 줄 알라"(전 11:9)

"어릴 때와 검은 머리의 시절이 다 헛되니라"(전 11:10)

한편, '창조주를 기억하라'는 말에는 하나님의 심판을 준비하라는 의미가 들어 있다. 사람은 하나님의 심판을 피할 수 없다. 전도서 11:7-10에 청년에 대한 충고가 있다. 그 내용은 미래에 대한 염려를 중단하고 오늘을 즐기라는 것이다. 사람은 미래를 알 수 없기 때문이다. 전도자는 알 수 없는 일을 알려고 하는 노력을 중단하고 오히려 오늘을 즐기라고 한다. 매일의 삶을 즐기는 일이 좋은 것이며, 미래를 예측하고 미래를 대비하려는 것은 헛된 일이다. 그것은 불안만 가중시킬 뿐이다. 그러므로 젊은 시절을 즐거 워하고 원하는 일을 하며 살아야 한다.(전 11:9-10) 젊은 시절은 빨리 지나가 는 법이다.

그러나 하나님의 심판 또한 기억해야 한다.(전 11:9) 이는 방종과 방탕에 빠지지 않아야 한다는 뜻이다. 전도자는 현재와 미래라는 시간 개념 속에 서 인간의 한계를 지적하며, 참된 행복을 누리는 길은 하나님의 심판을 준 비하는 데 있다고 가르친다. 창조주 하나님을 기억하는 사람은 하나님의 심판 또한 잊지 말아야 한다. 그 이유는 몸은 흙으로 돌아가지만 영은 하나 님께로 돌아가기 때문이다.(전 12:7) 전도자는 사람이 죽어도 영이 사라지 지 않음을 알았다. 그래서 청년의 때부터 창조주를 기억하며 살아야 한다 고 말한 것이다. 이는 곧 하나님의 심판을 준비하라는 뜻이다.

"하나님은 모든 행위와 모든 은밀한 일을 선악 간에 심판하시리라"(전 12:14)

전도서의 마지막 말씀은 '하나님은 모든 행위와 모든 은밀한 일을 선악 간에 심판하시리라'는 것이다.(전 12:14) 이것이 전도자의 마지막 가르침이 다. 하나님은 선한 것이든 악한 것이든 사람의 모든 일을 공의로 심판하신 다. 이 심판을 피할 수 없기 때문에 하나님을 경외하고 그분의 계명을 지켜 야 한다. 전도서는 하나님의 심판을 준비하는 것이 허무한 인생 가운데 지 혜롭게 사는 길이라고 한다. 결국 전도서의 결론은 허무가 아니라 믿음이 다. 그래서 창조주를 기억하고(전 12:1, 7), 하나님을 경외하고(전 12:13), 하나 님의 심판을 준비하라고 한다.(전 12:14) 신약은 그 심판이 사람의 영원한 생명을 위한 것이라고 가르친다.

인간은 과거를 고칠 수 없고 현재를 피할 수 없으며 미래를 알 수 없다. 그리고 하나님의 심판을 면할 수 없다. 그래서 인간은 만물을 창조하시고 만사를 계획하시는 하나님을 두려워해야 한다. 인간을 심판하시는 하나님의 계명을 지켜야 한다. 이것이 인간의 의무이자 신앙을 가져야 하는 이유다.

전도자는 솔직한 눈으로 인생을 바라본다. 인간이 아무리 애를 써도 죽음을 극복할 수는 없다. 전도자는 그런 인간의 운명을 보면서 근본적인 허무를 토로한다. 그렇지만 전도자가 허무주의나 쾌락주의를 옹호하는 것은 아니다. 오히려 인간의 한계 속에서 허무를 이길 수 있는 길을 찾는다. 그것이 바로 자신의 수고 속에서 보람을 느끼고, 무엇보다 창조주 하나님을 기억하는 것이다. 이는 하나님의 선물이자 은혜다.(전 3:12-13) 인간이 하나님을 인정하고 의지할 때 비로소 인생의 허무를 극복할 수 있다. 인생의 근본적 허무는 완전히 극복할 수 없지만, 하나님의 은혜 안에서 나름대로 보람 있는 삶을 누릴 수 있다는 것이다.

모든 것이 덧없고 불확실하기 때문에 삶의 위험과 죽음을 대비해야 한다. 그 길이 바로 창조주를 기억하고 심판을 준비하는 것이다. 그렇게 창조주를 기억할 때 죽음을 준비할 수 있고 인생의 허무를 넘어설 수 있다. 이것이 전도서가 전하는 인생의 결론이다.

"일의 결국을 다 들었으니 하나님을 경외하고 그의 명령들을 지킬지어다 이것이 모든 사람의 본분이니라"(전 12:13)

전도자는 인간이 세상에서 일어나는 일을 다 알 수 없다고 지적한다.(전 6:10-12) 그런데 이 모든 일을 일어나게 하시는 분이 바로 하나님이시다.(전 7:13-14) 그래서 세상만사 뒤에는 하나님의 뜻이 있다고 강조한다. 전도서는 책의 마지막 부분에서 하나님에 대한 경외와 순종을 권면한다.(전 12:13) 이는 하나님에 대한 믿음을 강조하는 것이다.

결국 전도서는 허무로 시작하지만 허무로 끝나지 않는다. 허무로 시작해 하나님 경외와 말씀에 대한 순종으로 끝난다. 전도서가 이렇게 하나님으로 끝난다는 말은 전도서의 결론이 허무가 아니라는 뜻이다. 영원하신 존재에 대한 믿음을 강조하는 것은 허무가 아니다. 영원을 소망하는 것이기 때문이다. 허무로 끝나는 삶은 절망이지만 하나님으로 끝나는 삶은 소망이 된다. 인간은 결국 소망의 존재라는 것이 전도서의 결론이다. 이것이 허무를 강조하는 전도서가 성경에 포함된 이유다.

죽음에 대한 승리

"지혜자도 우매자와 함께 영원하도록 기억함을 얻지 못하나니 후일에는 모두 다 잊어버린 지 오랠 것임이라 오호라 지혜자의 죽음이 우매자의 죽음과 일반이로다"(전 2:16)

"다 흙으로 말미암았으므로 다 흙으로 돌아가나니 다 한 곳으로 가거니와" (전 3:20)

"흙은 여전히 땅으로 돌아가고 영은 그것을 주신 하나님께로 돌아가기 전에 기억하라 전도자가 이르되 헛되고 헛되도다 모든 것이 헛되도다"(전 12:7-8)

아무도 죽음을 피할 수 없다. 이집트의 파라오가 피라미드를 세웠으나 죽음을 피하지 못했고, 진시황이 불로초를 찾았으나 결국 죽음을 맞았다. 모든 인간이 마찬가지다. 죽음이 주는 허무와 공포, 슬픔을 피할 수 없다. 그래서 인류의 모든 사회와 문화, 종교에 죽음에 대한 이야기가 있다. 누구도 예외 없이 죽음을 경험하기 때문이다.

죽음을 피할 수 없기에 사람들은 죽음을 준비한다. 유언을 남기고 삶을 돌아보며 관계를 정리한다. 후회를 줄이려는 것이다. 또한 죽음을 이해하려 한다. 죽음이 주는 허무와 공포, 슬픔을 조금이라도 극복하려는 것이다. 그래서 '죽음학'(thanatology)이라는 학문이 생겨났다. 철학, 인문학, 종교, 사회학, 역사, 신화, 과학, 생물학 등 여러 방면에서 죽음을 연구하는 것도 같은 맥락이다. 죽음을 이해하고 준비하면서 죽음을 극복하고 싶은 것이다.

이런 욕망은 과학으로도 이어졌다. 약물과 장기 이식, 인공 장기, 복제

기술까지 동원해서 노화를 늦추거나 생명을 연장하려는 것이다. 하지만 그 어떤 노력과 기술로도 죽음을 막을 수는 없다. 젊음을 영원히 유지할 수도 없고, 사고나 재해, 전쟁과 범죄를 피할 수 없다. 죽음은 늘 인간을 따라다니는 그림자와 같다. 그 어떤 노력으로도 죽음을 이길 수 없다.

> "내가 그들을 스올의 권세에서 속량하며 사망에서 구속하리니 사망아 네 재앙이 어디 있느냐 스올아 네 멸망이 어디 있느냐 뉘우침이 내 눈 앞에서 숨으리라"(호 13:14)

호세아 13:14에 '사망아 네 재앙이 어디 있느냐 스올아 네 멸망이 어디 있느냐'라는 말씀이 있다. 이스라엘을 향한 하나님의 심판의 말씀이다. 이스라엘 백성이 죽음을 피할 수 없을 것이라는 경고의 말씀이다. 이 예언을 들은 사람들은 몹시 두려웠을 것이다. 죽음의 공포가 그들을 덮쳤기 때문이다.

> "이는 그리스도 예수 안에 있는 생명의 성령의 법이 죄와 사망의 법에서 너를 해방하였음이라"(롬 8:2)
> "그가 모든 원수를 그 발아래에 둘 때까지 반드시 왕 노릇 하시리니 맨 나중에 멸망 받을 원수는 사망이니라"(고전 15:25-26)
> "사망아 너의 승리가 어디 있느냐 사망아 네가 쏘는 것이 어디 있느냐"(고전 15:55)
> "그가 이같이 큰 사망에서 우리를 건지셨고 또 건지실 것이며 이 후에도 건지시기를 그에게 바라노라"(고후 1:10)

"이제는 우리 구주 그리스도 예수의 나타나심으로 말미암아 나타났으니 그는 사망을 폐하시고 복음으로써 생명과 썩지 아니할 것을 드러내신지라"(딤후 1:10)

그러나 이런 죽음의 공포를 이길 수 있는 유일한 길이 있다. 그것은 예수 그리스도에 대한 믿음으로 영원한 생명을 얻는 것이다. 오직 예수께서 약속하신 영생으로만 죽음을 이길 수 있다. 바울은 '사망아 너의 승리가 어디 있느냐 사망아 네가 쏘는 것이 어디 있느냐'라고 선포한다.(고전 15:55) 이는 죽음을 조롱하며 그 세력이 이미 패배했음을 선언하는 것이다. 죽음에 대한 승리를 선포한 것이다.

가장 분명한 말씀은 고린도전서 15:25-26이다. 바울은 사망이 마지막 원수이지만 그리스도께서 반드시 멸망시키실 것이라 확신한다. 신약 여러 곳에 같은 맥락의 말씀들이 있다.(롬 5:17, 21, 6:9, 23, 8:2, 6, 38-39, 고전 15:21, 26, 55, 고후 1:10, 4:12, 딤후 1:10) 예수 그리스도를 믿는 자들은 죽음을 이긴다. 죽음이 주는 허무와 공포와 슬픔으로부터 자유롭다. 천국과 영원한 생명에 대한 소망이 있기 때문이다.

세상에는 다양한 죽음이 있다. 늙음, 병, 사고와 자연재해, 전쟁과 범죄로 인한 죽음이 있다. 심지어 자살까지 있다. 그러나 그 어떤 죽음도 그리스도에 대한 믿음을 이기지 못한다. 예수께서 십자가와 부활로 죽음을 정복하셨기 때문이다. 부활하신 예수님이 바로 죽음을 이기는 유일한 증거다. 그리고 믿는 자가 마지막 날에 받을 부활의 몸이 죽음을 이기는 유일한 방법이다. 영원한 생명을 알면 죽음을 이길 수 있다. 부활의 몸을 믿으면 사망의 권세를 넘어설 수 있다.

사람들은 죽음을 이해하려고 한다. 유언을 남기고 삶을 성찰하며 의미 있는 죽음을 준비하려고 한다. 그러나 그런 것은 결코 죽음을 극복하는 길이 아니다. 단지 죽음이 주는 허무와 공포와 슬픔을 최소화하려는 태도일 뿐이다. 피할 수 없는 허무를 조금이라도 피해보려는 마지막 저항 같은 것이다. 죽음을 이기는 방법은 오직 하나, 예수 그리스도에 대한 믿음이다. 그리스도의 부활 앞에서 사망은 패배하고 사람은 부활에 대한 약속으로 죽음을 이긴다.

"야곱의 하나님을 자기의 도움으로 삼으며 여호와 자기 하나님에게 자기의 소망을 두는 자는 복이 있도다"(시 146:5)
"너는 알지 못하였느냐 듣지 못하였느냐 영원하신 하나님 여호와, 땅 끝까지 창조하신 이는 피곤하지 않으시며 곤비하지 않으시며 명철이 한이 없으시며" (사 40:28)

이사야의 말씀처럼 창조주 하나님의 명철은 끝이 없다.(사 40:28) 하나님은 그 한없는 지혜로 영원한 나라를 준비하신다. 그 나라는 인간이 모든 죽음을 극복하는 나라다. 죽음에 대한 승리가 하나님께 있다. 그러므로 영원하신 창조주 하나님을 도움으로 삼고 소망을 두는 자는 복이 있다.(시 146:5) 그래서 지혜로운 사람은 하나님을 믿고 의지하며 산다. 전도서는 그렇게 창조주 하나님을 기억하라고 가르친다.

"그들은 다시 죽을 수도 없나니 이는 천사와 동등이요 부활의 자녀로서 하나님의 자녀임이라"(눅 20:36)

"예수께서 대답하시되 내 나라는 이 세상에 속한 것이 아니니라"(요 18:36)

"내가 들으니 보좌에서 큰 음성이 나서 이르되 보라 하나님의 장막이 사람들과 함께 있으매 하나님이 그들과 함께 계시리니 그들은 하나님의 백성이 되고 하나님은 친히 그들과 함께 계셔서"(계 21:3)

예수께서 빌라도에게 말씀하신 것처럼 하나님 나라는 이 세상에 속한 나라가 아니다.(요 18:36) 그 나라는 하늘에 있으며 지금도 존재한다. 지금 하나님 나라 백성은 모두 부활의 몸을 기다리고 있다. 예수 그리스도께서 이 세상에 다시 오실 때 가지게 되는 몸이다. 하나님 나라 백성은 그 부활의 몸을 가지고 영원히 산다. 이것이 하나님의 계획이다.

부활의 몸을 입은 자들은 다시 죽지 않고 천사와 같이 된다.(막 12:25, 눅 20:36) 그들은 부활의 자녀로서 진정한 의미의 하나님의 자녀들이다.(눅 20:36) 이것이 '혈과 육은 하나님 나라를 이어받을 수 없고 썩는 것은 썩지 않는 것을 유업으로 받을 수 없다'는 말씀의 뜻이다.(고전 15:50) 믿는 자들이 썩지 않는 부활의 몸을 받은 후에 예수께서 모든 통치와 모든 권세와 능력을 멸하시고 나라를 아버지 하나님께 바치신다.(고전 15:24) 그 나라는 창세로부터 하나님께서 마련해 놓으신 믿는 자들의 안식처이다.(히 4:1-3) 구원에 대한 하나님의 궁극적 목적은 하나님의 백성이 부활의 몸으로 사는 나라다. 성경은 이런 하나님 나라를 약속하면서 결코 소망을 잃지 말라고 가르친다.

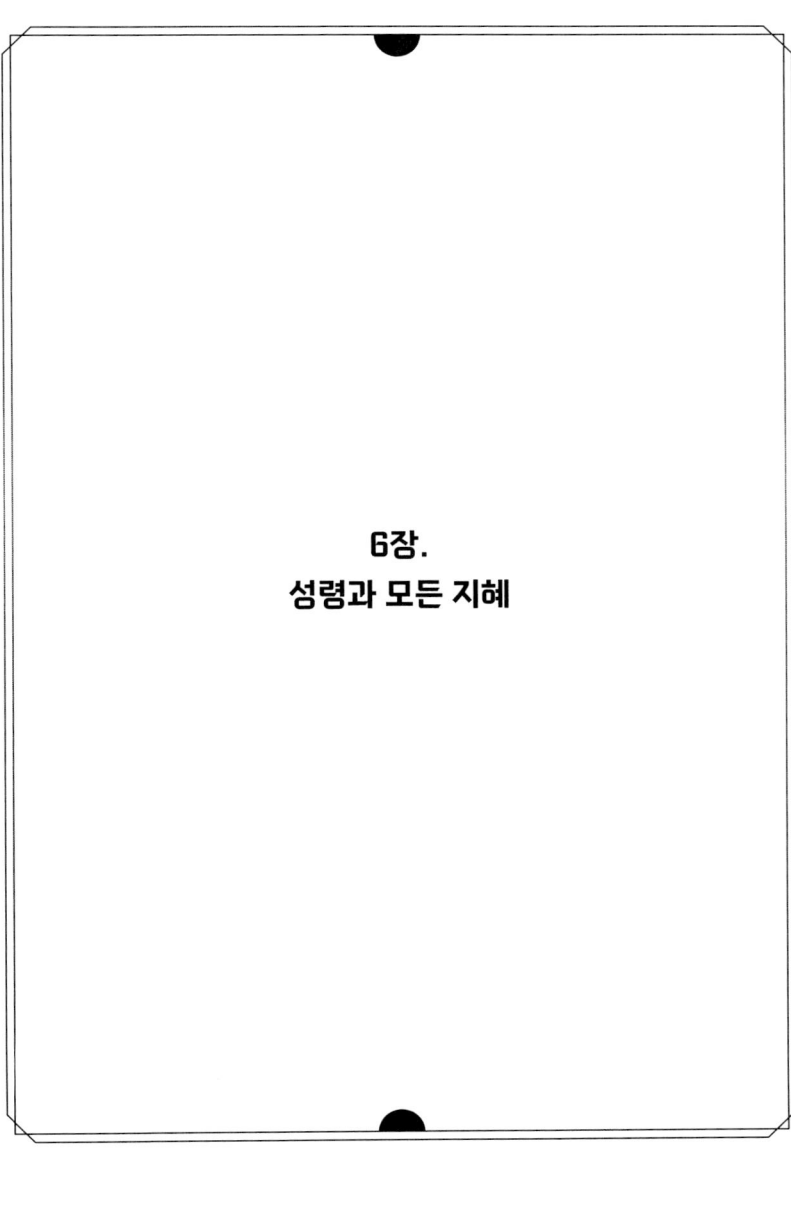

6장.
성령과 모든 지혜

하나님의 영과 삶의 지혜

하나님의 영

"땅이 혼돈하고 공허하며 흑암이 깊음 위에 있고 하나님의 영은 수면 위에 운행하시니라"(창 1:2)

"오순절 날이 이미 이르매 그들이 다같이 한 곳에 모였더니 홀연히 하늘로부터 급하고 강한 바람 같은 소리가 있어 그들이 앉은 온 집에 가득하며 마치 불의 혀처럼 갈라지는 것들이 그들에게 보여 각 사람 위에 하나씩 임하여 있더니 그들이 다 성령의 충만함을 받고 성령이 말하게 하심을 따라 다른 언어들로 말하기를 시작하니라"(행 2:1-4)

하나님은 모든 지혜의 근원이시다. 그래서 성경은 삶의 지혜를 하나님과 연결한다. 하나님께서 사람에게 일상의 지혜를 주시는 것이다. 구약의 지혜 문학이 대표적이다. 잠언은 하나님을 경외해야 지혜롭고 명철한 삶을 살 수 있다고 가르치며, 욥기는 전능자를 인정해야 삶의 고난을 극복할 수 있다고 말한다. 전도서는 창조주를 기억할 때 허무를 넘어 삶의 의미를 찾을 수 있다고 강조한다. 결국 하나님을 경외하고 인정하며 기억하는 것이 곧 삶의 지혜이고 행복하고 의미 있게 사는 길이다.

하나님은 거룩하시고 전지전능하시다. 만물을 지으시고 인간을 만드셨으며, 역사를 주관하시고 자연을 다스리신다. 하나님은 만물과 만사를 섭리하시는 분으로 유일하시고 영원하시다. 그런데 그 하나님께서 인간을 사랑하시고 은혜를 베푸신다. 사람을 인도하시고 보호하시며 깨우쳐주시고 채워주신다. 잘못을 참으시고 회개할 때까지 기다려주신다. 그래서 하나님을 믿고 의지하는 것이 복된 삶이며 범사에 하나님을 인정하는 것이 지혜로운 삶이다.

그런 삶이 가능한 이유는 것은 보혜사 성령의 도우심 때문이다. 하나님께서 이 세상에 두 번 오셨다. 한 번은 육신으로 오신 나사렛 예수이시고, 또 한 번은 영으로 오신 오순절 성령이시다.(행 2:1-4) 나사렛 예수는 부활후 승천하셔서 세상에서의 사역을 마치셨다. 그리고 이 세상에 다시 오실 때를 기다리고 계신다. 그러나 성령께서는 오순절 이후 지금까지 성도들과 함께하시며 매순간 그들을 도우신다. 성령은 삼위일체의 한 위격으로서 영원 전부터 존재하셨다. 그 영원하신 성령께서 그리스도의 재림까지 성도들과 함께하시는 것이다.

지혜와 계시의 영이신 성령께서 사람들을 도우신다.(엡 1:17) 먼저 예수그리스도를 믿게 도와주신다. 인간의 눈에 미련해 보이는 하나님의 구원 계획을 깨닫게 하시고 믿게 하신다. 구원의 지혜를 주시는 것이다. 뿐만 아니라 일상의 삶을 인도하신다. 성도의 삶을 지키시고 보호하시며 필요한 것을 채워주신다. 삶의 지혜를 주시는 것이다.

하나님의 영이신 성령은 구약시대에도 활동하셨다. 성령의 역사는 오경, 역사서, 예언서, 시편, 포로 후기 문서 등 곳곳에 나타나며, 구약에 약 80회 정도 언급된다. 그중 대표적인 구절이 창세기 1:2이다. '땅이 혼돈하고 공허하며 흑암이 깊음 위에 있고 하나님의 영은 수면에 운행하시니라'는 말씀이다. 성경은 하나님의 영이 창조 전부터 계셨고 창조 행위에 참여하셨음을 증언한다.

"나를 주 앞에서 쫓아내지 마시며 주의 성령을 내게서 거두지 마소서"(시 51:11)
"그들이 반역하여 주의 성령을 근심하게 하였으므로 그가 돌이켜 그들의 대적이 되사 친히 그들을 치셨더니"(사 63:10)
"백성이 옛적 모세의 때를 기억하여 이르되 백성과 양 떼의 목자를 바다에서 올라오게 하신 이가 이제 어디 계시냐 그들 가운데에 성령을 두신 이가 이제 어디 계시냐"(사 63:11)

성령은 삼위일체 하나님의 한 위격으로서, 로고스이신 예수 그리스도와 함께 영원 전부터 존재하시며 창조 활동에 참여하셨다. 그리고 모든 시대 모든 장소에서 활동하셨다. 그러나 구약에서는 주로 '하나님의 영' 또는 '여호와의 영'으로 불렸다. 이는 예수께서 아직 세상에 오시기 전이었기 때문이다.

사실 성령은 하나님의 영이자 그리스도의 영이시다.(요 14:2-3, 18, 롬 8:9, 11, 14, 벧전 1:10-11) 그러나 구약에는 주로 '성령' 대신 '하나님의 영' 또는 '여호와의 영'으로 나타난다. 구약에서 '성령'이라는 말이 직접적으로 쓰인 경우는 시편 51:11과 이사야 63:10, 11에 불과하다. 그러나 구약이 말하는 하나님의 영과 여호와의 영이 곧 성령이시다. 다른 존재가 아니라 같은 분이시다.

"바로가 그의 신하들에게 이르되 이와 같이 하나님의 영에 감동된 사람을 우리가 어찌 찾을 수 있으리요 하고"(창 41:38)

"(여호와께서 모세에게 이르시되) 내가 강림하여 거기서 너와 말하고 네게 임한 영을 그들에게도 임하게 하리니 그들이 너와 함께 백성의 짐을 담당하고 너 혼자 담당하지 아니하리라"(민 11:17)

창조 때부터 활동하신 하나님의 영은 이집트의 요셉에게 임하셨고(창 41:38), 시내 산에서 모세와 70인의 장로들에게 임하셨다.(민 11:17, 25-26) 가나안 땅에서는 사사들에게 임하셔서 능력을 주셨다.(삿 3:10, 6:34, 11:29) 삼손 역시 하나님의 영으로 인해 큰 힘을 발휘할 수 있었다.(삿 14:6, 19, 15:14)

하나님의 영은 왕국 시대에도 이스라엘 민족과 함께하셨다. 사무엘이 사울에게 기름을 부을 때 하나님의 영이 임하셨고(삼상 10:6-11), 그 영은 사울로 하여금 암몬을 이기게 하셨다.(삼상 11:6) 그러나 하나님의 영이 떠나신 후 사울은 악신에게 시달리게 되었다.(삼상 16:14) 하나님의 영은 다윗에게 큰 힘으로 임하셨으며(삼상 16:13), 다른 지도자들에게도 임하셨다.(대상 12:18, 대하 15:1, 24:20)

하나님의 영은 예언자들에게도 임하셨다. 이사야는 하나님께서 위로부터 하나님의 영을 부어주실 것을 예언했고(사 32:15), 하나님께서 택하신 자에게 영을 주실 것이라고 선포했다.(사 42:1) 또한 자신에게 임한 하나님의 영으로 백성들에게 위로와 소망을 전했다.(사 61:1) 에스겔은 하나님의 영에 사로잡혀 마른 뼈로 가득한 골짜기의 환상을 보았고, 하나님께서 이스라엘을 영으로 살리시겠다는 약속을 받았다.(겔 37:1-14) 이처럼 하나님의 영은 이스라엘 조상들과 정치적, 영적 지도자들에게 임하여 그들을 도우셨다.

"그 후에 내가 내 영을 만민에게 부어 주리니 너희 자녀들이 장래 일을 말할 것이며 너희 늙은이는 꿈을 꾸며 너희 젊은이는 이상을 볼 것이며 그 때에 내가 또 내 영을 남종과 여종에게 부어 줄 것이며"(욜 2:28-29)

"그 때에 내가 내 영을 내 남종과 여종들에게 부어 주리니 그들이 예언할 것이요."(행 2:18)

구약에서 하나님의 영을 말할 때 요엘 2:28-29가 특별히 중요하다. 하나님께서 자신의 영을 만민에게 부어주실 것을 약속하셨기 때문이다. 그래서 모든 이가 장래 일을 말하고 꿈을 꾸며 이상을 보게 된다. 이제 하나님의 영은 왕이나 예언자 같은 특정 계층의 특별한 은혜가 아니라 모든 이에게 주어지는 보편적 은혜가 된다. 그리고 이 약속이 오순절 성령 강림으로 성취되었다. 성령 강림 후 베드로는 첫 설교를 하면서 요엘 2:28-32를 인용한다.(행 2:17-21)

지혜의 영

"땅이 혼돈하고 공허하며 흑암이 깊음 위에 있고 하나님의 영은 수면 위에 운행하시니라"(창 1:2)

"여호와께서 그 조화의 시작 곧 태초에 일하시기 전에 나를 가지셨으며 만세 전부터, 태초부터, 땅이 생기기 전부터 내가 세움을 받았나니"(잠 8:22-23)

"산이 세워지기 전에, 언덕이 생기기 전에 내가 이미 났으니 하나님이 아직 땅도, 들도, 세상 진토의 근원도 짓지 아니하셨을 때에라"(잠 8:25-26)

"바다의 한계를 정하여 물이 명령을 거스르지 못하게 하시며 또 땅의 기초를 정하실 때에 내가 그 곁에 있어서 창조자가 되어 날마다 그의 기뻐하신 바가 되었으며 항상 그 앞에서 즐거워하였으며"(잠 8:29-30)

성령 연구에 있어 구약의 비중은 신약과 같지 않다. 학자들은 일반적으로 구약에 성령 이해의 핵심 본문이 없다고 본다. '하나님의 영'에 관한 기사 중에 성령론에 연결될 수 있는 내용이 있다는 정도로만 이해한다. 그러나 성경을 한권의 책으로 볼 때 구약에서도 성령에 관한 귀한 내용을 발견할 수 있다. 대표적인 말씀이 잠언 8:22-31이다. 여기에 나타난 지혜 묘사는 지혜의 영이신 성령을 이해하는 데 큰 도움을 준다.

잠언 8장의 '나'는 하나님의 지혜를 의인화한 표현이다. 하나님의 지혜가 태초부터 세움을 받았고, 창조의 순간 하나님 곁에 있었다는 것이다. 이를 구약의 범주 안에서만 보면 단순히 하나님의 지혜만을 가리킨다. 그러나 신약을 통해 보면 이는 지혜와 계시의 영이신 성령을 암시하는 것으로 볼 수 있다.(엡 1:17)

"오직 은밀한 가운데 있는 하나님의 지혜를 말하는 것으로서 곧 감추어졌던 것인데 하나님이 우리의 영광을 위하여 만세 전에 미리 정하신 것이라"(고전 2:7)

"우리 주 예수 그리스도의 하나님, 영광의 아버지께서 지혜와 계시의 영을 너희에게 주사 하나님을 알게 하시고"(엡 1:17)

바울도 성령께서 감추어진 하나님의 지혜를 믿는 자들에게 주신다고 강조한다.(고전 2:6-16) 그 지혜는 하나님의 비밀 가운데 있는 지혜로, 하나님께서 창조 전에 미리 정하신 지혜다.(고전 2:7) 따라서 잠언 8:22-31은 창조 전부터 계신 성령의 모습을 증언하는 중요한 말씀이라 할 수 있다.

"내가 아버지께로부터 너희에게 보낼 보혜사 곧 아버지께로부터 나오시는 진리의 성령이 오실 때에 그가 나를 증언하실 것이요"(요 15:26)

"그러나 내가 너희에게 실상을 말하노니 내가 떠나가는 것이 너희에게 유익이라 내가 떠나가지 아니하면 보혜사가 너희에게로 오시지 아니할 것이요 가면 내가 그를 너희에게로 보내리니"(요 16:7)

"진리를 알지니 진리가 너희를 자유롭게 하리라"(요 8:32)

지혜의 영이신 성령께서 사람의 믿음을 도우신다. 예수께서 잡히시던 날 밤 제자들에게 자신이 떠나는 것이 제자들에게 오히려 더 유익하다고 말씀하셨다.(요 16:7) 그 이유는 '성령의 오심' 때문이다. 예수께서 세상에 계시는 동안에는 성령께서 사람들에게 강림하실 수 없었다. 성령 강림에 예수 그리스도의 영이 필요했기 때문이다. 예수님이 떠나시고 성령께서 오시는 것이 더 유익하다는 말씀은 성령의 사역을 이해하는 일에 매우 중요하다. 이는 단순한 위로의 말씀이 아니다.

진리의 성령이 오셔야 제자들이 예수님의 말씀을 온전히 깨닫고 실천할 수 있다.(요 16:12-13) 성령이 오시기 전에는 제자들조차 예수님의 말씀을 다 이해하지 못했다. 그러나 성령께서 도우시면 누구나 진리를 알고 그 진리를 따라 자유를 누릴 수 있다.(요 8:32) 이것이 예수께서 떠나시고 성령께서 오시는 것이 제자들에게 더 유익한 이유다.

그래서 예수께서 성령을 가리켜 보혜사라 하신다.(요 14:16, 26, 15:26, 16:7) '보혜사'(保惠師)는 '은혜를 보존하시는 분'이라는 뜻으로 헬라어 '파라클레토스'(*parakletos*)를 번역한 말이다. 원래는 법정에서 피고를 변호하는 사람을 가리키지만, 성령의 경우 이를 '도와주시는 분'으로 이해하는 것이 더 적절하다. 이것이 성령의 본질을 더 잘 드러내기 때문이다. 본래 의미인 변호사 역시 본질적으로 돕는 자이기도 하다. 보혜사란 성령께서 성도들을 돕는 분이심을 강조하는 칭호라 할 수 있다.

"무릇 하나님의 영으로 인도함을 받는 사람은 곧 하나님의 아들이라"(롬 8:14)
"그러므로 내가 너희에게 알리노니 하나님의 영으로 말하는 자는 누구든지 예수를 저주할 자라 하지 아니하고 또 성령으로 아니하고는 누구든지 예수를 주시라 할 수 없느니라"(고전 12:3)
"사랑하는 자들아 우리가 지금은 하나님의 자녀라"(요일 3:2)
"이로써 너희가 하나님의 영을 알지니 곧 예수 그리스도께서 육체로 오신 것을 시인하는 영마다 하나님께 속한 것이요"(요일 4:2)
"또 내게 말씀하시되 이루었도다 나는 알파와 오메가요 처음과 마지막이라 내가 생명수 샘물을 목마른 자에게 값없이 주리니 이기는 자는 이것들을 상속으

로 받으리라 나는 그의 하나님이 되고 그는 내 아들이 되리라"(계 21:6-7)

성령께서 사람들이 예수님을 믿도록 도와주신다. 성령이 아니고서는 예수를 주로 고백할 수 없다. 성령을 통해서 예수님이 하나님의 아들이심을 믿게 되고(고전 12:3, 요일 4:2), 이 믿음을 가진 사람이 하나님의 자녀가 된다.(롬 8:14, 요일 3:2) 즉 성령께서 사람을 하나님과의 새로운 관계로 이끄시는 것이다. 바로 아버지와 자녀의 관계. 이는 사랑과 신뢰, 그리고 내적 일치를 의미한다. 하나님의 자녀가 된 성도는 하나님의 상속자가 되어 생명수 샘물을 마신다.(계 21:6-7) 지혜의 영이신 성령께서 이런 은혜를 베푸신다.

"그러나 우리가 온전한 자들 중에서는 지혜를 말하노니 이는 이 세상의 지혜가 아니요 또 이 세상에서 없어질 통치자들의 지혜도 아니요 오직 은밀한 가운데 있는 하나님의 지혜를 말하는 것으로서 곧 감추어졌던 것인데 하나님이 우리의 영광을 위하여 만세 전에 미리 정하신 것이라"(고전 2:6-7)
"오직 하나님이 성령으로 이것을 우리에게 보이셨으니 성령은 모든 것 곧 하나님의 깊은 것까지도 통달하시느니라"(고전 2:10)
"우리가 이것을 말하거니와 사람의 지혜가 가르친 말로 아니하고 오직 성령께서 가르치신 것으로 하니 영적인 일은 영적인 것으로 분별하느니라"(고전 2:13)

바울은 고린도전서 2:6-16에서 성령을 통해 깨닫게 되는 지혜를 말한다. 그것은 세상의 지혜도 아니고 통치자들의 지혜도 아니다. 은밀한 가운데 감추어졌던 하나님의 지혜다.(고전 2:6-7) 창조 전에 미리 정해진 이 지혜는 바로 로고스이신 예수 그리스도다. 그러나 세상의 통치자들은 이 지혜를 알지 못했다. 만약 알았더라면 그리스도를 십자가에 못 박지 않았을 것이다.(고전 2:8)

하나님의 지혜이신 그리스도는 세상의 눈과 귀로는 알 수 없으며 인간의 생각으로는 깨달을 수 없다.(고전 2:9) 오직 성령을 통해서만 이 지혜를 알 수 있다.(고전 2:10) 성령은 하나님의 영이시기 때문에 하나님의 깊은 비밀을 아시며, 성령을 받은 자는 그 비밀을 깨닫는다.(고전 2:11-12) 십자가 사건은 인간의 지혜로는 알 수 없는 신령한 일로서, 오직 성령의 조명이 있어야 이해할 수 있다. 영적인 일은 영적인 것으로 분별하는 법이다.(고전 2:13)

"육에 속한 사람은 하나님의 성령의 일들을 받지 아니하나니 이는 그것들이 그에게는 어리석게 보임이요, 또 그는 그것들을 알 수도 없나니 그러한 일은 영적으로 분별되기 때문이라"(고전 2:14)
"신령한 자는 모든 것을 판단하나 자기는 아무에게도 판단을 받지 아니하느니라"(고전 2:15)

육에 속한 사람은 하나님이 하시는 일을 깨닫지 못하고 오히려 어리석게 여긴다.(고전 2:14) 성령의 역사를 모르기 때문이다. 그러나 신령한 자는 영적으로 분별한다. 그는 성령의 인도하심을 받아 참된 판단력을 얻고 모든 것을 분별한다.(고전 2:15) 그는 사람의 판단에 흔들리지 않는다. 사람은 본래 하나님의 뜻을 알 수 없다. 그러나 성령의 인도하심을 받는 자는 그리스도의 마음을 가지게 된다.(고전 2:16) 그래서 하나님의 뜻을 알게 된다. 이것이 곧 지혜의 영이신 성령의 역사다.

하나님의 은혜

"여호와 우리 하나님과 같은 이가 누구리요 높은 곳에 앉으셨으나 스스로 낮추사 천지를 살피시고 가난한 자를 먼지 더미에서 일으키시며 궁핍한 자를 거름 더미에서 들어 세워"(시 113:5-7)

"지극히 존귀하며 영원히 거하시며 거룩하다 이름하는 이가 이와 같이 말씀하시되 내가 높고 거룩한 곳에 있으며 또한 통회하고 마음이 겸손한 자와 함께 있나니 이는 겸손한 자의 영을 소생시키며 통회하는 자의 마음을 소생시키려 함이라"(사 57:15)

"주 여호와의 영이 내게 내리셨으니 이는 여호와께서 내게 기름을 부으사 가난한 자에게 아름다운 소식을 전하게 하려 하심이라 나를 보내사 마음이 상한 자를 고치며 포로 된 자에게 자유를, 갇힌 자에게 놓임을 선포하며"(사 61:1)

하나님은 높은 곳에 계시지만 스스로 낮아지셔서 천지를 살피신다. 가난한 자와 궁핍한 자를 돌보시고 안전한 곳에 세우신다.(시 113:5-7) 지극히 존귀하시고 거룩하시지만, 잘못을 뉘우치고 회개하는 자들과 함께 하시며 그들의 상한 마음을 고쳐주신다.(사 57:15) 또한 가난한 자들에게 기쁜 소식을 전하게 하시고 상한 마음을 치료하신다. 슬퍼하는 자를 위로하신다. 갇힌 자들에게 자유를 선포하시며 사람들에게 한량없는 은혜를 베푸신다.(사 61:1-2)

"여호와는 나의 목자시니 내게 부족함이 없으리로다 그가 나를 푸른 풀밭에 누이시며 쉴 만한 물 가로 인도하시는도다"(시 23:1-2)

"내 평생에 선하심과 인자하심이 반드시 나를 따르리니 내가 여호와의 집에 영원히 살리로다"(시 23:6)

시편 23편에 이 하나님의 은혜가 잘 드러나 있다. 시편 23편은 '여호와는 나의 목자시니'라는 은유로 시작한다. 은유는 비교하는 개념(여호와)과 비교되는 개념(목자)을 동일시하면서, 일상적인 표현을 넘어 더 깊은 의미를 전달한다. 목자의 임무는 양 떼를 인도하고 먹이며 보호하는 것이다. 그는 양들을 책임지고 풀밭과 안전한 길로 이끌며 맹수와 도둑으로부터 지켜야 한다. 동시에 고대 근동에서 '목자'는 백성을 다스리는 왕을 지칭하는 말로도 쓰였다.

'여호와는 나의 목자시니'라는 말은 신앙고백이다. 하나님께 대한 헌신과 신뢰의 선언이며, 동시에 세상의 왕이나 다른 신들에 대한 도전이다. 오직 여호와만이 인생의 필요를 채우시고 인도하시며 보호하신다. 그러므로 여호와를 목자로 삼는 사람은 부족함이 없다. 이는 이스라엘 백성이 광야에서 40년을 지나는 동안 경험한 사실이다.(신 2:7, 8:3-4)

시편 23:2의 '푸른 풀밭과 쉴만한 물가'는 목가적 평온함의 대표적 표현으로, 하나님 백성이 누리는 평안한 삶을 상징한다. 하나님은 자녀에게 새 힘을 주시고 의의 길로 인도하신다. 그러나 현실 속에서는 어려움이 따른다. 시편 23:4-5는 원수에게 쫓기며 죽음의 위험을 겪는 상황을 묘사한다. 하나님의 양떼도 고난을 피할 수 없다. 하지만 고난 중에 하나님은 그들을 지키신다. 시편 23:4에 나오는 막대기와 지팡이는 목자가 사용하는 보호와 인도의 도구다.

시인은 하나님의 선하심과 인자하심이 평생 자신과 함께할 것을 믿으며 여호와의 집에서 영원히 살리라고 고백한다.(시 23:6) 이는 한량없는 여호와의 자비를 드러낸다. 실제로 여호와의 집에 거할 수 있는 사람은 제사장과 레위인 뿐이다. 그런데 시인이 모든 하나님의 백성이 누릴 영원한 은혜를 선포한 것이다.

부족함이 없는 삶을 원한다면 하나님을 경외해야 한다. 푸른 풀밭과 잔잔한 물가에서 평안을 누리고 싶다면 전능자를 인정해야 한다. 쇠약한 영혼이 새 힘을 얻고 싶다면 창조주를 기억해야 한다. 하나님이 항상 보호하시는 목자이심을 믿을 때 참된 기쁨과 평안을 맛볼 수 있다. 하나님을 의지하는 사람은 위로와 은혜를 누린다.

'내 갈 길은 내가 안다'고 말하는 양은 결국 길을 잃어버리고 사망의 음침한 골짜기에서 두려움에 사로잡힌다. 그러나 '내 갈 길을 하나님께 맡깁니다. 하나님이 저의 목자이십니다'라고 고백하는 양은 사망의 음침한 골짜기를 평안히 지나간다. 성령께서 그를 도우시고 인도하시기 때문이다. 이 사실을 믿는 사람에게 복이 있다.

"하나님의 지혜에 있어서는 이 세상이 자기 지혜로 하나님을 알지 못하므로 하나님께서 전도의 미련한 것으로 믿는 자들을 구원하시기를 기뻐하셨도다"(고전 1:21)
"하나님의 어리석음이 사람보다 지혜롭고 하나님의 약하심이 사람보다 강하니라"(고전 1:25)

그런데 세상은 이를 믿지 않는다. 행복이 하나님 경외와 연결되어 있음을 알지 못한다. 전능자를 인정하고 창조주를 기억해야 바른 길을 걸을 수 있음을 깨닫지 못한다. 성경에 계시된 하나님의 지혜를 어리석은 것으로 치부할 뿐이다. 그러나 하나님의 지혜가 미련해 보이는 것은 단지 인간의 착각이다. 그것은 하나님의 지혜가 인간의 상상을 넘어서는 것이기 때문이다. 사람이 감당할 수 없어서 어리석게 보일 뿐이다. 이는 우주가 돌아가는 소리가 너무 커서 인간의 귀에 들리지 않는다는 말의 이치와 같다. 창조주의 지혜가 너무 지혜로워서 인간에게 어리석게 보이는 것이다.

> "이는 내 생각이 너희의 생각과 다르며 내 길은 너희의 길과 다름이니라 여호와의 말씀이니라 이는 하늘이 땅보다 높음 같이 내 길은 너희의 길보다 높으며 내 생각은 너희의 생각보다 높음이니라"(사 55:8-9)

하나님의 지혜는 영원하고 전능하신 창조주의 지혜다. 반면 사람의 지혜는 유한하고 일시적인 피조물의 지혜다. 모든 것을 알고 행하시는 창조주의 지혜와, 알 수도 행할 수도 없는 피조물의 지혜는 다를 수밖에 없다. 또한 하나님의 지혜는 죄로 물들지 않은 거룩한 지혜이지만, 사람의 지혜는 죄로 물든 속된 지혜일 뿐이다. 무엇보다 하나님의 지혜는 사람을 영원으로 인도한다. 그러나 사람은 영원한 생명과 상급을 믿지 않는다. 아예 불가능하다고 믿고 세상 행복에만 관심을 둔다. 하늘이 땅보다 높듯 하나님의 생각은 사람의 생각보다 높다.(사 55:8-9) 하나님은 사람이 경험해보지 못한 것을 말씀하시며, 인간의 지혜로는 상상조차 할 수 없는 것을 선포하신다. 그래서 사람의 눈에 하나님의 지혜가 어리석게 보이는 것이다.

인생의 참된 지혜

"주께서 사람을 티끌로 돌아가게 하시고 말씀하시기를 너희 인생들은 돌아가라 하셨사오니 주의 목전에는 천 년이 지나간 어제 같으며 밤의 한 순간 같을 뿐임이니이다"(시 90:3-4)

"우리의 연수가 칠십이요 강건하면 팔십이라도 그 연수의 자랑은 수고와 슬픔뿐이요 신속히 가니 우리가 날아가나이다"(시 90:10)

"우리에게 우리 날 계수함을 가르치사 지혜로운 마음을 얻게 하소서 여호와여 돌아오소서 언제까지니이까 주의 종들을 불쌍히 여기소서"(시 90:12-13)

시편 90편은 인생의 지혜를 가르쳐준다. 사람은 티끌로 돌아가는 존재이며 일생은 짧아서 잠깐 자는 것 같이 한 순간이다.(시 90:3-4) 아침에 돋았다가 저녁에 시드는 풀과 같다.(시 90:5-6) 인생은 짧을 뿐 아니라 수고와 슬픔으로 가득하다.(시 90:10) 인생이 이렇게 짧고 허무하고 슬픈 것임을 깨닫는 것이 참된 지혜의 시작이다. 그런 깨달음이 인생을 낭비하지 않게 하며 겸손하게 만든다. 사랑과 나눔을 배우게 하고 집착과 이기심을 버리게 한다. 그리고 죽음을 준비하게 한다. 사람이 지혜로워지는 것이다. 많은 사람이 죽음을 앞두고 이런 고백을 남긴다.

실은 이런 깨달음이 새로운 것은 아니다. 어느 정도 인생을 산 사람이 지난 삶을 돌아보면 쉽게 알 수 있다. 삶의 본질을 직관한다면 젊은 나이에도 어렵지 않게 알 수 있다. 불교의 가르침에도 이와 같은 통찰과 교훈이 있다. 그러나 시편 90편이 주는 참된 지혜는 단순히 인생의 덧없음에 머물지 않는다. 짧고 허무하고 슬픈 인생을 창조주 하나님과 연결한다. 하나님을 통해 참된 인생의 지혜를 얻는 것이다.(시 90:12-13) 이것이 진정한 지혜이며 시편 90편의 핵심이다. 그리고 성경 전체의 가르침이다.

사람의 일생은 짧고 고생과 슬픔으로 가득 차 있다. 그러나 창조주 하나님이 내미신 손을 잡으면 달라진다. 슬픔이 기쁨으로, 짧은 인생이 영원한 생명으로 바뀐다. 이는 사람에게 생명을 주신 하나님께서 사람을 은혜로 보살피시고 영원한 생명을 주시기 때문이다. 하늘 아버지는 사랑과 자비가 풍성하시다. 그런 하나님께서 사람의 삶을 인도하시며 영원한 생명과 상급을 주신다. 그래서 짧고 슬픔이 많은 인생이 즐겁고 영원한 삶이 되는 것이다. 인생의 허무와 고통을 아는 사람은 웃을 수 없지만, 인생을 하나님께 맡긴 사람은 소망 가운데 웃으며 살아간다. 하나님의 지혜가 기쁨과 평안을 주기 때문이다.

"아침에 주의 인자하심이 우리를 만족하게 하사 우리를 일생 동안 즐겁고 기쁘게 하소서"(시 90:14)
"주께서 행하신 일을 주의 종들에게 나타내시며 주의 영광을 그들의 자손에게 나타내소서"(시 90:16)

시편 90:14-17은 하나님을 믿는 자만이 부를 수 있는 노래이자 기도다. 하나님은 아침마다 변함없는 사랑으로 사람을 만족하게 하신다.(시 90:14) 괴로움의 날만큼 기쁨의 날들을 되돌려 주시고(시 90:15), 놀라운 일들과 하나님의 위대하심을 보여주신다.(시 90:16) 또 하나님의 은혜로 사람이 하는 일을 형통케 하신다.(시 90:17) 따라서 짧고 고난으로 가득 찬 인생도 하나님께 맡기면 기쁨이 가득 찬 영원한 것이 된다. 하늘 아버지의 사랑과 자비로 인한 것이다. 이를 알고 하나님을 사랑하는 사람이 진정 지혜로운 사람이다.

"집은 지혜로 말미암아 건축되고 명철로 말미암아 견고하게 되며 또 방들은 지식으로 말미암아 각종 귀하고 아름다운 보배로 채우게 되느니라"(잠 24:3-4)
"내 아들아 꿀을 먹으라 이것이 좋으니라 송이꿀을 먹으라 이것이 네 입에 다니라 지혜가 네 영혼에게 이와 같은 줄을 알라 이것을 얻으면 정녕히 네 장래가 있겠고 네 소망이 끊어지지 아니하리라"(잠 24:13-14)

잠언은 하나님의 지혜를 일상과 연결해서 칭송한다. 잠언 24장이 특히 그렇다. 지혜와 명철로 세운 집은 든든히 서고 그 안은 귀하고 아름다운 것으로 가득하다.(잠 24:3-4) 지혜로운 사람의 영혼은 평온하고 행복하며 그의 미래는 밝고 소망으로 가득하다.(잠 24:13-14) 하나님을 의지하는 사람이 그렇고 성령으로 충만한 사람이 그렇다. 성령께서 모든 지혜를 주시기 때문이다.

"지혜와 권능이 하나님께 있고 계략과 명철도 그에게 속하였나니"(욥 12:13)
"그런즉 지혜는 어디서 오며 명철이 머무는 곳은 어디인고… 하나님이 그 길을 아시며 있는 곳을 아시나니"(욥 28:20, 23)

욥기의 교훈도 같다. 욥기는 창조주의 권능과 지혜를 인간의 한계와 무지와 대비시킨다. 어려울 때 창조주를 만나야 함을 가르친다. 욥처럼 하나님의 은혜로 살고 싶다면 창조주의 뜻을 기다려야 한다. 사람의 지혜로 아는 체하지 말아야 한다. 욥기가 말하는 삶의 결론은 분명하다. 창조주를 기억하고 그 명령을 지키는 것이다. 어려움 속에서 창조주를 의지하고 그 뜻을 구하는 자가 진정 지혜로운 사람이다.

> "전도자가 이르되 헛되고 헛되며 헛되고 헛되니 모든 것이 헛되도다"(전 1:2)
>
> "내가 내 마음 속으로 말하여 이르기를 보라 내가 크게 되고 지혜를 더 많이 얻었으므로 나보다 먼저 예루살렘에 있던 모든 사람들보다 낫다 하였나니 내 마음이 지혜와 지식을 많이 만나 보았음이로다"(전 1:16)
>
> "너는 청년의 때에 너의 창조주를 기억하라"(전 12:1)
>
> "일의 결국을 다 들었으니 하나님을 경외하고 그의 명령들을 지킬지어다 이것이 모든 사람의 본분이니라"(전 12:13)

전도서의 결론 역시 마찬가지다. 지혜로운 사람은 아인슈타인 같은 천재나 IQ가 높은 사람이 아니다. 창조주를 기억하고 그 명령을 지키는 사람이다. 전도자는 자신이 많은 지혜와 지식을 쌓았다고 자부한다.(전 1:16) 그런 전도자가 쓴 책이 '모든 것이 헛되다'라는 선언으로 시작한다.(전 1:2) 그렇지만 그 결론은 '청년의 때에 창조주를 기억하라'는 것이다.(전 12:1) 모든 것이 헛된 것처럼 보이는 인생에서 하나님을 경외하고 그분의 명령을 지키는 것이 사람의 본분이다. 이것이 가장 지혜로운 삶이며 세상만사의 결론이다.(전 12:13)

> "그러므로 내가 이 백성 중에 기이한 일 곧 기이하고 가장 기이한 일을 다시 행하리니 그들 중에서 지혜자의 지혜가 없어지고 명철자의 총명이 가려지리

라"(사 29:14)

"기록된 바 내가 지혜 있는 자들의 지혜를 멸하고 총명한 자들의 총명을 폐하리라 하였으니"(고전 1:19)

"하나님의 어리석음이 사람보다 지혜롭고 하나님의 약하심이 사람보다 강하니라"(고전 1:25)

"이 세상 지혜는 하나님께 어리석은 것이니"(고전 3:19)

고린도전서 1:19는 이사야 29:14를 인용하면서, 하나님께서 인간의 지혜와 지식을 멸하신다고 선언한다. 이 말씀의 역사적 배경은 이렇다. 아시리아가 유다를 침공했을 때 당시 지도자들은 이집트와 동맹을 맺어 저항하려고 했다. 그러나 이사야는 아시리아에 항복하라고 예언했다. 이집트에 의지하는 것은 하나님의 뜻이 아니었기 때문이다. 결국 이집트의 원군은 오지 않았고 유다는 오직 하나님의 도우심으로 아시리아의 점령을 피할 수 있었다.

사람은 위기에 처하면 하나님께 기도하기보다 가족이나 친구에게 먼저 도움을 청하기 쉽다. 하나님은 눈에 보이지 않고 손에 잡히지 않지만 사람은 눈에 보이고 손에 잡히기 때문이다. 그러나 지혜로운 사람은 하나님께 엎드려 도우심을 구한다. 하나님의 어리석음조차 사람의 지혜보다 지혜롭고, 세상의 지혜는 하나님께 어리석기 때문이다.(고전 1:25, 3:19) 그렇게 하나님을 의지하는 사람은 은혜를 체험한다. 그러면서 신앙이 깊어지고 기도가 더 간절해진다. 이것이 믿음이 성숙해지는 과정이며 진정 지혜로운 삶이다.

"그런즉 너희가 어떻게 행할지를 자세히 주의하여 지혜 없는 자 같이 하지 말고 오직 지혜 있는 자 같이 하여 세월을 아끼라 때가 악하니라"(엡 5:15-16)

바울은 에베소서 5:15-18에서 삶의 지혜를 가르친다. 지혜로운 자는 자기 생활을 늘 살피며 세월을 아낀다.(엡 5:15-16) 이는 선한 일을 할 기회를 놓치지 말라는 뜻이다. 때가 악해서 선한 일을 할 수 있는 기회가 많지 않다. 바울은 또한 '무엇을 해야 할지 모르는 어리석은 자가 되지 말고 하나님의 뜻을 헤아리는 지혜로운 자가 되라'고 한다.(엡 5:17) 이어서 '술 취하지 말고 성령의 충만함을 받으라'고 한다.(엡 5:18) 방탕하지 말고 거룩한 생활을 하라는 것이다. 그렇게 성령으로 충만한 삶을 살 때 보혜사 성령께서 일상의 은혜를 베푸신다. 성도들과 함께하시며 생활 가운데 도우시는 것이다. 그 은혜는 깨우쳐주시고 인도하시며, 보호하시고 채워주시고 기다려주시는 은혜다.

성령께서 사람이 알아야 할 것을 알게 하시고 신앙과 일상에서 필요한 지혜를 주신다. 인생의 길을 이끌어주시며 쉬게 하시고 바른 길로 가게 하신다. 사망의 음침한 골짜기에서 지켜주셔서서 큰 위험과 고통에서 보호하신다. 또한 일용할 양식과 건강, 화목한 가정과 마음의 평안을 허락하신다. 그래서 기쁨과 평안을 누리게 하신다. 그리고 게으르고 순종이 부족할 때 회개하기를 사랑으로 기다리신다. 믿음이 자라지 못하거나 오히려 약해질 때 깨닫고 돌아오기를 자비로 기다리신다. 모두 보혜사 성령께서 베푸시는 은혜다.

"근심하는 자 같으나 항상 기뻐하고 가난한 자 같으나 많은 사람을 부요하게 하

고 아무 것도 없는 자 같으나 모든 것을 가진 자로다"(고후 6:10)

이런 은혜를 누리기 위해서 하나님을 경외하고 예수 그리스도를 믿으며 성령으로 충만해야 한다. 고린도후서 6:6-7에서 성령 충만한 사람의 모습을 볼 수 있다. '깨끗함과 지식과 오래 참음과 자비함과 성령의 감화와 거짓이 없는 사랑과 진리의 말씀과 하나님의 능력으로 의의 무기를 좌우에 가진 사람'이다. 성령으로 충만한 사람은 '근심하는 자 같으나 항상 기뻐하고 가난한 자 같으나 많은 사람을 부요하게 하고 아무 것도 없는 자 같으나 모든 것을 가진 사람'이다.(고후 6:10) 모든 것을 가진 진정한 지혜자인 것이다.

그리스도의 영과 구원의 지혜

그리스도의 영

"내가 너희를 고아와 같이 버려두지 아니하고 너희에게로 오리라"(요 14:18)

"그 날에는 내가 아버지 안에, 너희가 내 안에, 내가 너희 안에 있는 것을 너희가 알리라"(요 14:20)

"만일 너희 속에 하나님의 영이 거하시면 너희가 육신에 있지 아니하고 영에 있나니 누구든지 그리스도의 영이 없으면 그리스도의 사람이 아니라"(롬 8:9)

"이것이 너희의 간구와 예수 그리스도의 성령의 도우심으로 나를 구원에 이르게 할 줄 아는 고로"(빌 1:19)

"자기 속에 계신 그리스도의 영이 그 받으실 고난과 후에 받으실 영광을 미리 증언하여 누구를 또는 어떠한 때를 지시하시는지 상고하니라"(벧전 1:11)

성령은 하나님의 영이신 동시에 그리스도의 영이시다. 이를 예수님의 말씀에서 확인할 수 있다. 예수께서 잡히시던 날 밤 제자들에게 성령을 약속하시면서(요 14:15-31), '내가 너희를 고아처럼 버려두지 아니하고 너희에게로 오리라'고 말씀하신다.(요 14:18) 또 '그 날에 너희는 내가 아버지 안에 있고, 너희가 내 안에 있으며, 또 내가 너희 안에 있음을 알게 될 것이다'라고 말씀하신다.(요 14:20) 이는 예수께서 성령으로 세상에 오셔서 제자들과 함께하시고 그들 안에 거하실 것을 뜻한다. 이 '그리스도의 영'이 신약에서 보편적인 칭호다.(롬 8:9, 빌 1:19, 벧전 1:11)

성령이 하나님의 영인 동시에 그리스도의 영이라는 사실에 구원의 놀라운 신비가 담겨 있다. 여기에 성령이 누구이신가를 이해하는 열쇠가 들어 있다. 하나님이 먼저 육신으로 세상에 오신 후 다시 영으로 임하셔야 했던 이유가 있다. 그리고 성령께서 믿는 자 안에 거하실 수 있는 근거가 있다.

> "곧 물에서 올라오실 새 하늘이 갈라짐과 성령이 비둘기 같이 자기에게 내려오심을 보시더니 하늘로부터 소리가 나기를 너는 내 사랑하는 아들이라 내가 너를 기뻐하노라 하시니라"(막 1:10-11)
> "요한이 또 증언하여 이르되 내가 보매 성령이 비둘기 같이 하늘로부터 내려와서 그의 위에 머물렀더라"(요 1:32)

예수께서 세례를 받고 물에서 올라오실 때 하늘이 열리며 성령이 비둘기 같이 임하셨다. 이어 '너는 내 사랑하는 아들이라. 내가 너를 기뻐하노라'는 하나님의 음성이 들렸다.(막1:10-11) 이는 성부와 성자와 성령이 함께하신 은혜로운 순간으로 세례의 중요성을 드러낸다. 요한복음 1:32는 성령이 임하신 후 예수님 위에 '머물렀다'고 기록한다. 이는 하나님의 영이 예수와 늘 동행하시며 그 사역을 도우셨음을 의미한다. 그래서 사람들이 권위 있는 가르침에 놀랐고(마 7:28-29), 귀신들린 자들이 예수님을 알아보았으며(마 8:29, 막 5:7, 눅 8:28), 많은 기적이 나타날 수 있었다.

> "이는 그를 믿는 자들이 받을 성령을 가리켜 말씀하신 것이라 (예수께서 아직 영광을 받지 않으셨으므로 성령이 아직 그들에게 계시지 아니하시더라)" (요 7:39)
> "하나님이 오른손으로 예수를 높이시매 그가 약속하신 성령을 아버지께 받아서 너희 보고 듣는 이것을 부어주셨느니라"(행 2:33)

예수님은 사람들에게 '누구든지 내게로 와서 마시라, 나를 믿는 자는 그 배에서 생수의 강이 흘러나오리라'고 말씀하신다.(요 7:337-38) 이는 믿는 자들이 받을 성령을 가리켜 하신 말씀이다. 그런데 요한복음 7:39는 '예수께서 아직 영광을 받지 못하신 고로 성령이 아직 저희에게 계시지 아니하시더라'고 말한다. 여기서 '영광'은 곧 십자가의 영광, 대속의 죽음을 말한다. 즉 예수께서 십자가에서 돌아가시기 전이었기 때문에 사람들에게 성령이 임하지 않으셨다는 뜻이다.

예수께서 약속하신 성령은 예수께서 십자가의 영광을 받으시고 승천하신 후에 비로소 세상에 오실 수 있었다. 이것이 하나님의 계획이었다. 베드로는 오순절 설교에서 이를 이렇게 증언한다. '하나님이 오른손으로 예수를 높이시매 그가 약속하신 성령을 아버지께 받아서 너희 보고 듣는 이것을 부어주셨느니라'는 말씀이다.(행2:33) 승천하신 예수께서 아버지께 성령을 받아 제자들에게 부어주셨다는 것이다. 이 영이 바로 하나님의 영이신 동시에 그리스도의 영이신 성령이시다.

성령은 승천하신 예수께서 아버지께 받아서 보내주신 분이다. 곧 부활 후 승천하신 그리스도의 영이 하나님의 영과 하나가 되어 이 땅에 강림하신 것이다. '그 날에는 내가 아버지 안에, 너희가 내 안에, 내가 너희 안에 있는 것을 너희가 알리라'는 말씀이 바로 이를 가리킨다.(요 14:19) 성령이 하나님의 영이자 그리스도의 영이시라는 사실에 구원의 신비가 담겨 있다. 이는 하나님의 구원 계획이 그리스도의 인성과 깊은 관계가 있음을 의미한다. 그래야 사람이 영원한 생명을 얻을 수 있기 때문이다.

> "예수는 지혜와 키가 자라가며 하나님과 사람에게 더욱 사랑스러워 가시더라"(눅 2:52)
> "고향으로 돌아가사 그들의 회당에서 가르치시니 그들이 놀라 이르되 이 사람의 이 지혜와 이런 능력이 어디서 났느냐 이는 그 목수의 아들이 아니냐 그 어머니는 마리아, 그 형제들은 야고보, 요셉, 시몬, 유다라 하지 않느냐"(마 13:54-55)
> "우리에게 있는 대제사장은 우리의 연약함을 동정하지 못하실 이가 아니요 모든 일에 우리와 똑같이 시험을 받으신 이로되 죄는 없으시니라"(히 4:15)

예수님은 참 하나님이시며 동시에 참 인간이셨다.(눅 2:52) 하나님의 신성뿐만 아니라 인간의 본성도 가지셨다. 히브리서 4:15는 '우리에게 있는 대제사장은 우리의 연약함을 동정하지 못하실 이가 아니요'라고 말한다. 이는 예수께서 인간으로서 연약함을 지니셨음을 보여준다.

그러나 한 가지 중요한 차이가 있다. 예수님은 죄가 전혀 없으셨다는 사실이다.(히 4:15) 고린도후서 5:21에 '하나님이 죄를 알지도 못하신 이를 우리를 대신하여 죄로 삼으신 것은 우리로 하여금 그 안에서 하나님의 의가 되게 하려 하심이라'는 말씀이 있다. 그리고 베드로전서 2:22에 '그는 죄를 범하지 아니하시고 그 입에 거짓도 없으시며'라는 말씀이 있다.

예수님이 참 신성과 참 인성을 동시에 지니셨다는 것은 인간의 이성으로는 설명할 수 없는 신비이지만, 이는 구원에 꼭 필요한 은혜이자 진리다. 인류를 죄에서 구원하시고 영생을 주시려면 이렇게 하실 수밖에 없었다. 그것이 유일한 길이었다. 그러므로 교회가 예수 그리스도의 신성과 인성을 굳게 붙든 것은 당연한 일이었다.

중요한 점은 예수님의 인성이 단지 예수께서 세상에 계실 때만 필요했던 것이 아니라는 사실이다. 오순절에 임하신 성령이 바로 예수 그리스도의 인성과 관련되어 있다. 구약시대의 하나님의 영은 신성만 가지고 계셨지만, 신약시대의 성령은 예수 그리스도의 인성도 함께 가지신다. 하나님의 영이자 동시에 그리스도의 영이시기 때문이다.

오순절에 강림하신 성령은 하나님의 영과 예수 그리스도의 영이 하나로 연합된 분이시다. 그래서 성령은 예수님의 인성도 지니고 계신다. 예수님이 하나님이신 동시에 인간이셨기 때문이다. 그런데 성령께서 가지신 이 예수님의 인성이 성령의 내재를 가능케 한다. 예수님의 인성을 통해 성령께서 믿는 자 안에 내재하실 수 있는 것이다. 예수님의 인성은 성령의 내재를 준비하신 하나님의 계획이다. 예수께서 사람의 몸으로 이 세상에 오셨기 때문에 성령의 내재하심이 가능해진 것이다. 이것이 신앙의 신비고 삼위일체 하나님의 구원의 은혜.

하나님의 비밀

"옛적에 선지자들을 통하여 여러 부분과 여러 모양으로 우리 조상들에게 말씀하신 하나님이 이 모든 날 마지막에는 아들을 통하여 우리에게 말씀하셨으니" (히 1:1-2)
"그는 창세 전부터 미리 알린 바 되신 이나 이 말세에 너희를 위하여 나타내신 바 되었으니"(벧전 1:20)

성경은 역사를 '옛적'과 '말세'로 구분한다.(히 1:1-2, 벧전 1:20) '옛적'은 '팔라이'(palai, long ago)로 예수님이 세상에 오시기 전의 시대고, '말세'는 '에스카토스'(eschatos, latter, last)로 예수님이 오신 후의 시대다. 종말론이라는 뜻의 영어 '에스카톨로지'(eschatology)가 마지막을 의미하는 헬라어 '에스카토스'에서 유래했다. 성경은 이렇게 예수님을 기준으로 역사를 옛적과 말세로 구분한다. 이는 예수 그리스도가 인류 역사의 기준이 되신다는 뜻이다.

그런데 성경의 말세는 다시 '마지막 때'와 '마지막 날'로 구분된다. 마지막 때는 예수님의 초림부터 재림 전까지를 의미하며, 마지막 날은 예수님이 재림하시는 날을 뜻한다. 마지막 날에 일어날 주요 사건들이 바로 '그리스도의 재림, 최후 승리, 부활과 심판, 그리고 새 예루살렘의 도래'다. 기독교인들은 지금 마지막 때를 살면서 마지막 날을 기다리고 있는 것이다. 성경이 이렇게 예수님을 기준으로 옛적과 말세를 구분하는 이유가 있다. 예수님을 통해 하나님의 오랜 비밀, 즉 영생이라는 구원의 비밀이 밝혀졌기 때문이다.

"여호와께서 아브람에게 이르시되 너는 너의 고향과 친척과 아버지의 집을 떠나 내가 네게 보여 줄 땅으로 가라 내가 너로 큰 민족을 이루고 네게 복을 주어 네 이름을 창대하게 하리니 너는 복이 될지라"(창 12:1-2)

하나님의 구원 계획은 아브라함을 부르심으로 본격적으로 시작되었다. 하나님은 아브라함을 통해 이스라엘 민족을 세우시고(창 12:2), 그들을 하나님의 백성, 제사장 나라, 거룩한 백성으로 삼으셨다.(출 19:6, 레 26:12) 이스라엘로 하여금 하나님을 섬기며 메시아를 기다리게 하신 것이다.

"오직 은밀한 가운데 있는 하나님의 지혜를 말하는 것으로서 곧 감추어졌던 것인데 하나님이 우리의 영광을 위하여 만세 전에 미리 정하신 것이라"(고전 2:7)
"영원부터 만물을 창조하신 하나님 속에 감추어졌던 비밀의 경륜이 어떠한 것을 드러내게 하려 하심이라"(엡 3:9)

그런데 하나님께서 창세 이전부터 비밀로 하신 일이 있었다.(고전 2:7) 그것은 아브라함의 자손뿐만 아니라 세상 모든 민족에게 영원한 생명을 주시려는 계획이다. 이는 인간의 지혜가 아니라 하나님의 지혜에 속한 것이다. 에베소 3:9는 이것을 '하나님 속에 감추어졌던 비밀의 경륜'이라 부른다.

"그 뜻의 비밀을 우리에게 알리신 것이요 그의 기뻐하심을 따라 그리스도 안에서 때가 찬 경륜을 위하여 예정하신 것이니"(엡 1:9)
"이 비밀은 만세와 만대로부터 감추어졌던 것인데 이제는 그의 성도들에게 나타났고 하나님이 그들로 하여금 이 비밀의 영광이 이방인 가운데 얼마나 풍성한지를 알게 하려 하심이라 이 비밀은 너희 안에 계신 그리스도시니 곧 영광의 소망이니라"(골 1:26-27)

"이는 그들로 마음에 위안을 받고 사랑 안에서 연합하여 확실한 이해의 모든 풍성함과 하나님의 비밀인 그리스도를 깨닫게 하려 함이니"(골 2:2)

"또한 우리를 위하여 기도하되 하나님이 전도할 문을 우리에게 열어 주사 그리스도의 비밀을 말하게 하시기를 구하라 내가 이 일 때문에 매임을 당하였노라"(골 4:3)

그런데 이 하나님의 비밀이 예수 그리스도를 통해 밝혀졌다.(엡 1:9) 예수님의 탄생과 사역, 십자가 죽음과 부활을 통해 하나님의 구원 계획이 명백히 드러났다. 그래서 예수님 자신이 곧 하나님의 비밀이다.(골 1:26-27, 2:2) 이 비밀은 만민 구원, 마지막 심판, 영원한 생명과 영원한 죽음, 부활의 몸과 영원한 하나님 나라가 분명히 있다는 것이다. '옛적'에는 이 비밀이 밝히 드러날 수 없었지만, '말세'에는 예수 그리스도를 통해 완전히 밝혀지게 되었다. 이것이 골로새서 4:3이 말하는 그리스도의 비밀이다.(골 4:3)

"나의 복음과 예수 그리스도를 전파함은 영세 전부터 감추어졌다가 이제는 나타내신 바 되었으며 영원하신 하나님의 명을 따라 선지자들의 글로 말미암아 모든 민족이 믿어 순종하게 하시려고 알게 하신 바 그 신비의 계시를 따라 된 것이니"(롬 16:25-26)

"이제 그의 거룩한 사도들과 선지자들에게 성령으로 나타내신 것 같이 다른 세대에서는 사람의 아들들에게 알리지 아니하셨으니"(엡 3:5)

하나님의 구원 계획은 그분의 비밀 속에 감추어진 지혜로 창조 전에 이미 정해진 것이다. 로고스이신 예수 그리스도가 바로 그 지혜다. 그러나 세상은 이 지혜를 알지 못했다. 인간의 지혜로는 알 수 없는 것인데 하나님이 알려주시지 않았기 때문이다.(엡 3:5) 만약 알았더라면 예수 그리스도를 십자가에 못 박지 않았을 것이다.(고전 2:7-9) 옛적에는 아무도 이 비밀을 알수 없었다.

하나님의 구원 계획은 이스라엘의 선택으로 시작되었으나 그 본래 목적은 모든 이방인까지 포함하는 것이었다.(롬 11:1-24) 이 비밀이 예수 그리스도를 통해 밝혀진 것인데 바울은 이를 '신비의 계시'라고 말한다.(롬 16:26) 구약에서 시작된 하나님의 구원 계획이 예수 그리스도를 통해 완전히 드러난 것을 그렇게 표현한 것이다.

"아들을 낳으리니 이름을 예수라 하라 이는 그가 자기 백성을 그들의 죄에서 구원할 자이심이라 하니라"(마 1:21)

"보라 처녀가 잉태하여 아들을 낳을 것이요 그의 이름은 임마누엘이라 하리라 하셨으니 이를 번역한즉 하나님이 우리와 함께 계시다 함이라"(마 1:23)

"예수께서 세례를 받으시고 곧 물에서 올라오실 새 하늘이 열리고 하나님의 성령이 비둘기 같이 내려 자기 위에 임하심을 보시더니 하늘로부터 소리가 있어 말씀하시되 이는 내 사랑하는 아들이요 내 기뻐하는 자라 하시니라"(마 3:16-17)

"그러므로 만물이 그를 위하고 또한 그로 말미암은 이가 많은 아들들을 이끌어 영광에 들어가게 하시는 일에 그들의 구원의 창시자를 고난을 통하여 온전하게 하심이 합당하도다"(히 2:10)

구원은 전적으로 하나님의 주권적 계획에 달려 있다. 그래서 오직 성부 하나님만 마지막 날이 언제인지 아신다. 마지막 날은 성도들이 부활의 몸을 입는 날이다.(요 6:39-40, 44, 54, 요 11:24, 12:48) 그런데 이 마지막 날을 성자도 모르시고 성령도 모르신다. 예수께서도 '그 날과 그 때는 아무도 모르나니 하늘의 천사들도, 아들도 모르고 오직 아버지만 아시느니라'고 말씀하신다.(마 24:36) 마지막 날은 철저하게 하나님의 주권 아래 있다.

그러나 예수께서 이 세상에 오시지 않았다면 인간의 구원은 불가능하다. 하나님의 계획이 아무리 완벽해도 예수 그리스도 없이 그 계획이 이루어질 수 없다.(마 1:21, 23, 3:16-17) 나사렛 예수의 십자가 사건, 즉 그리스도의 대속의 죽음이 구원에 반드시 필요한 것이다. 그래서 히브리서 2:10은 예수님을 '구원의 창시자'라고 한다.

예수님의 역할은 첫째, 메시아 대망의 성취이다. 하나님께서 예언자들을 통해 약속하시고 이스라엘이 오랫동안 기다리던 구세주가 드디어 오신 것이다. 이는 예수께서 사람을 죄에서 구원하시고 영원한 생명을 주신다는 뜻이다. 영생은 오직 예수 그리스도에 대한 믿음으로 얻을 수 있다.

둘째, 십자가 사건이다. 예수의 죽음은 인류의 죄를 대속하는 죽음이다. 이를 통해 사람은 죄 사함을 받고 영원한 생명을 얻게 되었다. 십자가 사건은 하나님의 구원 계획의 핵심이며 믿는 자들의 유일한 자랑이다.(고전 2:1-5)

셋째, 부활이다. 예수의 부활은 부활의 몸이 있음을 증명하며 인류의 부활도 가능함을 확증한다. 그리고 구원의 목적이 부활과 영생이라는 사실을 보여준다. 성도는 부활의 몸으로 영원히 산다.

마지막으로, 재림과 심판이다. 예수님의 사역은 부활과 승천으로 끝난 것이 아니다. 만왕의 왕으로 재림하셔서 산 자와 죽은 자를 심판하시는 일이 남아 있다. 예수께서 구원 받을 자와 아닌 자를 구별하셔서 영원한 생명 또는 영원한 형벌을 주신다. 마지막 날 모든 민족이 예수 그리스도의 재림을 경외의 눈으로 바라보게 될 것이다. 이처럼 예수께서 구원에 있어 필수적인 역할을 하신다. 예수 그리스도를 말미암지 않고서는 하나님께 나아갈 자가 없다.(요 14:6, 행 4:12, 엡 2:8-10)

진리의 영과 구원

"내가 아버지께로부터 너희에게 보낼 보혜사 곧 아버지께로부터 나오시는 진리의 성령이 오실 때에 그가 나를 증언하실 것이요"(요 15:26)
"이제 그의 거룩한 사도들과 선지자들에게 성령으로 나타내신 것 같이"(엡 3:5)

한편, 성령 역시 구원에 있어 필수적인 역할을 하신다. 그렇지 않다면 하나님께서 영으로 이 세상에 임하실 이유가 없었을 것이다. 성령의 첫 번째 역할은 곧 예수에 대한 증언이다. 진리의 성령은 세상에 오셔서 예수 그리스도를 증언하시고(요 15:26), 그 신비를 사도와 선지자들에게 계시하신다.(엡 3:5) 따라서 성령의 도우심이 있어야만 예수를 하나님의 아들이자 구세주로 믿을 수 있다. 사람의 지혜로는 도저히 믿을 수 없는 것을 성령께서 가능케 하시는 것이다.

"그러므로 내가 너희에게 알리노니 하나님의 영으로 말하는 자는 누구든지 예수를 저주할 자라 하지 아니하고 또 성령으로 아니하고는 누구든지 예수를 주시라 할 수 없느니라"(고전 12:3)
"우리 구주 예수 그리스도로 말미암아 우리에게 그 성령을 풍성히 부어 주사 우리로 그의 은혜를 힘입어 의롭다 하심을 얻어 영생의 소망을 따라 상속자가 되게 하려 하심이라"(딛 3:6-7)
"하나님도 표적들과 기사들과 여러 가지 능력과 및 자기의 뜻을 따라 성령이 나누어 주신 것으로써 그들과 함께 증언하셨느니라"(히 2:4)

고린도전서 12:3에 '성령이 아니고서는 예수를 주시라 할 수 없느니라'는 말씀이 있다. 성령이 아니고서는 나사렛 예수가 하나님의 아들이며 세상의 구원자이심을 믿을 수 없다. 하나님이 예수 그리스도를 통해 풍성히 부어주신 성령으로 인해 믿는 자들은 영생의 소망을 상속하게 되었다.(딛 3:6-7) 하나님은 예수께서 전하신 구원의 소식을 성령의 선물을 통해 증언하신다.(히 2:4)

> "이는 물과 피로 임하신 이시니 곧 예수 그리스도시라 물로만 아니요 물과 피로 임하셨고 증언하는 이는 성령이시니 성령은 진리니라 증언하는 이가 셋이니 성령과 물과 피라 또한 이 셋은 합하여 하나이니라"(요일 5:6-8)

예수님이 그리스도이며 하나님의 아들이시라는 사실을 증언하는 세 증인이 있다. 성령과 세례와 성만찬이다. 요한일서 5:6-8에 '예수께서 물과 피로 임하셨고 성령께서 이를 증언하신다'라는 말씀이 있다. 여기서 물은 세례를, 피는 성만찬을 의미한다. 성령께서 세례와 성만찬을 통해 나사렛 예수가 곧 하나님의 아들이시며 구세주이심을 증언하신다. 세례를 받고 성령으로 거듭난 후 성만찬에 참석하는 자는 이 사실을 믿는다. 성령께서 그 안에 거하시기 때문이다. 성령으로 충만한 사람은 예수님이 그리스도이자 하나님의 아들이심을 믿는다.

> "보혜사 곧 아버지께서 내 이름으로 보내실 성령 그가 너희에게 모든 것을 가르치고 내가 너희에게 말한 모든 것을 생각나게 하리라"(요 14:26)

성령의 두 번째 역할은 성도들이 하나님의 진리를 깨닫고 실천하게 하시는 것이다. 성령의 도우심이 있어야 온전한 진리를 알 수 있고 또 실천할수 있다. 요한복음 14:26에 '성령께서 모든 것을 가르치시고 모든 것을 생각나게 하실 것'이라는 말씀이 있다. 이 말씀은 믿음을 이해하는 일에 필수적이다. 성령이 오셔야 예수님이 전하신 하나님의 말씀을 온전히 깨달을수 있다. 성령의 도우심이 없다면 예수님의 제자들조차 온전히 깨달을 수없다. 예수님을 직접 만나지 못한 세대는 말할 것도 없다. 오직 성령을 통해서만 하나님의 말씀을 바로 깨닫고 실천할 수 있다.

"그는 진리의 영이라 세상은 능히 그를 받지 못하나니 이는 그를 보지도 못하고 알지도 못함이라 그러나 너희는 그를 아나니 그는 너희와 함께 거하심이요 또 너희 속에 계시겠음이라"(요 14:7)
"내가 아버지께로부터 너희에게 보낼 보혜사 곧 아버지께로부터 나오시는 진리의 성령이 오실 때에 그가 나를 증언하실 것이요"(요 15:26)
"그러나 진리의 성령이 오시면 그가 너희를 모든 진리 가운데로 인도하시리니 그가 스스로 말하지 않고 오직 들은 것을 말하며 장래 일을 너희에게 알리시리라"(요 16:13)

예수께서 성령을 진리의 영으로 소개하신다.(요 14:7, 15:26, 16:13) 보혜사이신 성령은 성도를 모든 진리로 인도하신다. 그러므로 성령 충만은 곧 진리로 충만함을 의미한다. 성령 충만한 사람은 하나님과 그리스도의 모든진리를 믿고 그 뜻에 순종하는 사람이다.

성경에 계시된 모든 진리를 크게 네 가지로 요약할 수 있다. 첫째, 삼위일체론으로 하나님의 존재와 본질, 그리고 구원의 능력을 밝힌다. 둘째, 창조론으로 하나님이 만물과 인간을 창조하셨음을 선포한다. 셋째, 구원론으로 그리스도의 희생을 통해 죄를 사하시고 영원한 생명을 주신다는 말씀이다. 여기에 인간론과 교회론이 포함된다. 넷째, 종말론으로 하나님께서 역사와 인류를 심판하신다는 가르침이다. 이 네 가지 진리는 모두 하나님의 지혜로 인한 것으로 이를 신학적으로 '계시'라고 한다.

성령으로 충만하다는 것은 성경의 모든 진리, 요약해서 삼위일체론, 창조론, 구원론, 종말론의 진리로 충만한 것이다. 이런 진리를 확신하고 그 진리를 따라 산다는 말이다. 성령으로 충만한 사람은 이 네 가지 진리로 충만해서 하나님의 사랑과 정의, 은혜와 진리를 따라 산다. 진리를 확신하고 진리를 실천하는 거룩한 삶을 사는 것이다. 그러면서 예수님의 성품을 닮아 간다.

> "육신의 생각은 사망이요 영의 생각은 생명과 평안이니라 육신의 생각은 하나님과 원수가 되나니 이는 하나님의 법에 굴복하지 아니할 뿐 아니라 할 수도 없음이라"(롬 8:6-7)
> "만일 너희 속에 하나님의 영이 거하시면 너희가 육신에 있지 아니하고 영에 있나니"(롬 8:9)

성령의 도우심은 진리의 실천에서도 필요하다. 진리를 깨달았다고 해서 곧바로 실천할 수 있는 것은 아니다. '기도하라, 말을 조심하라, 대접받고자 하는 대로 대접하라' 같은 계명은 인간의 힘으로 어느 정도 가능하다. 그러나 '원수를 사랑하라(마 5:44), 일곱 번씩 일흔 번까지 용서하라(마

18:22), 박해하는 자를 축복하라(롬 12:14), 원수가 주리거든 먹이라'(롬 12:20) 같은 말씀은 실천하기 어렵다. 이기적이고 왜곡된 인간의 본성 때문이다.

이런 계명의 실천은 성령의 도우심이 있어야만 가능하다. 로마서 8장에서 바울은 육신의 생각은 사망이지만 영의 생각은 생명과 평안이라고 한다.(롬 8:6) 성령이 거하시는 사람만이 육신의 생각이 아니라 영의 생각을 따른다.(롬 8:9) 성령께서 진리의 실천을 도와주시는 모습이다.

> "그리하여 온 유대와 갈릴리와 사마리아 교회가 평안하여 든든히 서 가고 주를 경외함과 성령의 위로로 진행하여 수가 더 많아지니라"(행 9:31)
> "베드로가 그 환상에 대하여 생각할 때에 성령께서 그에게 말씀하시되 두 사람이 너를 찾으니 일어나 내려가 의심하지 말고 함께 가라 내가 그들을 보내었느니라 하시니"(행 10:19-20)
> "성령이 아시아에서 말씀을 전하지 못하게 하시거늘 그들이 브루기아와 갈라디아 땅으로 다녀가"(행 16:6)
> "귀 있는 자는 성령이 교회들에게 하시는 말씀을 들을지어다"(계 2:7)

성령의 세 번째 역할은 구원의 방주인 교회를 세우시고 돕는 것이다. 예수님의 제자들이 교회의 기초가 된 것은 분명하지만, 교회의 시작은 성령 강림 이후가 분명하다. 그래서 최초의 교회를 가버나움 교회가 아니라 예루살렘 교회라고 하는 것이다. 예수께서 제자들과 함께 다니시던 가버나움 공동체는 아직 교회가 아니었으나, 오순절 성령 강림 이후의 예루살렘 공동체는 분명히 교회였다. 예수께서 놓으신 기초 위에 성령께서 교회를 세우신 것이다. 오순절에 강림하신 성령께서 교회를 세우시고 또 도우신다.

예수 그리스도의 재림 때까지 그렇게 하실 것이다.

성령께서 베드로를 고넬료의 집으로 보내 복음을 전하게 하셨다.(행 10:19-23, 11:12) 그로 인해 이방인 선교가 시작되었다. 또 성령께서 바울로 하여금 아시아를 떠나 마케도니아로 가게 하셨다. 그래서 유럽 선교가 시작되었다.(행 16:6-10) 성령께서 세상에 교회를 세우신 것이다. 그러므로 교회는 성령이 교회들에게 하시는 말씀에 귀를 기울여야 한다.(계 2:7, 11, 17, 29, 3:6, 13, 22)

에베소서 4:30에 '하나님의 성령을 근심하게 하지 말라 그 안에서 너희가 구원의 날까지 인 치심을 받았느니라'는 말씀이 있다. 여기서 구원의 날은 재림의 날을 의미한다. 성령께서 마지막 날까지 성도의 구원을 도우신다는 뜻이다.(엡 1:13-14, 4:7-12, 살후 2:13, 히 2:4, 10:15-16, 벧전 1:11-12, 요일 2:27, 3:24, 4:13, 5:6-8)

"우리가 지금은 거울로 보는 것 같이 희미하나 그때에는 얼굴과 얼굴을 대하여 볼 것이요 지금은 내가 부분적으로 아나 그때에는 주께서 나를 아신 것 같이 내가 온전히 알리라"(고전 13:12)

고린도전서 13:12에 두 가지 대비가 있다. 지금은 하나님을 희미하게 보고 부분적으로 알지만, 그때에는 얼굴을 마주하듯 하나님을 분명히 보고 온전히 알게 된다는 것이다. 문맥상으로는 예언이나 방언, 지식만 가진 자는 하나님을 청동 거울로 보는 것처럼 희미하게 알지만, 사랑을 가진 자는 하나님을 직접 보는 것처럼 확실하게 안다는 뜻이다. 그런데 이 말씀은 종말론적 가르침이기도 하다. '지금은'이라는 표현과 '그때에는'이라는 표현 때문이다. 즉 지금은 하나님을 부분적으로 알지만 마지막 날에는 온전히 알게 될 것이라는 말씀이다.

"지혜로도 못하고, 명철로도 못하고 모략으로도 여호와를 당하지 못하느니라"(잠 21:30)

"자기의 마음을 믿는 자는 미련한 자요 지혜롭게 행하는 자는 구원을 얻을 자니라"(잠 28:26)

"우리 주 예수 그리스도의 하나님, 영광의 아버지께서 지혜와 계시의 영을 너희에게 주사 하나님을 알게 하시고"(엡 1:17)

그렇지만 믿는 자는 이 세상에서 하나님을 '충분히' 알 수 있다. 지혜와 계시의 영이신 성령께서 하나님을 알게 하시기 때문이다.(엡 1:17) 성령께서 하나님을 알 수 있는 지혜를 주시므로 성령의 지혜로 사는 사람에게 복이 있다. 사람의 지혜는 하나님을 대항하지 못한다. 사람의 어떤 지혜나 명철이나 계략도 하나님을 당할 수 없다.(잠 21:30) 하나님을 거스르는 자는 결국 망하고 하나님의 지혜로 사는 자는 구원을 얻는다.(잠 28:26) 그런데 성령께서 이 구원의 지혜를 주신다. 성령께서 삶의 지혜와 함께 구원의 지혜를 주시는 것이다.

"오직 위로부터 난 지혜는 첫째 성결하고 다음에 화평하고 관용하고 양순하며 긍휼과 선한 열매가 가득하고 편견과 거짓이 없나니 화평하게 하는 자들은 화평으로 심어 의의 열매를 거두느니라"(약 3:17-18)

성령이 주시는 지혜는 순결하고 평화롭고 친절하며 온유하다. 자비와 선한 열매가 풍성하며 편견과 위선이 없다.(약 3:17) 야고보서는 이를 '의의 열매'라고 표현한다.(약 3:18) 성령의 지혜가 사람으로 하여금 의롭고 모범적인 삶을 살게 한다는 뜻이다. 이 지혜는 선한 열매를 맺게 하고 공동체 안에 화목을 가져온다.(약 3:13-18) 그래서 사람은 성령의 지혜를 따라 살아야 한다.

"유대인들이 놀랍게 여겨 이르되 이 사람은 배우지 아니하였거늘 어떻게 글을 아느냐 하니 예수께서 대답하여 이르시되 내 교훈은 내 것이 아니요 나를 보내신 이의 것이니라"(요 7:15-16)

"그들이 베드로와 요한이 담대하게 말함을 보고 그들을 본래 학문 없는 범인으로 알았다가 이상히 여기며 또 전에 예수와 함께 있던 줄도 알고"(행 4:13)

예수님은 배우지 않았음에도 지혜로우셨다.(요 7:15) 그 지혜는 하나님께서 주신 성령의 지혜였다. 베드로와 요한도 마찬가지다. 그들은 학문이 없는 평범한 사람들이었지만 유대 지도자들 앞에서 담대하고 지혜롭게 복음을 전했다.(행 4:13) 사람들을 놀라게 한 그 능력이 바로 성령께서 주신 지혜였다. 이처럼 참된 지혜는 사람의 지혜가 아니라 성령께서 주시는 지혜다. 그 지혜가 사람을 복된 삶으로 이끌고 구원의 길로 인도한다.

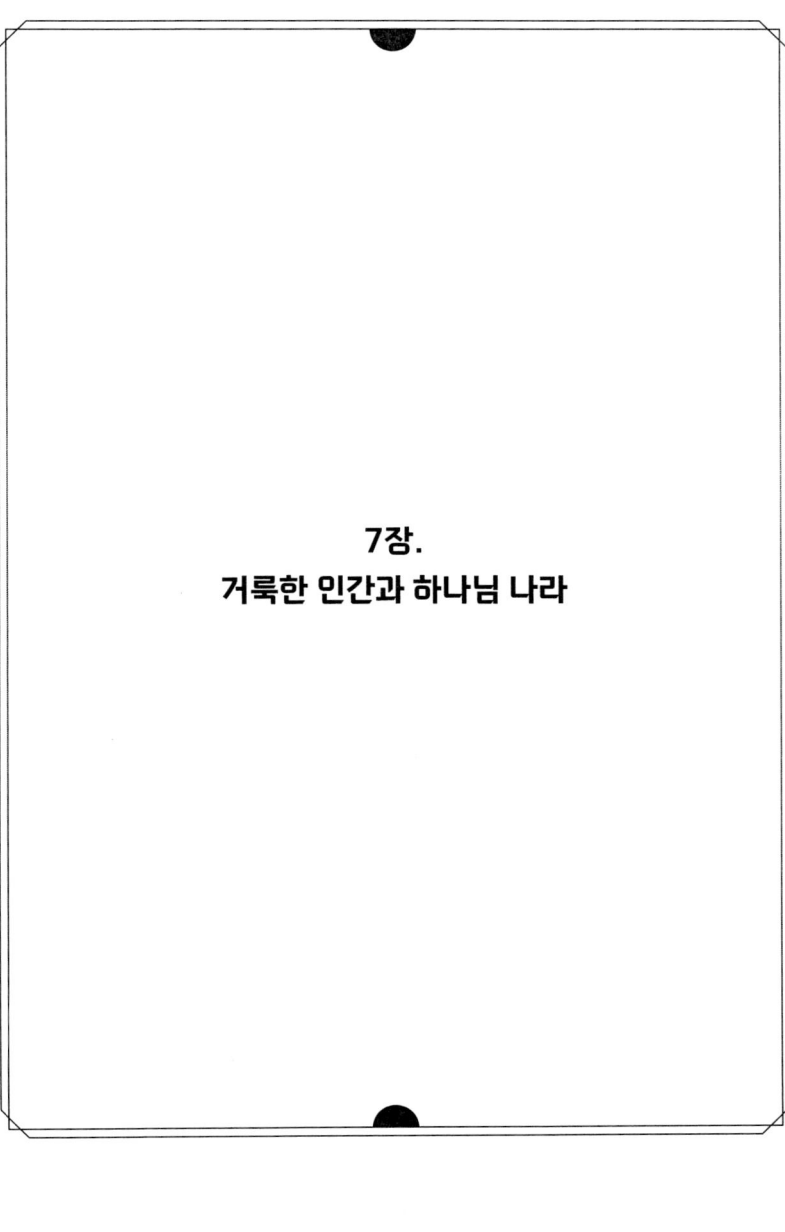

7장.
거룩한 인간과 하나님 나라

하나님을 닮은 사람

거룩한 사람

"나는 여호와 너희의 하나님이라 내가 거룩하니 너희도 몸을 구별하여 거룩하게 하고"(레 11:44)

"나는 너희의 하나님이 되려고 너희를 애굽 땅에서 인도하여 낸 여호와라 내가 거룩하니 너희도 거룩할지어다"(레 11:45)

"모든 사람과 더불어 화평함과 거룩함을 따르라 이것이 없이는 아무도 주를 보지 못하리라"(히 12:14)

"오직 너희를 부르신 거룩한 이처럼 너희도 모든 행실에 거룩한 자가 되라 기록되었으되 내가 거룩하니 너희도 거룩할지어다 하셨느니라"(벧전 1:15-16)

성경에 하나님의 명령이 많이 있다. '무엇을 하라, 무엇을 하지 말라'는 말씀들이 구약과 신약에 두루 나타난다. 권면까지 명령으로 본다면 그 수는 훨씬 더 많아진다. 그중에서 교회가 지상(至上)명령으로 여기는 말씀이 있다. '너희는 가서 모든 민족을 제자로 삼아 아버지와 아들과 성령의 이름으로 세례를 베풀고 내가 너희에게 분부한 모든 것을 가르쳐 지키게 하라'는 말씀이다.(마 28:19-20)

그런데 이보다 더 중요한 명령이 있다. 그것은 '너희는 거룩하라'는 말씀이다.(레 11:44, 45, 19:2, 20:7, 26, 벧전 1:15-16) 거룩하신 하나님을 닮으라는 이 명령이 세상에 복음을 전하라는 말씀보다 더 앞선다. 왜냐하면 거룩해야 복음을 제대로 전할 수 있기 때문이다. 거룩하지 못한 사람이 전하는 복음은 반드시 왜곡되는데 주님보다 자신을 앞세우기 때문이다. 거룩하지 않으면 복음을 제대로 전할 수 없다. 그렇지만 정말 중요한 이유는 거룩해야 영원한 생명을 얻을 수 있기 때문이다. 거룩하지 않으면 주님을 만날 수 없다.(히 12:14)

하나님은 인간이 거룩하기를 원하신다. 그러므로 거룩한 인간은 사람의 선택이 아니라 창조주 하나님의 엄격한 명령이다. 사람은 반드시 거룩해야 하며 또 거룩해질 수 있다. 인간이 거룩하신 하나님의 형상을 따라 지음 받았기 때문이다.

그런데 무엇이 거룩한 것인지 거룩의 의미를 알기 어렵다. 성경에 거룩에 대한 정의가 없기 때문이다. 거룩은 성경에 모두 881번 언급되어 있다.(구약에 648번, 신약에 233번) 그러나 그 뜻을 규정하거나 구체적으로 설명하는 구절이 없다. 거룩의 의미를 정의하는 말씀이 없는 것이다. 이는 우연히 그렇게 된 것이 아니라, 거룩이 하나님의 본성에 대한 개념이기 때문일 것이다. 인간의 언어로 설명하고 정의하기에는 너무나 깊고 큰 개념인 까닭이다.

11세기의 안셀무스(Anselmus, 1033-1109)는 스콜라 철학의 창시자요 켄

터베리 대주교였다. 그는 자신의 책『모놀로기온』(1077)에서 하나님을 '최고 본질, 최고 생명, 최고 이성, 최고 행복, 최고 정의, 최고 지혜, 최고 진리, 최고 선성, 최고 위대성, 최고 미, 최고 불사성, 최고 불변성, 최고 복락, 최고 영원성, 최고 권능, 최고 일자성(一者性)'이라고 설명했다.(『신』, 김용규, Ivp, 2018, 15쪽) 이는 삼위일체 하나님의 거룩하심을 철학적으로 풀어낸 것이다. 그러나 다소 복잡하고 이해하기 어려운 것이 사실이다. 보다 쉬운 방법은 성경에서 하나님의 거룩하신 속성을 찾는 것이다.

"진리의 하나님 여호와여"(시 31:5)

"여호와는 정의의 하나님이시라"(사 30:18)

"하나님은 사랑이심이라"(요일 4:8)

"모든 은혜의 하나님 곧 그리스도 안에서 너희를 부르사 자기의 영원한 영광에 들어가게 하신 이가"(벧전 5:10)

성경은 삼위일체 하나님이 사랑의 하나님(요일 4:8), 정의의 하나님(사 30:18), 은혜의 하나님(벧전 5:10), 진리의 하나님이심을 보여준다.(시편 31:5) 이 네 가지가 하나님의 대표적 속성이다. 하나님은 사랑이 충만하시고 정의로우시며, 은혜가 풍성하시고 진리의 근원이시다. 특히 구약은 하나님의 사랑과 정의를, 신약은 하나님의 은혜와 진리를 두드러지게 보여준다고 할 수 있다. 그래서 사랑과 정의라는 토양 위에 은혜와 진리가 꽃 피운다고 할 수 있다.

이것이 곧 하나님의 거룩하신 모습인데 이 말의 역순도 가능하다. 하나님이 사랑과 정의, 은혜와 진리의 근원이시기 때문에 거룩하신 것이다. '거룩하신 하나님은 공의로우시므로 거룩하다 일컬음을 받으시리니'라는 말씀이 이를 뒷받침한다.(사 5:16) 요약하면 하나님은 사랑과 정의, 은혜와 진리의 하나님이시다. 따라서 거룩한 사람은 하나님을 닮아 이 네 가지 속성으로 충만한 사람이다.

거룩한 사람은 첫째, 사랑의 사람이다. 그는 하나님을 전심으로 사랑하고 이웃을 내 몸처럼 사랑한다. 가족과 친구를 사랑할 뿐 아니라 미운 사람까지 사랑한다. 참으로 거룩한 사람은 원수를 위해 기도한다. 하나님의 사랑이 그렇기 때문이다. 스데반이 좋은 예다. 그는 유대인의 음모에 빠져 돌아 맞아 순교하면서 '주여 이 죄를 그들에게 돌리지 마옵소서'라고 큰 소리로 외쳤다.(행 7:60) 예수께서 십자가에서 자신을 못 박는 자들을 위해 기도하신 것처럼(눅 23:34), 스데반도 자신을 죽이는 자들을 위해 기도한 것이다. 스데반은 사랑의 사람이다.

둘째, 정의의 사람이다. 사랑이 풍성해도 정의가 부족하면 거룩한 사람이 될 수 없다. 거짓을 일삼고 약자를 억압하며 불의를 행하는 사람은 거룩할 수 없다. 손 없는 농구선수, 발 없는 축구선수를 상상할 수 없듯이 정의가 없는 거룩은 불가능하다. 거룩한 사람은 반드시 정의의 사람이어야 한다. 세례자 요한이 그런 사람이었다. 그는 세례를 받으러 온 이들에게 '옷 두 벌 있는 자는 옷 없는 자에게 나눠 줄 것이요 먹을 것이 있는 자도 그렇게 할 것이니라'고 말했다. 세리들에게는 '부과된 것 외에는 거두지 말라'고 했고, 군인들에게는 '강탈하지 말며 거짓으로 고발하지 말고 받는 급료를 족한 줄 알라'고 했다.(눅 3:11-14) 모두 정의를 강조하는 내용이다. 세례자 요한은 정의의 사람이다.

셋째, 은혜의 사람이다. 믿는 자는 하나님의 은혜로 구원을 얻는다. 죄인이 은혜로 영생을 얻으며 일상에서 하나님의 은혜를 경험한다. 참된 성도는 그 받은 은혜를 이웃과 세상에 베풀면서 사람들을 은혜의 길로 인도한다. 삭개오가 그랬다. 그는 예수께서 자신의 집에 묵겠다는 말씀을 듣고 크게 기뻐하면서, 소유의 절반을 가난한 자들에게 나누어 주고 속인 것이 있으면 네 배로 갚겠다고 약속했다. 예수님께 받은 은혜를 이웃과 나눈 것이다. 예수께서 그 말을 들으신 후 '오늘 구원이 이 집에 이르렀으니 이 사람도 아브라함의 자손임이로다'라고 선언하셨다.(눅 19:1-10) 삭개오는 은혜의 사람이다.

넷째, 진리의 사람이다. 예수께서 제자들을 위해 '그들을 진리로 거룩하게 하옵소서. 아버지의 말씀은 진리니이다'라고 기도하셨다.(요 17:17) 사람은 진리로 거룩해지므로 거룩한 사람은 당연히 진리의 사람이다. 진리의 말씀이 사람을 거룩하게 한다. 거룩한 사람은 진리를 알고 믿으며 진리를 실천하고 전한다. 사도 바울이 그런 사람이었다. 그는 진리를 전하다 감옥에 갇히고 수없이 매를 맞았다. 채찍과 몽둥이와 돌로 맞았고 배가 파선해 바다에서 표류했다. 강과 광야에서 위험을 겪었고 강도와 동족과 이방인의 위협 속에 살았다. 때로는 굶주리고 잠을 자지 못하고 추위와 헐벗음을 견뎌야 했다.(고후 11:23-27) 그러나 바울은 그 모든 고난 속에서도 진리를 확신하고 전했다. 바울은 진리의 사람이다.

거룩한 사람은 하나님의 사랑과 정의와 은혜와 진리로 충만한 사람이다. 사랑이 충만하고 정의로우며, 은혜가 풍성하고 진리를 확신한다. 이 네 가지가 거룩의 필수 조건이다. 이 중에서 하나라도 결핍이 있으면 거룩하다고 말할 수 없다. 하나님은 사랑과 정의, 은혜와 진리를 완전히 가지신 분이시다. 그래서 하나님은 거룩하시다. 믿는 자는 이 네 가지를 모두, 그리고 충분히 갖추어야 한다. 그래야 거룩한 사람이 될 수 있다. '너희는 거룩하라'는 말씀에 순종하는 하나님의 백성이 되는 것이다.

마음과 생각의 죄

"만물보다 거짓되고 심히 부패한 것은 마음이라 누가 능히 이를 알리요마는"
(렘 17:9)
"모든 지킬 만한 것 중에 더욱 네 마음을 지키라 생명의 근원이 이에서 남이니
라"(잠 4:23)
"나는 너희에게 이르노니 음욕을 품고 여자를 보는 자마다 마음에 이미 간음하
였느니라"(마 5:28)
"입에서 나오는 것들은 마음에서 나오나니 이것이야말로 사람을 더럽게 하느
니라 마음에서 나오는 것은 악한 생각과 살인과 간음과 음란과 도둑질과 거짓
증언과 비방이니 이런 것들이 사람을 더럽게 하는 것이요 씻지 않은 손으로 먹
는 것은 사람을 더럽게 하지 못하느니라"(마 15:18-20)

한편, 거룩한 사람이 되기 위해서는 반드시 마음과 생각의 죄를 극복해
야 한다. 사람이 내면의 죄를 다스리지 못하면 거룩해질 수 없다. 이는 성
경이 거듭 강조하는 내용이다.(렘 17:9, 잠 4:23, 마 5:28, 15:18-20) 예수님은
'사람의 마음에서 모든 악한 것이 나와서 사람을 더럽게 한다'고 말씀하신
다.(막 7:21-23) 그리고 '음욕을 품고 여자를 보는 자마다 마음에 이미 간음
한 것이다'라고 말씀하신다.(마 5:28) 이는 마음의 죄를 강조하신 것으로 마
음의 죄가 실제 죄와 다르지 않음을 밝히신 것이다.

조나단 에드워즈의 고백에서 이 사실이 잘 드러난다. 조나단 에드워즈
는 18세기 미국 제1차 '대부흥운동'의 주역으로, 종교개혁 신학(16세기)과
영국 청교도 신앙(17세기)의 정점을 이룬 인물이다. 그런 에드워즈가 이렇

게 고백한다. "내가 오랫동안 느꼈던 나의 사악함은, 말로는 완전하게 표현할 수 없습니다. 마치 내가 어마어마한 대홍수나 태산에 파묻힌 것처럼, 내 모든 생각과 상상이 완전히 죄 속에 파묻혀 있는 것 같았습니다. 내 죄는 무한에다 무한을 더한 것처럼, 또한 무한에다 무한을 곱한 양만큼 쌓여있는 것 같습니다. 내 죄를 살펴보면 죄가 얼마나 많이 쌓여있는지 지옥보다 한없이 더 깊은 무저갱 같습니다."(『조나단 에드워즈처럼 살 수는 없을까?』, 조나단 에드워즈, 백금산 역, 부흥과 개혁사, 2003, 150-151쪽)

그가 은밀하게 큰 죄를 지었기 때문에 이렇게 고백한 것이 아니다. 낮에는 '지킬 박사'였고 밤에는 '하이드 씨'였기 때문도 아니다. 그는 마음과 생각의 죄, 곧 깊은 내면의 죄를 이렇게 고백한 것이다. 실제로 에드워즈는 자신의 글에서 '내 모든 생각과 상상, 내 마음속'이라는 표현을 반복한다. 그는 몸으로 죄를 짓지는 않았지만 마음과 생각으로는 끊임없이 죄를 지었다. 죄를 짓고 싶지 않아도 계속 죄가 솟구쳐 오르는 경험을 했다. 그런 내적 현실이 그를 심히 괴롭혔던 것이다.

"하나님이여 내 속에 정한 마음을 창조하시고 내 안에 정직한 영을 새롭게 하소서"(시 51:10)
"만물보다 거짓되고 심히 부패한 것은 마음이라 누가 능히 이를 알리요마는"(렘 17:9)

예레미야 17:9에 '만물보다 거짓되고 심히 부패한 것은 마음이라 누가 능히 이를 알리요마는'이라는 말씀이 있다. 에드워즈는 이 말씀처럼 자기 안에 깊이 자리한 마음과 생각의 죄를 통렬히 고백한 것이다. 거룩한 사람이 되기 위해서는 마음과 생각의 죄를 극복해야 한다. 인간은 가장 거룩해야 할 순간에 음란한 생각이나 잔인한 생각이 떠오를 수 있다. 이는 자신의 의지와 상관없이 일어나는 일이다. 성도의 내면이 거룩하지 않으면 마귀에게 비웃음을 당한다.

믿는 자는 시편 51:10 말씀처럼 '하나님이여 내 속에 정한 마음을 창조하시고 내 안에 정직한 영을 새롭게 하소서'라고 기도해야 한다. 추하고 악한 생각, 세상적인 욕망, 음란하고 폭력적인 상상, 남을 해치고 싶은 생각을 사로잡아 주님께 복종시켜야 한다. 믿는 자는 날마다 '제 추하고 상한 마음 주님이 가져가시고 주님의 온전하고 정결한 마음을 주시옵소서. 저는 제 생각을 사로잡아 주님께 복종시키고 선한 싸움에서 승리하겠습니다. 성령님, 저를 도와주시옵소서. 주님이 주시는 거룩한 마음을 가지고 주님 기뻐하시는 거룩한 생각을 하며 살게 하소서'라고 기도해야 한다.

> "그 날에는 내가 아버지 안에, 너희가 내 안에, 내가 너희 안에 있는 것을 너희가 알리라"(요 14:20)
> "예수께서 대답하여 이르시되 사람이 나를 사랑하면 내 말을 지키리니 내 아버지께서 그를 사랑하실 것이요 우리가 그에게 가서 거처를 그와 함께 하리라"(요 14:23)
> "너희는 내가 일러준 말로 이미 깨끗하여졌으니 내 안에 거하라 나도 너희 안에 거하리라"(요 15:3-4)
> "내가 아버지의 이름을 그들에게 알게 하였고 또 알게 하리니 이는 나를 사랑하신 사랑이 그들 안에 있고 나도 그들 안에 있게 하려 함이니이다"(요 17:26)

믿는 자가 그렇게 마음과 생각의 죄를 회개해야 하는 이유는 자신 안에 예수께서 거하시기 때문이다.(요 14:20, 15:3-4, 17:26) 자신이 하나님과 예수님의 거처가 되기 때문이다.(요 14:23) 예수님의 말씀이 그렇다. 이는 말로 다할 수 없는 은혜의 약속이다. 하나님과 예수님이 믿는 자와 항상 함께하시며 그를 거룩히 여기신다는 뜻이기 때문이다. 하나님은 원죄로 물든 인간을 거처로 삼으실 만큼 인간을 사랑하신다. 믿는 자 안에서 그의 영생과 구원을 도우시는 것이다. 믿는 자는 죄 많은 자신이 거룩하신 하나님의 거처가 된다는 사실을 믿어야 한다. 그래서 자신의 마음과 생각과 의지와 감정을 하나님께 복종시켜야 한다. 내면의 죄를 피하고 내면의 죄를 회개해야 하는 것이다.

성령의 전

"너희는 너희가 하나님의 성전인 것과 하나님의 성령이 너희 안에 계시는 것을 알지 못하느냐"(고전 3:16)

"너희 몸은 너희가 하나님께로부터 받은바 너희 가운데 계신 성령의 전인 줄을 알지 못하느냐 너희는 너희 자신의 것이 아니라"(고전 6:19)

"하나님의 성전과 우상이 어찌 일치가 되리요. 우리는 살아계신 하나님의 성전 이라"(고후 6:16)

"너희도 성령 안에서 하나님이 거하실 처소가 되기 위하여 그리스도 예수 안에 서 함께 지어져 가느니라"(엡 2:22)

"우리 안에 거하시는 성령으로 말미암아 네게 부탁한 아름다운 것을 지키라" (딤후 1:14)

바울은 성도가 성령의 전임을 강조한다.(고전 3:16, 6:19, 고후 6:16, 엡 2:22, 딤후 1:14) 성도의 몸이 곧 하나님의 성전이라는 것이다. 그 말은 곧 믿는 자 안에 지성소가 있어서 하나님께서 그 곳에 거하신다는 뜻이다. 이는 당시 유대인들의 지성소 개념을 생각할 때 정말 놀라운 일이다. 지성소는 지극히 거룩한 곳이기 때문이다. 바울은 믿는 자가 그렇게 지극히 거룩하다고 말한 것이다.

성령의 내재하심은 단순히 하나님과의 친밀한 만남을 뜻하는 것이 아니다. 세례로 거듭난 사람 안에 실제로 성령이 거하신다는 신앙의 신비다. 인간의 지혜로는 이해할 수 없지만 그것이 하나님의 구원 계획이다. 이는 칭의, 성화, 영화로 이어지는 구원의 은혜가 성령으로 인해 가능하다는 뜻이기도 하다.

성령의 내재하심은 성도의 거룩함을 끝까지 지키기 위한 은혜다. 성령의 내재 없이 하나님의 구원 계획이 이루어질 수 없다. 성령께서 인간의 내면에서 도와주셔야 하나님의 진리를 믿고 실천할 수 있으며 거룩하게 살수 있다. 성령의 내재적 도움 없이 성도의 거룩함은 불가능하다. 그러므로 믿는 자는 자신이 성령의 전이라는 사실을 믿고 거룩하게 살아야 한다. 자아를 하나님의 뜻에 맡기고 성령의 음성에 신실하게 귀 기울여야 한다.

하나님께서 성령을 통해 주시는 은혜는 무수히 많지만 그중에서도 내재하심은 특별히 놀라운 은혜다. 성도는 성령의 내재를 통해 구원을 확신하며 하나님의 큰 사랑을 깨달을 수 있다.(엡 3:19) 그리고 하나님의 구원 계획을 믿을 수 있다. 내재하시는 성령께서 그에게 그런 확신과 깨우침과 믿음을 주시는 것이다. 그래서 '너희 몸을 거룩한 산 제물로 드리라. 이는 너희가 드릴 영적 예배니라'는 말씀을 실천할 수 있다.(롬 12:1) 삶이 곧 예배라는 말씀을 행할 수 있는 것이다. 자신이 성령의 전임을 믿는 사람은 예배의 일상화를 실천할 수 있다.

자신이 성령의 전임을 믿는 성도는 거룩하게 살 수밖에 없다. 당시 유대인들이 지성소를 지극히 거룩한 곳으로 여겼던 것처럼, 성령의 내재를 믿는 사람은 함부로 살 수 없다. 성령을 모신 영 안에 미움이나 탐욕을 채우는 것은 곧 하나님을 모독하는 일로 그 죄가 가벼울 리 없다.

"만일 이스라엘 온 회중이 여호와의 계명 중 하나라도 부지중에 범하여 허물이 있으나 스스로 깨닫지 못하다가"(레 4:13)
"그 달 칠일에도 모든 과실범과 모르고 범죄한 자를 위하여 역시 그렇게 하여

성전을 속죄할지니라"(겔 45:20)

그러나 믿는 자도 종종 자신이 성령의 전임을 잊고, 성령께서 싫어하시는 미움과 절망, 의심과 질투, 탐욕과 명예욕 등으로 영을 더럽힐 수 있다. 성령께서 근심하시는 것들이다. 그럼에도 불구하고 성도들이 태연한 이유는 대부분 악해서가 아니라 무지하기 때문이다. 자신이 얼마나 심각한 잘못을 저지르고 있는지 알지 못하기 때문이다. 그러나 무지도 죄다.(레 4:13, 22, 27, 5:2, 3, 15, 17, 18, 민 15:24-29, 35:11, 15, 겔 45:20) 알지 못했다고 해서 용서받는 것이 아니다.

성령의 내재하심을 믿는 성도는 절망하거나 근심하지 않고, 음욕과 탐욕, 시기와 질투에 휘둘리지 않는다. 지성소 안에 법궤 외에는 아무것도 없었던 것처럼, 성령의 전에 추하고 더러운 것을 둘 수는 없다. 그렇지만 많은 세례 교인들이 미워하고 절망하며, 근심하고 의심하며, 용서하지 못한다. 회개한 후에 또 같은 잘못을 반복한다. 거룩하신 성령을 모시고도 인간적인 추함을 채우고, 비우고, 다시 채우는 일을 되풀이하는 것이다. 이유는 단순하다. 자신이 성령의 전이라는 사실을 제대로 깨닫지 못하기 때문이다.

모든 성도는 자신이 성령의 전임을 믿고 자신 안에 성령께서 거하고 계심을 확신해야 한다. 그래서 미움과 절망, 근심과 욕심 등 추한 것을 버리고 성령께서 주시는 믿음과 소망과 사랑으로 채워야 한다.(고전 13:13) 성령의 열매인 '사랑, 희락, 화평, 오래 참음, 자비, 양선, 충성, 온유, 절제'로 채워야 한다.(갈 5:22-23) 이를 위해 먼저 마음과 생각의 죄를 회개해야 한다. 그래야 자신의 내면을 믿음과 소망과 사랑과 성령의 열매로 채울 수 있다.

그럴 때 비로소 거룩한 사람이 되어 하나님의 영광을 드러내는 세상의 빛이 될 수 있다.

> "누구든지 하나님의 성전을 더럽히면 하나님이 그 사람을 멸하시리라 하나님의 성전은 거룩하니 너희도 그러하니라"(고전 3:17)

자신이 '하나님의 성전'임을 아는 사람은 거룩하게 산다. 하나님의 성전을 더럽히면 벌을 받기 때문이다.(고전 3:17) 나쁘고 추한 마음과 생각으로 자기 안에 계신 하나님을 모독할 수 없기 때문이다. 물론 사람이 내면의 죄로부터 완벽하게 깨끗할 수는 없다. 마음과 생각으로 죄짓지 않고 살 수는 없다. 아담으로부터 물려받은 죄의 본성, 곧 죄의 법이 있기 때문이다.(롬 7:14-25) 그러나 죄를 지을 때마다 회개할 수는 있다. 하나님은 회개하는 자를 용서해주신다. 그렇게 마음과 생각의 죄를 회개하면서 거룩한 사람이 된다.

영원을 소망

"그러나 이제는 너희가 죄로부터 해방되고 하나님께 종이 되어 거룩함에 이르는 열매를 맺었으니 그 마지막은 영생이라"(롬 6:22)

거룩한 사람은 영원을 소망한다. 세상은 시간을 과거, 현재, 미래로 구분하지만, 성경은 여기에 '영원'을 더한다. 그래서 기독교인의 시간 구분은 과거, 현재, 미래, 그리고 영원이다. 그중에서 가장 중요한 것이 영원이다. 영원히 죽고 사는 문제가 걸려 있기 때문이다. 성경이 말하는 영원은 단순히 시간을 무한히 늘린 것이 아니라 하나님의 시간이 있음을 뜻한다.

세상은 오늘을 열심히 살아서 미래를 준비하라고 한다. 성경은 오늘을 거룩하게 살아서 영원을 준비하라고 한다. 준비하는 대상이 다르다. 세상은 미래를 바라보지만 교회는 영원을 바라본다. 그래서 오늘을 사는 태도가 다르다. 미래를 준비하는 사람은 새벽에 걷지만, 영원을 준비하는 사람은 새벽에 기도한다. 사람이 건강을 위해 운동하는 것은 미래를 준비하는 일이다. 그런데 아무리 열심히 운동해도 백 년 남짓 살 뿐 영원히 살 수는 없다. 그러나 거룩한 사람은 영원히 살 수 있다. 그래서 육체의 훈련보다 경건 훈련이 더 중요하다. 오늘을 거룩하게 살아야 영원히 살 수 있고, 영원을 소망해야 오늘을 거룩하게 살 수 있다. 이렇게 현재와 영원은 연결되어 있다.

"우리 주 예수 그리스도의 아버지 하나님을 찬송하리로다 그의 많으신 긍휼대로 예수 그리스도를 죽은 자 가운데서 부활하게 하심으로 말미암아 우리를 거듭나게 하사 산 소망이 있게 하시며 썩지 않고 더럽지 않고 쇠하지 아니하는 유업을 잇게 하시나니 곧 너희를 위하여 하늘에 간직하신 것이라"(벧전 1:3-4)

"그러므로 너희 마음의 허리를 동이고 근신하여 예수 그리스도께서 나타나실 때에 너희에게 가져다주실 은혜를 온전히 바랄지어다"(벧전 1:13)

"또 증거는 이것이니 하나님이 우리에게 영생을 주신 것과 이 생명이 그의 아들 안에 있는 그것이니라"(요일 5:11)

하나님은 믿는 자들에게 영원한 생명을 약속하신다.(요일 5:11-12) 이것이 성경의 핵심이다. 그러므로 거룩한 사람은 영생을 소망하며 살아야 한다. 하늘에 간직되어 있는 유업과 마지막 날 예수께서 주실 은혜를 바라보며 살아야 한다.(벧전 1:3-4, 13)

요한계시록도 이 사실을 강조한다. 박해와 환란 가운데 끝까지 인내하며(계 14:12), 새 예루살렘을 소망하라고 한다.(계 21:1-3) 세상의 유혹 속에서도 믿음을 지키며 하나님 나라에서 영원히 살 것을 바라보라고 한다.(계 21:22-27) 그곳은 죽음과 슬픔, 울음과 아픔이 없는 곳이다.(계 21:4) 믿는 자는 이 약속을 믿고 오늘을 거룩하게 살아야 한다.

"그러므로 너희가 그리스도와 함께 다시 살리심을 받았으면 위의 것을 찾으라 거기는 그리스도께서 하나님 우편에 앉아 계시느니라 위의 것을 생각하고 땅의 것을 생각하지 말라"(골 3:1-2)

골로새서 3:1-2는 세례를 받아 새사람이 되었으면 반드시 위의 것을 찾으라고 명령한다. 여기서 '위의 것'은 예수님이 원하시고 기뻐하시는 것으로 곧 영원한 생명이다. 바울은 성도들에게 영원한 것을 소망하며 살라고 명령한 것이다.

하나님은 영원을 준비하는 사람을 기뻐하신다. 하나님의 뜻이 인간의 영원한 생명에 있기 때문이다. 요한복음 3:16의 '하나님이 세상을 이처럼 사랑하사 독생자를 주셨으니 이는 그를 믿는 자마다 멸망하지 않고 영생을 얻게 하려 하심이라'는 말씀이 성경 전체를 요약한다. 그래서 하나님은 한 시간 운동하는 사람이 아니라 한 시간 기도하는 사람을 기뻐하신다. 거룩한 사람은 일상 속에서 영원을 바라보며 산다.

자기 십자가

"아버지나 어머니를 나보다 더 사랑하는 자는 내게 합당하지 아니하고 아들이나 딸을 나보다 더 사랑하는 자도 내게 합당하지 아니하며 또 자기 십자가를 지고 나를 따르지 않는 자도 내게 합당하지 아니하니라"(마 10:37-38)

"이에 예수께서 제자들에게 이르시되 누구든지 나를 따라오려거든 자기를 부인하고 자기 십자가를 지고 나를 따를 것이니라"(마 16:24)

마태복음 10:37-38에 제자의 자격에 대한 말씀이 있다. 첫째 조건은 주님을 가장 사랑해야 한다는 것이다. 예수님의 제자는 가족보다 예수님을 더 사랑해야 한다. 부모와 자식 사랑도 중요하지만 주님 사랑이 그 위에 있어야 한다. 예수께서 유한한 가족 사랑을 영원한 사랑으로 변화시키시기 때문이다.

사람이 아무리 가족을 사랑해도 그 사랑은 이 세상에 한정되고 죽으면 끝이 난다. 그러나 예수님은 그 유한한 가족 사랑을 영원한 사랑으로 바꾸어 주신다. 예수 믿는 가족의 죽음은 끝이 아니라 천국에서의 다시 만남이다. 마지막 날 부활의 몸으로 영원히 함께 산다. 가족 사랑이 영원하기를 소망하는 사람은 부모나 배우자, 자식보다 예수님을 더 사랑해야 한다. 이것이 성경의 가르침이다. 물론 이 말이 천국에서 가정을 다시 이룬다는 뜻은 아니다.

예수님의 제자가 되기 위한 두 번째 자격은 자기 십자가를 지는 것이다. 여기서 자기 십자가는 자신의 사명을 감당한다는 의미다. 예수님 사역의 정점이 십자가였다. 이렇게 자기 십자가를 질 때 자기를 부인하는 일이 필요하다.(마 16:24, 막 8:34, 눅 9:23) 사명은 즐겁고 편한 일이 아니라 하나님을 위해 힘들고 어려운 일을 감당하는 것이기 때문이다.

예수님도 자기를 부인하시고 오직 하나님의 뜻을 따라 십자가를 지셨다. 이를 예수님의 겟세마네 기도에서 알 수 있다. 예수님은 십자가 죽음을 피하고 싶은 마음에 '할 수만 있다면 이 잔을 피하게 하옵소서'라고 기도하셨다.(마 26:39) 땀방울이 핏방울처럼 떨어질 정도로 처절한 기도였다. 사명을 위한 기도가 이렇다. 그렇지만 거룩한 사람은 자기를 부인하며 자기 십자가를 진다. 예수님의 모범을 따르는 것이다. 거룩한 사람의 모습이다.

"너희는 가서 모든 민족을 제자로 삼아 아버지와 아들과 성령의 이름으로 세례를 베풀고 내가 너희에게 분부한 모든 것을 가르쳐 지키게 하라"(마 28:19-20)
"너희는 온 천하에 다니며 만민에게 복음을 전파하라 믿고 세례를 받는 사람은 구원을 얻을 것이요 믿지 않는 사람은 정죄를 받으리라"(막 16:15-16)
"또 그의 이름으로 죄 사함을 받게 하는 회개가 예루살렘에서 시작하여 모든 족속에게 전파될 것이 기록되었으니 너희는 이 모든 일의 증인이라"(눅 24:47-48)
"내 양을 먹이라"(요 21:15, 16, 17)

4복음서의 마지막은 모두 사명에 관한 말씀이다. 부활하신 예수께서 다시 한 번 '너희는 자기 십자가를 지고 나를 따르라'고 명령하신 것이다. 거룩한 사람은 이 명령을 실천하며 산다.

"이르시되 추수할 것은 많되 일꾼이 적으니 그러므로 추수하는 주인에게 청하여 추수할 일꾼들을 보내 주소서 하라"(눅 10:2)

"그러므로 내 사랑하는 형제들아 견실하며 흔들리지 말고 항상 주의 일에 더욱 힘쓰는 자들이 되라 이는 너희 수고가 주 안에서 헛되지 않은 줄 앎이라"(고전 15:58)

고린도전서 15장은 전체가 부활에 관한 말씀이다. 성경 다른 곳에서 볼 수 없는 귀한 내용들이 담겨 있다. 그런데 그 마지막 절이 '견실하며 흔들리지 말고 항상 주의 일에 더욱 힘쓰는 자들이 되라'는 말씀이다.(고전 15:58) '부활을 기뻐하고 감사하며 평안을 누리고 살라'는 축복이 아니라 '부활의 믿음 위에 굳게 서서, 항상 주의 일을 열심히 하라'는 명령이다. 이 사명에 대한 명령을 기억해야 한다. 구원의 은혜를 기뻐하며 부활을 소망하는 일에 그치지 않고 주님을 위해 열심히 일하는 일꾼이 되어야 한다. 하나님의 추수밭에 추수할 것은 많으나 일꾼이 적다.(눅 10:2)

유혹에 대한 승리

"끝으로 너희가 주 안에서와 그 힘의 능력으로 강건하여지고 마귀의 간계를 능히 대적하기 위하여 하나님의 전신 갑주를 입으라 우리의 씨름은 혈과 육을 상대하는 것이 아니요 통치자들과 권세들과 이 어둠의 세상 주관자들과 하늘에 있는 악의 영들을 상대함이라"(엡 6:10-12)

"그러나 성령이 밝히 말씀하시기를 후일에 어떤 사람들이 믿음에서 떠나 미혹하는 영과 귀신의 가르침을 따르리라 하셨으니"(딤전 4:1)

"죄를 짓는 자는 마귀에게 속하나니 마귀는 처음부터 범죄함이라 하나님의 아들이 나타나신 것은 마귀의 일을 멸하려 하심이라"(요일 3:8)

거룩한 삶을 살기 위해서는 유혹을 이기고 선한 싸움에서 승리해야 한다. 성도가 끊임없는 유혹에 노출되어 있다는 사실을 선악과 사건과 예수님이 시험 받으신 사건에서 잘 알 수 있다. 선악과 사건은 모든 인간이 마귀의 유혹을 받는다는 뜻이다. 예수님이 시험 받으신 사건은 예수님조차 마귀의 유혹을 받으셨다는 뜻이다.(마 4:1-11) 그러므로 보통 사람은 말할 것도 없다. 거룩한 사람은 반드시 유혹을 이겨야 한다.

바울은 에베소서 6:10-20에서 '사탄의 속임수에 넘어가지 않도록 하나님의 무기로 완전무장하라'고 한다. 결코 가볍게 넘길 수 없는 경고의 말씀이다. 성도의 싸움은 궁극적으로 사람과의 싸움이 아니라 악한 영과의 싸움이다.(엡 6:12) 이를 글자 그대로 믿어야 한다.

일부 기독교인은 마귀를 인간의 악한 본성이 만든 상상 속 존재라고 생각한다. 마귀는 실제로 존재하는 게 아니라 인간의 죄의 본성이 투영된 허상이라는 것이다. 단지 그 유혹의 힘이 너무 강하고 결과가 치명적이기 때문에 마귀, 악마, 사탄이라는 두려운 이름을 붙여 경계하는 것이라 한다. 그런 생각에 따르면 예수께서 받으신 시험도 결국 자기 자신과의 싸움이다. 예수님은 자기 자신의 식욕, 명예욕, 권력욕과 싸우신 것이다.

그러나 성경은 그렇게 말하지 않는다. 마귀의 존재를 분명히 인정한다. 창조 이야기 중에 마귀를 언급하고(창 3:1-15), 종말 이야기에서 이를 강조한다.(계 12:1-18) 사탄, 마귀, 악마, 귀신 등의 단어가 신약에 계속 나온다. 거짓의 영, 미혹의 영이 있으니 반드시 그 유혹을 이겨야 한다는 뜻이다.(딤전 4:1, 요일 3:8, 4:6)

"마귀에게 틈을 주지 말라"(엡 4:27)

"근신하라 깨어라 너희 대적 마귀가 우는 사자 같이 두루 다니며 삼킬 자를 찾나니"(벧전 5:8)

"큰 용이 내쫓기니 옛 뱀 곧 마귀라고도 하고 사탄이라고도 하며 온 천하를 꾀는 자라 그가 땅으로 내쫓기니 그의 사자들도 그와 함께 내쫓기니라"(계 12:9)

마귀는 분명히 존재하며 우는 사자와 같이 믿는 자를 삼키려 한다.(벧전 5:8) 그러므로 늘 경계하면서 마귀에게 조금도 틈을 주지 말아야 한다.(엡 4:27) 요한계시록에도 사탄과 마귀에 대한 언급이 여러 차례 있다.(계 2:9, 10, 13, 24, 3:9, 12:9, 12, 20:2, 7, 10) 마귀를 지나치게 의식하며 두려워하는 것도 위험하지만, 아예 없다고 생각하는 것도 위험하다. 현대인은 특히 후자의 위험에 빠지기 쉽다.

"그 때에 예수께서 성령에게 이끌리어 마귀에게 시험을 받으러 광야로 가사"(마 4:1)

"또한 외인에게서도 선한 증거를 얻은 자라야 할지니 비방과 마귀의 올무에 빠질까 염려하라"(딤전 3:7)

"그러나 성령이 밝히 말씀하시기를 후일에 어떤 사람들이 믿음에서 떠나 미혹하는 영과 귀신의 가르침을 따르리라 하셨으니"(딤전 4:1)

마귀는 예수님도 시험했다.(마 4:1-11) 돌을 떡으로 만들어 자신의 능력을 증명하라고 했다. 스스로 하나님이 되라는 유혹이다. 그리고 성전 꼭대기에서 뛰어 내리라고 했다. 하나님의 신실하심을 시험해보라는 유혹이다. 또 십자가의 길을 포기하고 세상의 영광을 누리라고 했다. 자신을 위해 살라는 유혹이다. 그러나 예수님은 하나님의 말씀에 대한 순종으로 모든 유혹을 이기셨다.

마귀는 예수님을 유혹하다가 실패했지만 완전히 포기하지 않았다. 누가복음은 '마귀가 모든 시험을 다 한 후에 얼마 동안 떠나니라'고 기록한다.(눅 4:13) 더 좋은 기회를 노리며 잠시 물러난 것이다. 예수님도 포기하지 않는 마귀가 사람을 포기할 리 없다. 그러므로 믿는 자는 항상 마귀의 올무를 경계해야 한다.(딤전 3:7)

마귀의 달콤한 유혹 중 하나가 '네 생각이 옳으니 네 뜻대로 살라'는 속삭임이다. '너는 주체적인 인간이니 네 판단을 따라 살라, 네 생각이 항상 옳다'는 것이다. 마귀는 그런 식으로 예수님을 유혹했다. 그러나 성경은 하나님을 경외하고 그분께 순종하라고 가르친다. 예수님은 하나님을 신뢰하고 하나님 뜻에 순종함으로써 마귀의 유혹을 이기셨다.

"오직 성령께서 가르치신 것으로 하니 영적인 일은 영적인 것으로 분별하느니라"(고전 2:13)

"마귀의 간계를 능히 대적하기 위하여 하나님의 전신 갑주를 입으라 우리의 씨름은 혈과 육을 상대하는 것이 아니요 통치자들과 권세들과 이 어둠의 세상 주관자들과 하늘에 있는 악의 영들을 상대함이라"(엡 6:11-12)

마귀와 싸울 때 반드시 성령의 도우심이 필요하다. 그래서 바울은 에베소서 6:10-20에서 '하나님의 전신갑주를 입으라'고 권한다. 성도의 싸움은 근본적으로 악한 영과의 싸움이며 사람의 힘으로는 마귀를 이길 수 없기 때문이다. 바울이 말한 전신갑주는 로마 군인의 완전무장을 비유한 것이다. '허리띠, 흉배, 군화, 방패, 투구, 칼'은 각각 '진리, 정의, 평화, 믿음, 구원, 말씀'을 뜻한다. 믿는 자는 그리스도의 군사로서 '진리, 정의, 평화, 믿음, 구원, 말씀'으로 무장해야 한다.(빌 2:25, 딤후 2:3-4)

하나님의 전신갑주는 결국 성령 충만으로 요약된다. 성령 안에서 분별할 때 보이지 않는 악한 영을 알 수 있다.(고전 2:13) 교회의 진짜 적은 세상이 아니라 그 배후에 있는 마귀다. 이를 모르면 선한 싸움에서 진다. 거룩한 사람은 마귀의 유혹이 교묘하고 치명적임을 알고 이를 경계한다. 마귀의 유혹이 치명적인 만큼 성령의 도우심은 필수적이다. 바울은 성령의 칼을 쥐고 성령 안에서 기도하라고 권면한다.(엡 6:17-18) 성령의 지혜로 말씀을 읽고 성령의 도우심을 간구할 때 마귀를 이길 수 있다.

"이에 돌아다니며 마술하는 어떤 유대인들이 시험 삼아 악귀 들린 자들에게 주 예수의 이름을 불러 말하되 내가 바울이 전파하는 예수를 의지하여 너희에게

명하노라 하더라"(행 19:13)

"근신하라 깨어라 너희 대적 마귀가 우는 사자 같이 두루 다니며 삼킬 자를 찾
나니 너희는 믿음을 굳건하게 하여 그를 대적하라"(벧전 5:8-9)

믿는 자는 예수 이름으로 마귀를 이긴다. 사람의 능력이 아니라 예수 이
름이 권능을 가지며 마귀는 예수 이름을 두려워한다. 사도행전 19:13-16
의 사건이 이를 잘 보여준다. 유대인들 중에 시험 삼아 예수 이름으로 악귀
를 쫓아내려 한 자들이 있었다.(행 19:13) 유대인 제사장 스게와의 일곱 아
들 역시 그랬다.(행 19:14) 예수의 이름이 가진 능력을 보았기 때문이다. 그
러나 그들의 시도는 실패하고 오히려 해를 입었다.(행 19:16) 예수의 이름은
단순히 흉내 내어 사용할 수 있는 주문이 아니라 참된 믿음 안에서 그 능력
이 드러난다. 거룩한 사람의 무기인 것이다.

마귀를 이기는 또 다른 방법은 말씀으로 무장하는 것이다. 예수님은 세
번의 시험을 모두 성경 말씀을 인용해 이기셨다.(마 4:4, 7, 10) 말씀은 마귀
를 대적하는 성령의 검이다.(엡 6:17) 그러므로 늘 말씀을 읽고 묵상하며 실
천해야 한다. 물론 '음란한 생각아 물러가라' 한다고 해서 즉시 사라지는
것은 아니다. 그러나 말씀을 반복해 마음에 새기며 성령의 도우심을 구하
면 반드시 승리할 수 있다. 이것이 하나님의 약속이다.

"내 속 곧 내 육신에 선한 것이 거하지 아니하는 줄을 아노니 원함은 내게 있으
나 선을 행하는 것은 없노라"(롬 7:18)

"내 지체 속에서 한 다른 법이 내 마음의 법과 싸워 내 지체 속에 있는 죄의 법
으로 나를 사로잡는 것을 보는도다"(롬 7:23)

"이는 그리스도 예수 안에 있는 생명의 성령의 법이 죄와 사망의 법에서 너를 해방하였음이라"(롬 8:2)

거룩한 사람이 되려면 선한 싸움에서 이겨야 한다. 그 싸움은 자기 본성, 세상의 유혹, 마귀의 유혹과의 싸움이다. 선한 싸움이 어려운 이유는 이 셋과 동시에 맞서야 하기 때문이다. 이 가운데 가장 치명적인 것이 마귀의 유혹이다. 가장 은밀하고 교묘하기 때문이다. 많은 사람이 마귀의 유혹에 빠지면서도 그 사실을 모른다. 선악과 사건이 그 대표적인 예다.

그러나 믿는 자 역시 혼자 싸우는 것은 아니다. 성령께서 도우시고 교회가 함께한다. 믿는 자는 말씀에 의지하고 성령의 도우심을 구하며 믿음의 형제들과 함께 싸운다. 그렇게 할 때 선한 싸움에서 반드시 승리한다. 그 중에서 성령의 도우심이 가장 중요하다. 믿는 자가 가지는 가장 놀라운 무기다. 성령께서 유혹에 빠진 자를 도우시고 비참한 상태에 있는 자를 구원하신다. 바울의 말처럼 사람의 의지로 죄의 본성과 싸워 이길 수는 없으나(롬 7:18-25), 성령의 도우심을 받으면 죄와 사망의 법에서 해방될 수 있다.(롬 8:2)

"나는 선한 싸움을 싸우고 나의 달려갈 길을 마치고 믿음을 지켰으니 이제 후로는 나를 위하여 의의 면류관이 예비되었으므로 주 곧 의로우신 재판장이 그 날에 내게 주실 것이며 내게만 아니라 주의 나타나심을 사모하는 모든 자에게도니라"(딤후 4:7-8)

"무릇 하나님께로부터 난 자마다 세상을 이기느니라 세상을 이기는 승리는 이것이니 우리의 믿음이니라 예수께서 하나님의 아들이심을 믿는 자가 아니면 세

상을 이기는 자가 누구냐"(요일 5:4)

디모데후서 4:7-8은 바울의 자랑스러운 고백이다. 선한 싸움에서 이겨 의의 면류관을 받게 되었다는 거룩한 사람의 고백이다. 마지막 날 믿는 자 모두에게 필요한 고백이다. 다시 오실 예수 그리스도 앞에서 이렇게 고백 할 수 있는 사람이 되어야 한다. 사도 바울만 이런 고백을 할 수 있는 것이 아니다. 거룩한 사람은 누구나 선한 싸움에서 승리할 수 있다. 그 승리는 믿음으로, 예수의 피로, 성령의 도우심으로 가능하다.(요일 5:4)

하나님 나라 백성

영광의 면류관

"내가 모태에서 알몸으로 나왔사온즉 또한 알몸이 그리로 돌아가올지라"
(욥 1:21)
"그가 죽으매 가져가는 것이 없고 그의 영광이 그를 따라 내려가지 못함이로
다"(시 49:17)
"그가 모태에서 벌거벗고 나왔은즉 그가 나온 대로 돌아가고 수고하여 얻은 것
을 아무것도 자기 손에 가지고 가지 못하리니"(전 5:15)
"우리가 세상에 아무 것도 가지고 온 것이 없으매 또한 아무 것도 가지고 가지
못하리니"(딤전 6:7)

사람은 태어날 때 빈손으로 와서 죽을 때 빈손으로 간다. 누구나 알고
있는 사실이다. 살아서 아무리 악착같이 모아도 죽을 때 모두 놓고 간다.
죽은 자의 관에 부장품을 넣는 고대의 관습은 산 자의 소망일 뿐 실제로는

무의미하다. 죽은 자가 사용할 수 있는 것은 아무것도 없다. 그래서 인생이 허무한 것이다. 불교에서 유래한 말로 '공수래공수거'(空手來空手去)가 있다. 빈손으로 왔다가 빈손으로 간다는 뜻이다. 누구의 시인지 확실치 않은데 시의 전문은 '빈손으로 왔다가 빈손으로 가는 것이 인생인 것을, 태어남은 어디서 오며 죽음은 어디로 가는가? 태어남은 한조각 구름이 일어남이요, 죽음은 한조각 구름이 사라지는 것인데, 뜬구름이 본래 실체가 없기는 마찬가지라. 한 물건이 항상 홀로 이슬처럼 드러나 담담히 생사에 걸림이 없어라'고 한다. 이는 인생무상과 삶의 허무를 강조하면서 재물과 명예에 지나친 욕심을 내지 말라는 교훈을 담고 있다.

성경에도 같은 맥락의 말씀들이 있다. 사람은 알몸으로 와서 알몸으로 돌아가며(욥 1:21), 죽을 때 가져가는 것이 없고(시 49:17), 모태에서 벌거벗고 나왔은즉 나온 그대로 돌아간다.(전 5:15) 사람이 세상에 올 때 아무것도 가져온 것이 없으므로 돌아갈 때도 아무것도 가져가지 못한다.(딤전 6:7)

"그리하면 목자장이 나타나실 때에 시들지 아니하는 영광의 관을 얻으리라"
(벧전 5:4)

그러나 성경은 공수래공수거로 끝나지 않는다. 사람이 죽은 후에 하나님께 받을 것이 있다고 가르친다. 사람은 빈손으로 죽는다. 그런데 그 빈손에 하나님이 채워주시는 것이 있다. 정확하게는 손에 쥐는 것이 아니라 머리에 쓰는 것이다. 그것은 바로 영광의 면류관이다.(벧전 5:4)

성경은 영광의 면류관이 있다고 가르친다. 죽은 자가 하나님께 받는 것이다. 다만 죽음 직후에 받는 것이 아니라 예수님이 재림하시는 마지막 날에 받는다. 성경의 교훈은 인생이 공수래공수거로 끝나는 게 아니라 영광의 면류관으로 끝난다는 것이다. 이는 '인간이란 무엇인가?'라는 물음에 대한 답이기도 하다. 성경은 이렇게 세상과 다른 답을 준다.

"이제 후로는 나를 위하여 의의 면류관이 예비되었으므로 주 곧 의로우신 재판장이 그 날에 내게 주실 것이며 내게만 아니라 주의 나타나심을 사모하는 모든 자에게도니라"(딤후 4:8)

"시험을 참는 자는 복이 있나니 이는 시련을 견디어 낸 자가 주께서 자기를 사랑하는 자들에게 약속하신 생명의 면류관을 얻을 것이기 때문이라"(약 1:12)

"너는 장차 받을 고난을 두려워하지 말라 볼지어다 마귀가 장차 너희 가운데서 몇 사람을 옥에 던져 시험을 받게 하리니 너희가 십 일 동안 환난을 받으리라 네가 죽도록 충성하라 그리하면 내가 생명의 관을 네게 주리라"(계 2:10)

면류관은 헬라어로 '스테파노스'(stephanos)인데 신약에 모두 18번 나온다. 이 가운데 믿는 자들이 마지막 날에 받을 면류관을 가리키는 경우는 4번이다. 디모데후서 4:8의 '의의 면류관', 야고보서 1:12와 요한계시록 2:10의 '생명의 면류관', 그리고 베드로전서 5:4의 '영광의 면류관'이 그렇다. 스테파노스는 본래 월계관(wreath)과 왕관(crown) 모두를 뜻하지만, 이 네 경우는 모두 월계관의 의미다. 고대 올림픽에서 승리한 선수나 전쟁에서 승리한 장군이 월계관을 받았다. 한편, 왕들이 쓰는 왕관을 의미하는 '디아데마'(diadema)로 신약에 3번 나올 뿐이다.(계 12:3, 13:1, 19:12)

예수님이 재림하실 때 믿는 자들은 모두 '영광의 면류관'을 받는다.(벧전 5:4) 그런데 이 영광의 면류관이 '생명의 면류관'(약 1:12, 계 2:10)과 '의의 면류관'으로 나뉜다.(딤후 4:8) 영광의 면류관이 두 종류인 것이다. 여기서 '생명의 면류관'은 영원한 생명을 의미하고 '의의 면류관'을 영원한 상급을 뜻한다.

> "또 내가 보니 죽은 자들이 큰 자나 작은 자나 그 보좌 앞에 서 있는데 책들이 펴 있고 또 다른 책이 펴졌으니 곧 생명책이라 죽은 자들이 자기 행위를 따라 책들에 기록된 대로 심판을 받으니"(계 20:12)

요한계시록에 이에 대한 성경적 근거가 있다. 요한은 환상으로 죽은 자들 앞에 두 종류의 책이 펼쳐져 있는 것을 보았다.(계 20:12) '책들'과 '또 다른 책인 생명책'이다. 요한은 복수형 '책들'과 단수형 '다른 책'을 본 것이다. 여기서 '책들'은 각 사람의 삶이 기록된 책으로 말과 행위에 따라 영원한 상급을 결정한다. 반면 '다른 책'은 하나님의 '생명책'으로 사람의 믿음이 기록된 책이며 영원한 생명을 결정한다.

사람은 두 가지 심판을 받는다. 먼저 믿음에 대한 심판이 있다. 이는 구원에 관한 심판으로, 삼위일체 하나님을 믿음으로써 영원한 생명을 얻는다. 이 구원을 결정하는 것이 바로 생명책이다. 여기에 이름이 기록된 사람은 야고보서 1:12와 요한계시록 2:10이 말하는 '생명의 면류관'을 얻는다.

다음은 말과 행위에 대한 심판이다. 이는 상급에 대한 심판으로, 거룩한 말과 행위에 따라 영원한 상급이 주어진다. 그 차이는 각자의 삶이 기록된 '책들'의 내용에 따라 결정된다. 디모데후서 4:8에서 말하는 '의의 면류관'이 여기에 해당된다. 사람은 자신의 말과 행위가 기록된 책에 의해 공정한 상급을 받는다. 재림하신 예수 그리스도께서 의로운 심판을 통해 결정하시는 것이다.

"우리 주 예수 그리스도의 하나님, 영광의 아버지께서 지혜와 계시의 영을 너희
에게 주사 하나님을 알게 하시고 너희 마음의 눈을 밝히사 그의 부르심의 소망
이 무엇이며 성도 안에서 그 기업의 영광의 풍성함이 무엇이며"(엡 1:17-18)

생명의 면류관이 있고 의의 면류관이 있다. 그러므로 '나는 구원만 받
으면 된다, 상급은 필요 없다'는 말은 옳지 않다. 그것은 겸손이 아니라 귀
한 것을 귀한 줄 모르는 무지이며, 하나님의 뜻을 제멋대로 판단하는 교만
이다. 믿는 자는 영원한 생명뿐 아니라 영원한 상급도 함께 소망해야 한다.
그런 사람이 지혜와 계시의 영으로 마음의 눈이 밝은 사람이다. 부르심의
소망이 무엇이며 그 소망이 얼마나 영광스럽고 풍성한 것인지 아는 사람
이다.(엡 1:17-18)

생명의 면류관

"하나님이 세상을 이처럼 사랑하사 독생자를 주셨으니 이는 그를 믿는 자마다
멸망하지 않고 영생을 얻게 하려 하심이라"(요 3:16)
"아들을 믿는 자에게는 영생이 있고 아들에게 순종하지 아니하는 자는 영생을
보지 못하고 도리어 하나님의 진노가 그 위에 머물러 있느니라"(요 3:36)
"또 증거는 이것이니 하나님이 우리에게 영생을 주신 것과 이 생명이 그의 아들
안에 있는 그것이니라"(요일 5:11)
"또 아는 것은 하나님의 아들이 이르러 우리에게 지각을 주사 우리로 참된 자를
알게 하신 것과 또한 우리가 참된 자 곧 그의 아들 예수 그리스도 안에 있는 것
이니 그는 참 하나님이시요 영생이시라"(요일 5:20)

예수께서 이 세상에 오신 목적은 사람에게 영원한 생명을 주시기 위함
이다.(요 3:16, 요일 5:11, 20) 사람이 예수를 믿는 궁극적 목적도 이 영생을 얻
기 위해서이다. 하나님께서 인간에게 영생을 주시는 이유는 사랑 때문이
다.(요 3:16) 하나님이 인간의 모습으로 오셔서 죽기까지 하신 것도 사랑 때
문이고, 성령으로 이 세상에 다시 임하신 것도 사랑 때문이다. 하나님의 이
사랑을 기억해야 한다.

그러나 영생이 아무에게나 무조건 주어지는 것은 아니다. 예수 그리스
도를 믿어 성령으로 거듭난 자에게만 주어진다. 성령으로 거듭난 새사람만
이 영원히 하나님과 함께 살 수 있다. 성경은 분명히 '아들을 믿는 자는 영
생이 있고 아들을 순종치 아니하는 자는 영생을 보지 못하고 도리어 하나
님의 진노가 그 위에 머물러 있느니라'고 선포한다.(요 3:36) 예수에 대한

믿음 외에 영생을 얻을 길은 없다. 다른 종교로는 절대 영원한 생명을 얻을 수 없다.

죽음이 모든 것의 끝이 아니다. 인간은 죽음으로 사라지고 마는 존재가 아니며 영혼은 영원히 존재한다. 믿는 자는 첫째 부활을 경험하고(계 20:5-6), 마지막 날에 부활의 몸을 입고 영원히 산다. 이것이 기독교 신앙의 핵심이다.

"무릇 그리스도 예수와 합하여 세례를 받은 우리는 그의 죽으심과 합하여 세례를 받은 줄을 알지 못하느냐"(롬 6:3)

"누구든지 그리스도와 합하기 위하여 세례를 받은 자는 그리스도로 옷 입었느니라"(갈 3:27)

성경은 믿는 자를 그리스도와 연합한 자라고 한다. 세례를 받을 때 그리스도와 연합한다는 것이다.(롬 6:3, 갈 3:27) 이는 구원을 받아 새사람이 되었다는 의미다. 그렇게 새사람이 된 후 예수님의 뜻을 따라 거룩하게 살다가 죽음의 순간에 그 거룩함을 완성한다. 그래서 예수 그리스도의 품에 안기게 된다. 그러므로 믿는 자에게 죽음은 단순한 슬픔이 아니다. 인간적 단절이라는 면에서는 슬프지만, 하나님을 뵙는다는 면에서는 오히려 기쁨이다.

바울은 이렇게 말한다. '내가 그 둘 사이에 끼었으니 차라리 세상을 떠나서 그리스도와 함께 있는 것이 훨씬 더 좋은 일이라 그렇게 하고 싶으나 내가 육신으로 있는 것이 너희를 위하여 더 유익하리라.'(빌 1:23-24) 세상을 떠나 주님과 함께하는 것이 훨씬 더 복된 일이지만, 사명을 위해 이 세상에 남아 있어야 함을 고백한 것이다.

> "그러나 귀신들이 너희에게 항복하는 것으로 기뻐하지 말고 너희 이름이 하늘
> 에 기록된 것으로 기뻐하라 하시니라"(눅 10:20)
> "만일 그리스도 안에서 우리가 바라는 것이 다만 이 세상의 삶뿐이면 모든 사람
> 가운데 우리가 더욱 불쌍한 자이리라"(고전 15:19)
> "그러나 우리의 시민권은 하늘에 있는지라 거기로부터 구원하는 자 곧 주 예수
> 그리스도를 기다리노니"(빌 3:20)

성도의 참된 소망은 천국에 있다. 그래서 바울은 만약 그리스도를 믿는
소망이 오직 이 세상에만 있다면, 믿는 자는 세상 누구보다 불쌍한 자가 될
것이라고 말한다.(고전 15:19) 바울의 말이 옳다. 믿는 자는 하늘에 이름이
기록되어 있으며(눅 10:20), 천국 시민권을 가진 사람이다.(빌 3:20) 영원한
생명을 약속받은 것이다. 이 약속은 막연하거나 공허한 소망이 아니다. 죽
을 수밖에 없는 인간에게 가장 현실적이고 가장 가치 있는 소망이다. 죽음
을 직면할 때 영생의 약속이 얼마나 참된 소망인지 드러난다. 선하신 하나
님께서 인간에게 가장 좋은 것을 약속하신 것이다.

> "죽은 자의 부활도 그와 같으니 썩을 것으로 심고 썩지 아니할 것으로 다시 살
> 아나며 욕된 것으로 심고 영광스러운 것으로 다시 살아나며 약한 것으로 심고
> 강한 것으로 다시 살아나며 육의 몸으로 심고 신령한 몸으로 다시 살아나나니
> 육의 몸이 있은즉 또 영의 몸도 있느니라"(고전 15:42-44)
> "우리가 흙에 속한 자의 형상을 입은 것 같이 또한 하늘에 속한 이의 형상을 입

으리라"(고전 15:49)

이렇게 천국을 소망할 때 반드시 부활의 몸에 관해 알아야 한다. 그래야 부활과 영생을 바로 이해할 수 있다. 십자가 죽음 후 부활하신 예수님의 몸이 바로 부활의 몸이다. 예수님은 죽기 전의 육체로 살아나신 것이 아니다. 전혀 새로운 몸, 영원히 살 수 있는 몸으로 부활하셨다. 사람이 경험하지 못한 몸, 하나님이 새롭게 창조하신 몸이다. 이 부활의 몸이 부활 사건을 이해하는 핵심이다.

이 부활의 몸은 지금까지 인류의 역사에서 오직 부활하신 예수님만 가지신 것이다. 제자들과 많은 이들이 그 몸을 만지거나 보았다. 바울은 이 부활의 몸을 '썩지 않을 몸, 영광스런 몸, 강한 몸, 신령한 몸, 그리고 영의 몸'이라 말한다.(고전 15:42-44) 그리고 '하늘에 속한 분의 형상'이라 정의한다.(고전 15:49) 이 약속의 몸을 믿는 것이 부활 신앙이며 이 믿음을 지키는 자가 부활의 몸으로 영원히 산다.

"선한 일을 행한 자는 생명의 부활로, 악한 일을 행한 자는 심판의 부활로 나오리라"(요 5:29)
"보라 내가 너희에게 비밀을 말하노니 우리가 다 잠 잘 것이 아니요 마지막 나팔에 순식간에 홀연히 다 변화되리니 나팔 소리가 나매 죽은 자들이 썩지 아니할 것으로 다시 살아나고 우리도 변화되리라"(고전 15:51-52)

바울은 부활의 몸을 '신앙의 비밀'이라 하면서 '마지막 나팔에 홀연히 변화되리니 죽은 자들이 썩지 아니할 것으로 다시 살아나고 우리도 변화되리라'고 말한다.(고전 15:51) 죽은 자와 산 자 모두가 부활의 몸으로 변화될 것이라는 뜻이다. 예수께서 재림하시는 날 믿는 자들의 부활이 있다.(요 6:44, 54, 고전 15:51-52) 그때 죽은 자들은 부활의 몸으로 다시 살아나고, 살아서 재림을 맞이하는 자들은 그 몸이 순식간에 변화된다. 곧 죽음을 경험하지 않고 부활의 몸으로 바뀐다는 말씀이다. 이것이 고린도전서 15:51-52의 의미다. 이는 믿는 자와 믿지 않는 자 모두에게 해당되는 말씀이다. 이에 상응하는 내용으로 '선한 일을 행한 자는 생명의 부활로, 악한 일을 행한 자는 심판의 부활로 나오리라'는 말씀이 있다.(요 5:29)

> "내 아버지 집에 거할 곳이 많도다 그렇지 않으면 너희에게 일렀으리라 내가 너희를 위하여 거처를 예비하러 가노니 가서 너희를 위하여 거처를 예비하면 내가 다시 와서 너희를 내게로 영접하여 나 있는 곳에 너희도 있게 하리라"(요 14:2-3)
> "그들이 이같이 말하는 것은 자기들이 본향 찾는 자임을 나타냄이라"(히 11:14)
> "그들이 이제는 더 나은 본향을 사모하니 곧 하늘에 있는 것이라"(히 11:16)

믿는 자는 천국에 예수께서 약속하신 영원한 집이 있다.(요 14:2-3) 그곳에는 죽음과 슬픔, 울음과 아픔이 없으며 영원히 맑고 밝은 곳이다. 생명수와 생명나무가 있고 부정한 것이 전혀 없다. 오직 하나님의 영광과 기쁨과 평안만이 가득하다. 실은 그곳이 믿는 자의 본래 고향이다.(히 11:14, 16) 믿는 자는 이 땅에서 잠시 나그네일 뿐이므로 세상의 것을 가치 없이 여기며 고난을 인내한다. 예수를 믿고 거룩하게 산 사람이 그 영원한 집을 얻는다. 그것이 신령하고 영원한 복이다.

"복음에는 하나님의 의가 나타나서 믿음으로 믿음에 이르게 하나니 기록된 바 오직 의인은 믿음으로 말미암아 살리라 함과 같으니라"(롬 1:17)

"선을 행하고 선한 사업을 많이 하고 나누어 주기를 좋아하며 너그러운 자가 되게 하라 이것이 장래에 자기를 위하여 좋은 터를 쌓아 참된 생명을 취하는 것이니라"(딤전 6:18-19)

착하게 살면 누구나 천국에 간다고 말하는 이들이 있으나 그렇지 않다. 천국은 착한 사람이나 열심히 산 사람이 가는 곳이 아니라 거룩한 사람이 가는 곳이다. 그런데 거룩한 사람이 되는 길은 예수를 믿는 길밖에 없다. 사람은 믿음을 통해서만 거룩해질 수 있으며 다른 길은 없다. '오직 의인은 믿음으로 말미암아 살리라'는 말씀이 그런 뜻이다.(롬 1:17) 사람은 오직 믿음을 통해 거룩해지고 거룩한 사람만이 생명의 면류관과 천국의 집을 얻는다. 디모데전서 6:18-19는 이 사실을 '장래에 좋은 터를 쌓아 참된 생명을 취하라'고 표현한다.

의의 면류관

"선지자의 이름으로 선지자를 영접하는 자는 선지자의 상을 받을 것이요 의인의 이름으로 의인을 영접하는 자는 의인의 상을 받을 것이요 또 누구든지 제자의 이름으로 이 작은 자 중 하나에게 냉수 한 그릇이라도 주는 자는 내가 진실로 너희에게 이르노니 그 사람이 결단코 상을 잃지 아니하리라 하시니라"
(마 10:41-42)
"잔치를 베풀거든 차라리 가난한 자들과 몸 불편한 자들과 저는 자들과 맹인들을 청하라 그리하면 그들이 갚을 것이 없으므로 네게 복이 되리니 이는 의인들의 부활 시에 네가 갚음을 받겠음이라 하시더라"(눅 14:13-14)

믿는 자가 마지막 날에 얻는 것은 영원한 생명만이 아니라 영원한 상급도 있다. 예수님은 마태복음 10:41-42에서 선지자의 상과 의인의 상을 말씀하시며 사람마다 받을 상이 다름을 알려주신다. 이 말씀은 단순히 복음 전도자들을 영접하는 경우에 해당되는 것이 아니라 신앙생활 전체에 적용되는 말씀이다. 믿는 자가 냉수 한 잔을 전하면, 그것은 결코 헛되지 않고 하나님의 상으로 이어진다.

여기서 말하는 상은 영원한 생명이 아니다. 영생은 선지자나 의인을 대접하는 것으로 얻을 수 없기 때문이다. 천국은 제자의 이름으로 전하는 냉수 한 잔으로 가는 곳이 아니라 오직 예수 그리스도에 대한 믿음으로 가는 곳이다. 이 둘은 분명히 다르다. 그리고 예수께서 사용하신 단어도 '구원'이 아니라 '상급'(misthos, pay, reward)을 뜻한다. 천국에 영원한 상급이 있고 사람마다 그 상급을 다르게 받는다.

누가복음 14:12-14 말씀도 마찬가지다. 잔치를 베풀 때 친구나 부유한 이웃을 초대하면 되갚음을 받는다. 그러나 가난하고 연약한 자들을 초대하면 그들은 되갚을 능력이 없다. 그래서 의인들이 부활할 때 하나님께서 갚아주신다는 말씀이다. 이는 대접을 하고 보답을 받으면 하나님의 상이 없다는 뜻이다. 이 역시 영생에 대한 말씀이 아니라 상급에 대한 가르침이다. 구원은 구제로 얻는 것이 아니라 믿음으로 얻는 것이기 때문이다. 천국은 가난한 자들을 초대한다고 해서 가는 곳이 아니다. 오직 예수에 대한 믿음으로 가는 곳이다. 그러므로 누가복음 14:12-14 역시 영원한 상급에 대한 가르침이다.

"사람에게 보이려고 그들 앞에서 너희 의를 행하지 않도록 주의하라 그리하지 아니하면 하늘에 계신 너희 아버지께 상을 받지 못하느니라"(마 6:1)

마태복음 6:1-18의 자선, 기도, 금식에 관한 말씀도 같은 맥락이다. 사람에게 보이려는 마음으로 행하면 이미 사람에게서 상을 받았기에 하나님께 받을 상은 없다. 사람들이 몰라야 하나님께 상을 받을 수 있다. 그러므로 믿는 자는 무슨 일을 하던지 사람들이 모르게 해야 한다. 사람의 칭찬이 아니라 하나님께 상을 받아야 하기 때문이다. 그래서 예수님은 아무도 모르게 구제하고 기도하고 금식하여서, 은밀히 보시는 하나님께 상을 받으라고 말씀하신다. 그것이 곧 천국의 상, 영원한 상이다. 마태복음 6:1-18은 위선과 외식을 경고하는 동시에 영원한 상급을 약속하는 말씀이다.

"믿음이 없이는 하나님을 기쁘시게 하지 못하나니 하나님께 나아가는 자는 반

드시 그가 계신 것과 또한 그가 자기를 찾는 자들에게 상 주시는 이심을 믿어야 할지니라"(히 11:6)

히브리서 11:6은 하나님이 '상을 주시는 분'이라고 밝히며, 하나님은 그를 찾는 자에게 반드시 상을 주신다는 사실을 믿으라고 한다. 그러므로 '저는 상급은 바라지 않아요, 하나님의 사랑만으로 족합니다'라고 말해서는 안 된다. 하나님이 약속하신 것을 거부하는 것은 하나님의 은혜를 가볍게 여기는 것일 뿐 겸손이 아니다.

"만일 누구든지 금이나 은이나 보석이나 나무나 풀이나 짚으로 이 터 위에 세우면 각 사람의 공적이 나타날 터인데 그 날이 공적을 밝히리니 이는 불로 나타내고 그 불이 각 사람의 공적이 어떠한 것을 시험할 것임이라 만일 누구든지 그 위에 세운 공적이 그대로 있으면 상을 받고 누구든지 그 공적이 불타면 해를 받으리니 그러나 자신은 구원을 받되 불 가운데서 받은 것 같으리라"(고전 3:12-15)

예수님은 제자들에게 '내가 너희를 위하여 거처를 예비하러 가노니'라고 말씀하셨다.(요 14:2) 바울도 성도를 가리켜 그리스도라는 기초 위에 집을 짓는 자로 비유한다.(고전 3:12) 성경은 이렇게 하나님 나라에 영원한 집이 있음을 가르친다. 그런데 바울은 그 집을 짓는 재료가 다르다고 말한다. 금, 은, 보석으로 짓는 집이 있고 나무, 풀, 짚으로 짓는 집이 있다는 것이다.

금, 은, 보석은 비싸고 오래 남는 재료이고, 나무, 풀, 짚은 싸고 쉽게 불타는 재료다. 이는 값지고 튼튼한 집을 사람이 있고, 값싸고 약한 집을 짓는 사람들이 있다는 말이다. 바울은 이 비유를 통해 좋은 재료로 집을 짓는 자가 되라고 권면한다. 그 이유는 마지막 날 각자가 지은 집이 예수님의 '검증의 불'을 통과해야 되기 때문이다.

이 불은 구원을 결정하는 '심판의 불'이 아니라 상급을 결정하는 '검증의 불'이다. 누구든 그리스도라는 기초 위에 집을 지은 사람은 구원을 받는다. 그러나 믿음과 순종, 하나님 사랑과 이웃 사랑, 사명과 헌신의 깊이에 따라 상급이 달라진다. 바울은 고린도전서 3:12-15에서 상급의 차이를 강조하고 있다.

재림하신 예수님은 구원받을 자와 그렇지 못한 자를 심판하시고, 상급이 풍성한 자와 그렇지 못한 자를 구별하신다. 금, 은, 보석처럼 불에 견디는 재료로 집을 지은 자는 상급이 크고, 나무, 풀, 짚처럼 불에 타는 재료로 집을 지은 자는 손해를 본다. 고린도전서 3:14-15는 바로 이 차이를 말한다. 성경은 분명히 영원한 생명과 풍성한 상급을 함께 소망하라고 가르친다.

상급에 대한 해석에 두 가지 견해가 있다. 하나는 모든 성도가 동일한 상급을 받는다는 균등 상급론이고, 다른 하나는 각자의 삶에 따라 다른 상급을 받는다는 차등 상급론이다. 양쪽 모두 성경을 인용하며 신학적 설명을 하지만 성경은 분명히 차등 상급론을 지지한다. 나무, 풀, 짚과 같은 재료로 집을 지었다고 해서 구원을 잃는 것은 아니지만 상급은 잃을 수 있다.(고전 3:15) 그래서 성경은 단순히 영원한 생명에 만족하지 말고, 영원한 상급을 소망하라고 가르친다.

고린도전서 3:15는 상급 없는 구원을 '손해 보는 구원'이라고 말한다. '누구든지 그 공적이 불타면 해를 받으리니'라는 말씀이 그런 뜻이다. 고린도전서 3:8에 '심는 이와 물 주는 이는 한가지이나 각각 자기가 일한 대로 자기의 상을 받으리라'는 말씀이 있다. 마지막 날 생명의 면류관과 함께 의의 면류관도 받는 사람이 참된 믿음의 사람이다.

부활의 나라

"이 때부터 예수께서 비로소 전파하여 이르시되 회개하라 천국이 가까이 왔느니라 하시더라"(마 4:17)

"보라 네가 잉태하여 아들을 낳으리니 그 이름을 예수라 하라 그가 큰 자가 되고 지극히 높으신 이의 아들이라 일컬어질 것이요 주 하나님께서 그 조상 다윗의 왕위를 그에게 주시리니 영원히 야곱의 집을 왕으로 다스리실 것이며 그 나라가 무궁하리라"(눅 1:31-33)

영광의 면류관을 받은 자들은 하나님 나라에서 영원히 산다. 이 하나님 나라가 복음의 핵심이다. 천사 가브리엘이 마리아에게 예수님의 탄생을 예고할 때 '태어날 아기가 다스리실 나라가 무궁하리라'고 말한다.(눅 1:31-33) 이는 예수께서 영원히 다스리실 하나님 나라에 대한 말씀이다. 이 나라는 세상에 속한 나라가 아니며(요 18:36), 예수님은 이 세상에서 왕이 되신 적이 없다.

세례자 요한은 '회개하라 천국이 가까이 왔느니라'고 선포하면서 사역을 시작했다.(마 3:1) 예수께서도 같은 말씀으로 사역을 시작하셨다.(마 4:17) 세례자 요한은 하나님 나라를 전하면서 구세주의 길을 예비했고, 예수께서는 하나님 나라를 선포하시며 구세주의 사명을 시작하신 것이다. 바울 또한 하나님 나라를 전파하였다.(행 20:25, 28:23, 31)

그런데 하나님 나라는 지금 확실히 존재하고 있지만(마 25:34), 아직 완성된 모습이 아니라고 할 수 있다. 그 이유는 하나님의 백성이 아직 부활의 몸을 가지지 못했기 때문이다. 하나님의 백성은 마지막 심판 때 부활의 몸을 얻고 그 몸으로 하나님 나라에서 영원히 산다. 이것이 하나님의 계획이다. 그때 예수께서 모든 권세를 멸하시고 나라를 아버지 하나님께 바치신다.(고전 15:24) 이것이 '혈과 육은 하나님 나라를 이어받을 수 없고, 썩는 것은 썩지 않는 것을 유업으로 받을 수 없다'라는 말씀의 뜻이다.(고전 15:50)

"또 내가 보매 거룩한 성 새 예루살렘이 하나님께로부터 하늘에서 내려오니 그 준비한 것이 신부가 남편을 위하여 단장한 것 같더라"(계 21:2)
"내가 들으니 보좌에서 큰 음성이 나서 이르되 보라 하나님의 장막이 사람들과 함께 있으매 하나님이 그들과 함께 계시리니 그들은 하나님의 백성이 되고 하나님은 친히 그들과 함께 계셔서"(계 21:3)
"모든 눈물을 그 눈에서 닦아 주시니 다시는 사망이 없고 애통하는 것이나 곡하는 것이나 아픈 것이 다시 있지 아니하리니 처음 것들이 다 지나갔음이러라"(계 21:4)

요한계시록 21:9-22:5에 새 예루살렘에 대한 말씀이 있다. 이 새 예루살렘이 하나님 나라의 완성된 모습이다. 하나님의 백성이 부활의 몸으로 영원히 사는 곳이기 때문이다. 그래서 새 예루살렘을 '부활의 나라'라고 할 수 있다. 하나님의 백성이 부활의 몸으로 영원히 사는 나라라는 뜻이다. 하나님의 구원 계획은 새 예루살렘이 마지막 목표다. 그래서 성경이 새 예루살렘에 대한 환상으로 끝나는 것이다. 그런데 새 예루살렘의 또 다른 이름이 부활의 나라다.

요한계시록은 부활의 나라가 오기 전 하늘과 땅에서 일어날 일을 보여주면서 부활의 나라를 약속한다. 무서운 환난이 있어도 오직 그 나라를 소망하면서 믿음을 지키라는 것이다. 요한계시록은 단순히 역사적 차원의 신앙적 교훈이 아니라 부활의 나라에 대한 계시를 품고 있다. 요한계시록은 굳센 믿음으로 오늘을 인내하면서 부활의 나라를 소망하라고 가르친다. 하나님은 요한계시록을 통해 하나님 나라의 완성에 대한 비밀을 밝히신 것이다.

부활의 나라는 하나님의 백성이 하나님과 함께 사는 나라다.(계 21:3) 하나님께서 친히 그 백성의 눈물을 닦아주신다.(계 21:4) 그 나라는 창세로부터 예비 되었지만 예수 그리스도의 재림과 심판 후에 완전히 드러난다. 그 나라 백성은 장가나 시집을 가지 않고 천사와 같이 되며(마 22:30), 예수께서 다스리시는 무궁한 나라에서 산다.(눅 1:33) 그 나라에는 죽음이 없고(눅 20:36), 무수한 천사들과 장자들의 모임이 있으며(히 12:22-23), 흔들리지 않는다.(히 12:28)

부활의 나라에는 하나님을 대적하는 세력이 없다.(계 21:1) 눈물도, 죽음도, 슬픔과 울음, 아픔도 없다.(계 21:4) 비겁한 자, 믿지 않는 자, 악을 행하는 자, 살인하고 음란한 자, 마술을 행하고 우상숭배 하는 자, 거짓말 하는 자도 없다.(계 21:8) 성전도 해와 달이 없으며 성문은 닫히지 않는다.(계 21:22-25) 하나님과 예수 그리스도께서 성전이시고, 하나님의 영광이 비추어 밤이 없기 때문이다. 그 나라는 영광과 존귀의 나라로(계 21:26), 생명수 강과 생명나무가 있으며(계 22:1-2), 다시는 저주가 없다.(계 22:3) 백성들의 이마에는 하나님의 이름이 있고 그들은 하나님의 얼굴을 본다.(계 22:4) 요한계시록은 이런 부활의 나라를 약속하면서 믿음과 소망을 잃지 말라고 가르친다.

"주 하나님이 이르시되 나는 알파와 오메가라 이제도 있고 전에도 있었고 장차 올 자요 전능한 자라 하시더라"(계 1:8)

"또 내게 말씀하시되 이루었도다 나는 알파와 오메가요 처음과 마지막이라 내가 생명수 샘물을 목마른 자에게 값없이 주리니"(계 21:6)

"나는 알파와 오메가요 처음과 마지막이요 시작과 마침이라"(계 22:13)

하나님은 요한계시록 1:8에서 '나는 알파와 오메가라'고 말씀하신다. 이는 하나님 스스로 자신을 밝히시는 내용이다. 알파는 시간의 시작과 모든 것의 기원을, 오메가는 시간의 끝과 모든 것의 완성을 뜻한다.(계 21:6) 그래서 알파는 창조주 하나님을, 오메가는 심판주 하나님을 상징한다. '알파와 오메가'이신 하나님은 '이제도 있고 전에도 있었고 장차 올 자요 전능한 자'이시다.(계 1:8) 그렇게 알파와 오메가이신 하나님께서 '오메가의 때'를 위해 주신 책이 바로 요한계시록이다.(계 21:6)

요한계시록 22:13에서 다시 한 번 '알파와 오메가'가 언급된다. 요한계시록 마지막 장의 끝부분이다. 이는 세상 창조와 최후의 심판이 그만큼 중요하다는 뜻이다. 성경은 고대 이방 문명과 달리 세상의 시작과 끝이 있음을 선포한다. 이사야 41:4에 '이 일을 누가 행하였느냐 누가 이루었느냐 누가 처음부터 만대를 불러내었느냐 나 여호와라 처음에도 나요 나중 있을 자에게도 내가 곧 그니라'라는 말씀이 있다. '처음과 나중이신' 하나님께서 시간과 역사의 주권자, 심판과 구원의 주체이심을 밝히는 말씀이다.

사람은 알파와 오메가이신 하나님을 믿고 살아야 한다. 창조주이신 알파의 하나님, 심판주이신 오메가의 하나님의 지혜를 따라 사는 사람이 진정 지혜로운 사람이다. 그런 사람이 구원의 은혜를 누리며 영원한 생명과 상급을 받는다. 이 세상을 거룩하게 살면서 영원을 준비하는 사람이다.

알파와 오메가이신 하나님을 의지하는 사람은 지혜롭고 명철하게 살며, 고난과 고통을 이기고 죽음의 허무를 극복한다. 이는 하나님의 구원 계획을 믿어 영원한 것을 사모하기 때문이다. 사람이 영원한 생명을 확신하면 죽음을 두려워하지 않게 된다. 영원한 삶을 믿는 순간 죽음은 더 이상 허무로 이어지지 않는다. 그러므로 알파와 오메가이신 하나님을 믿고 사는 것이 인생의 모든 문제의 답이다.

참된 지혜와 사람의 본분

"산이 생기기 전, 땅과 세계도 주께서 조성하시기 전 곧 영원부터 영원까지 주
는 하나님이시니이다 주께서 사람을 티끌로 돌아가게 하시고 말씀하시기를 너
희 인생들은 돌아가라 하셨사오니"(시 90:2-3)
"우리의 연수가 칠십이요 강건하면 팔십이라도 그 연수의 자랑은 수고와 슬픔
뿐이요 신속히 가니 우리가 날아가나이다"(시 90:10)
"우리에게 우리 날 계수함을 가르치사 지혜로운 마음을 얻게 하소서"(시 90:12)

솔로몬은 기브온에서 천 마리의 짐승으로 제사를 드렸다. 그때 하나님
께서 꿈에 나타나셔서 '네가 원하는 것을 구하라, 내가 다 들어 주겠다'라
고 하셨다.(왕상 3:5) 솔로몬은 나라를 다스릴 지혜를 구했고 하나님은 그
소원을 기뻐하셨다. 그래서 솔로몬에게 부와 영광까지 더해 주셨다. 사람
이 하나님께 지혜를 구하면 하나님은 기뻐하신다. 나라를 다스리는 큰 지
혜가 아니더라도 인생을 살아가는 지혜를 간구해야 한다. 하나님의 지혜로
사는 사람은 도전과 어려움을 헤쳐 나갈 수 있다. 좋은 기회를 붙잡으며 위
험과 악을 피할 수 있다. 좋은 사람을 만나고 나쁜 사람을 멀리할 수 있다.

시편 90편이 이런 인생의 지혜를 가르친다. 시편 90:10은 인생이 짧고
고생과 슬픔으로 가득 차 있음을 일깨운다. 인생은 길지 않고 짧으며 실은
헛된 것이다. 이 사실을 깨닫는 것이 지혜의 시작이다. 그래서 인생을 낭
비하지 않고 겸손하게 살며 죽음 이후를 준비한다. 그 과정에서 사랑과 자
비를 배우고 집착과 이기심을 버리게 된다. 이것이 진정한 지혜다. 그렇지
만 이런 깨달음이 새로운 것은 아니다. 인생을 돌아보면 어렵지 않게 알 수

있다.

시편 90편이 가르쳐주는 지혜는 이렇게 짧고 슬픔이 가득 찬 인생을 하나님과 연결해야 한다는 것이다.(시 90:12) 이것이 성경이 말하는 진정한 지혜다. 사람의 일생은 짧고 고생과 슬픔으로 가득하지만, 창조주 하나님이 내미신 손을 잡으면 달라진다. 슬픔은 기쁨으로 변하고 짧음은 영원으로 바뀐다. 이는 생명을 주신 하나님께서 영원한 생명도 주시기 때문이다.

사랑과 자비가 풍성하신 하나님께서 삶을 인도하시며 영원한 생명과 상급을 주신다. 그래서 짧고 고통스러운 인생이 기쁨과 평안이 가득 찬 영원한 삶으로 변한다. 일생을 하나님께 맡기면 그것이 하늘 아버지의 사랑과 자비로 인해 새로운 모습이 된다. 이 사실을 알고 하나님을 전심으로 의지하는 사람이 지혜롭다.

인생이 짧고 슬픔으로 가득 차 있음을 아는 사람은 웃을 수 없다. 허무와 고통이 마음을 짓누르기 때문이다. 그러나 그 인생을 하나님께 맡긴 사람은 소망 가운데 웃을 수 있다. 하나님께서 아침마다 변함없는 사랑으로 배부르게 하시며(시 90:14), 괴로움의 날만큼 기쁨의 날을 되돌려 주시며(시 90:15), 놀라운 일들과 하나님의 위대하심을 보여주시며(시 90:16), 사람의 모든 일을 형통하게 하시기 때문이다.(시 90:17) 그래서 시편 90편은 하나님을 믿는 자만이 부를 수 있는 노래요, 창조주를 의지하는 자만이 드릴 수 있는 기도다. 곧 예수 그리스도를 믿는 자의 노래요 기도다.

"내가 땅의 기초를 놓을 때에 네가 어디 있었느냐 네가 깨달아 알았거든 말할지니라"(욥 38:4)

욥기는 하나님의 권능과 지혜를 인간의 한계와 무지에 대비시킨다.(욥 38:4) 창조주와 피조물의 대비로 힘들고 어려울 때 창조주를 만나라는 뜻이다. 사람이 은혜로 살고 싶다면 창조주 앞에서 침묵하며 그분의 뜻을 기다려야 한다. 자기 지혜를 자랑하지 말아야 한다. 삶에 대한 성경의 결론은 분명하다. 창조주 하나님을 경외하며 그 명령에 순종하라는 것이다. 그런 사람이 지혜롭다. 고난 중에 하나님을 기억하고 의지하는 것이 참으로 지혜로운 삶이다.

> "네 길을 여호와께 맡기라 그를 의지하면 그가 이루시고 네 의를 빛 같이 나타내시며 네 공의를 정오의 빛 같이 하시리로다"(시 37:5-6)
> "여호와여 내가 알거니와 사람의 길이 자신에게 있지 아니하니 걸음을 지도함이 걷는 자에게 있지 아니하니이다"(렘 10:23)

사람은 자신의 미래를 알 수 없지만 하나님은 아신다. 그러므로 자신의 미래를 하나님께 맡기는 것이 지혜롭다.(시 37:5-6, 렘 10:23) 하나님을 의지하며 그분이 이루시는 일을 경험하는 자가 복 있는 사람이다. 인생을 바로 사는 지혜로운 사람이다.

김준엽 시인이 〈내 인생에 황혼이 들면〉이라는 시를 썼다. 그는 중증 뇌성마비 장애를 가진 시인이다. 이 시에서 그는 인생의 마지막 순간에 자신에게 '사람들을 사랑했느냐, 열심히 살았느냐, 남에게 상처준 일이 없느냐, 삶이 아름다웠느냐, 부끄러운 일은 없었느냐, 이웃과 사회와 국가를 위해 무엇을 했느냐, 마음 밭에서 어떤 열매를 얼마만큼 맺었느냐'라고 물을 것이라 한다. 좋은 질문들이다.

그러나 성경이 던지는 더 지혜로운 질문은 '나는 내가 어떤 존재인지 알았느냐, 하나님을 경외했느냐, 전능자를 인정했느냐, 창조주를 기억했느냐, 성령의 지혜를 얻었느냐'라는 것이다. 영원한 생명과 상급을 결정하는 질문이기 때문이다.

"너는 청년의 때에 너의 창조주를 기억하라 곧 곤고한 날이 이르기 전에, 나는 아무 낙이 없다고 할 해들이 가깝기 전에 해와 빛과 달과 별들이 어둡기 전에, 비 뒤에 구름이 다시 일어나기 전에 그리하라"(전 12:1-2)
"일의 결국을 다 들었으니 하나님을 경외하고 그의 명령들을 지킬지어다 이것이 모든 사람의 본분이니라"(전 12:13)
"하나님은 모든 행위와 모든 은밀한 일을 선악 간에 심판하시리라"(전 12:14)
"그 때에 너희가 돌아와서 의인과 악인을 분별하고 하나님을 섬기는 자와 섬기지 아니하는 자를 분별하리라"(말 3:18)

전도서 12:13은 '일의 결국을 다 들었으니 하나님을 경외하고 그의 명령들을 지킬지어다'라고 한다. 이것이 전도서의 결론이자 인생의 결론이고 세상만사의 결론이다.(전 12:1-2) 사람은 하나님을 경외하고 그의 명령에 순종해야 한다. 그 이유는 하나님께서 모든 사람의 행위를 심판하시고(전 12:14), 하나님을 섬기는 자와 섬기지 않는 자를 구별하시기 때문이다.(말 3:18)

참된 지혜의 사람은 지능이 높은 사람이 아니라 창조주를 기억하고 그분의 명령을 지키는 사람이다. 인간은 생로병사를 피할 수 없고 그래서 인생은 허무하다. 그러나 창조주를 기억하고 하나님을 경외하면 그 허무를 극복할 수 있다. 부활의 나라를 소망하게 되기 때문이다. 교회와 믿는 자는 이 지혜를 세상에 전해야 한다. 세상과 다른 신앙적 가치관을 가르치고 인생을 바르게 사는 길을 세상에 알려야 한다. 이것이 교회와 믿는 자의 사명이다.

> "그러므로 주께서 친히 징조를 너희에게 주실 것이라 보라 처녀가 잉태하여 아들을 낳을 것이요 그의 이름을 임마누엘이라 하리라"(사 7:14)
> "그의 위에 여호와의 영 곧 지혜와 총명의 영이요 모략과 재능의 영이요 지식과 여호와를 경외하는 영이 강림하시리니"(사 11:2)

이사야는 '평화의 나라'를 다스리는 '평강의 왕'의 탄생을 예언한다.(사 7:14, 9:6-7) 그의 이름은 임마누엘이다.(사 7:14) 하나님의 영이 그 위에 임하여 지혜와 총명, 분별력과 능력을 주신다. 그는 여호와 경외를 즐거움으로 삼고 정의로 약자를 보호하고 악인을 심판한다.(사 11:3-5) 그가 다스리는 나라에서는 이리와 어린 양이 함께 살고, 사자가 풀을 먹으며, 아이가 독사와 함께 노는 지극히 평화로운 세상이 펼쳐진다. 싸움과 갈등이 사라지고 여호와를 아는 지식이 충만하다.(사 11:6-9) 그 나라 백성이 되면 여호와의 영, 곧 지혜와 총명, 모략과 재능, 지식과 경외의 영을 받을 수 있다.(사 11:2) 그런 나라가 있다. 바로 새 예루살렘이다. 그런 백성이 있다. 바로 부활의 나라 백성이다.

> "이 썩을 것이 썩지 아니함을 입고 이 죽을 것이 죽지 아니함을 입을 때에는 사망을 삼키고 이기리라고 기록된 말씀이 이루어지리라"(고전 15:54)

"사망아 너의 승리가 어디 있느냐 사망아 네가 쏘는 것이 어디 있느냐"(고전 15:55)

하나님의 백성에게 죽음은 더 이상 두려움의 대상이 아니다. 죽음은 공포의 시간이 아니라 승리의 시간이다. 사망을 이길 것이라는 하나님의 약속이 성취되는 시간이다.(고전 15:54) 하나님의 백성은 죽음을 향해 '너의 승리가 어디 있느냐, 네 쏘는 것이 어디 있느냐'라고 외친다.(고전 15:55) 죽음은 이제 하나님의 영광을 보는 감사의 시간이 된다.

완전하신 하나님을 경외하는 자는 영원한 생명을 얻어 하나님과 함께 거하게 된다. 이것이 곧 삼위일체 하나님의 약속이다. 이 약속을 믿고 사는 사람이 참으로 지혜로운 사람이다. 이 믿음이 세상과 죽음을 이기게 하기 때문이다. 그래서 허무하고 슬픈 인생이 영원하고 기쁜 인생으로 바뀌게 된다.

"나는 여호와라 나 외에 다른 이가 없나니 나 밖에 신이 없느니라"(사 45:5)

그러므로 사람에게 있어 '인간이란 무엇인가?'라는 물음이 중요한 것이 아니다. 인류 전체에게 가장 중요한 질문은 '삼위일체 하나님이 정말 존재하시는가?'라는 것이다. 삼위일체 하나님이 정말 존재하신다면 성경의 모든 말씀이 진리다. 하나님의 창조, 예수 그리스도의 구원, 성령의 역사, 재림과 심판, 부활과 새 예루살렘이 모두 참이고 진실이다. 그러나 만약 하나님이 존재하지 않으신다면 앞에서 언급한 모든 것이 거짓이다. 성경은 허구일 뿐이며 교회는 모래 위에 세워진 공동체에 불과하다. 그렇다면 기독

교인은 이 세상에서 가장 불쌍한 사람이 된다.(고전 15:19)

그런데 삼위일체 하나님은 분명히 존재하신다. 성경에 계시된 하나님의 지혜를 통해 이를 확인할 수 있다. 성경에 삼위일체 하나님만이 말씀하실 수 있는 지혜가 있다. 인간은 생각할 수도 없고 상상할 수도 없는 지혜다. 이런 지혜를 통해 하나님의 존재를 확인할 수 있다. 신의 지혜가 있다면 신의 존재 또한 확실하기 때문이다.

> "우리는 그의 약속대로 의가 있는 곳인 새 하늘과 새 땅을 바라보도다"(벧후 3:13)
> "자기 두루마기를 빠는 자들은 복이 있으니 이는 그들이 생명나무에 나아가며 문들을 통하여 성에 들어갈 권세를 받으려 함이로다"(계 22:14)

그러므로 하나님을 경외하는 사람이 되어야 한다. 예수 그리스도를 믿고 성령으로 충만한 사람이 되어야 한다. 그는 새 하늘과 새 땅을 바라보는 사람이다.(벧후 3:13) 영광의 면류관을 쓰고 새 예루살렘에서 생명나무 열매를 먹는 사람이다.(계 22:14) 거룩하고 지혜로우며 사람의 본분을 다하는 복 있는 사람이다. 그런 사람이 되어야 한다.

> "일의 결국을 다 들었으니 하나님을 경외하고 그의 명령들을 지킬지어다 이것이 모든 사람의 본분이니라"(전 12:13)

인간, 신을 닮은 짐승
(성경의 인간 이해 및 삶의 지혜)

초판 1쇄 발행 2026년 3월 12일

지은이   정순혁
펴낸이   장성환
펴낸곳   후밀리타스
주소   서울 서대문구 연대동문길 49 지층
전화   02-302-2850
이메일   siotstory@naver.com

편집 · 디자인 유니꼬디자인앤북스

ISBN   979-11-976837-4-9(03230)

가격은 뒤표지에 있습니다.